簡明中國方志學大綱

于希賢著

文史哲學集成

文史哲出版社印行

國家圖書館出版品預行編目資料

簡明中國方志學大綱 / 于希賢著. -- 初版. --
臺北市：文史哲，民 89
  面： 公分. -- (文史哲學集成 ; 432)
含參考書目
ISBN 957-549-314-1(平裝)

1.方志學

670   89011331

文史哲學集成   �432

簡明中國方志學大綱

著　　者：于　　　希　　　賢
出 版 者：文 史 哲 出 版 社
登記證字號：行政院新聞局版臺業字五三三七號
發 行 人：彭　　　正　　　雄
發 行 所：文 史 哲 出 版 社
印 刷 者：文 史 哲 出 版 社
臺北市羅斯福路一段七十二巷四號
郵政劃撥帳號：一六一八〇一七五
電話 886-2-23511028 · 傳眞 886-2-23965656
實價新臺幣三八〇元

中 華 民 國 八 十 九 年 八 月 初 版

自　序

　　中華民族是一個具有光榮文化傳統的偉大民族。中華文化源遠流長、博大精深。在數千年的歷史進程中、雖歷經劫難，而能一次又一次地復興，一直綿延不斷並繁榮和昌盛起來。形成了一個基本獨立發展的文化體系。這樣的民族文化體系，在世界上並不多見。

　　中華民族的文化，不但具有光輝燦爛的過去，也有著方興未艾的未來。歷史證明，只有民族文化的發展，才會有中國的富強。每當中華民族在歷史上表現出兼收並容的氣度，文化上就具有強大的消化力。使許多域外傳入的好東西，「化」為豐富的營養。可是，當統治者對外固步自封、妄自尊大、保守排外，對內專制，取締、圍剿地方文化之時，就會使國家的經濟與文化單調而貧乏、遲緩而衰敗。近十多年來，「改革開放」使經濟與文化從「十年動亂」的「文化大革命」浩劫中，從處於崩潰邊緣的境地裡挽救出來，使中華民族的文化，擺脫了厄運，出現了生機。

　　當此之時，人們深思：國家如何才能富強、文化如何才能繁榮？要建設富強的現代化國家，其基本點是認識我國的國情。如何才能認識國情？國情的基礎是民族的文化。我們這樣一個幅員遼闊、人口眾多的國家。文化是由統一性和多樣性兩者結合的產物。

　　文化的統一性，像大樹的樹幹和樹根；文化的地方性和多樣性像大樹的樹枝和樹葉。根深幹強，才能枝葉茂盛；反之，枝葉茂盛才會有豐富的營養，使根深幹強。豐富多彩的中華民族的文化，就是由各地方文化匯積而成的。

在中國古代，人們早就認識到：人群分居各地，有山川湖澤之隔、土地物產之異、禮節宗教的不同，於是就形成了各地風俗與文化的差異。這些差異就是地情，其基礎就是地方文化。所以，編修地方志，研究與反映地情，是認識國情的基礎。

每一部地方志，都是一部研究與反映該地方文化的書，是一部地情總匯的書。它介紹了該地的歷史、地理、人物、事件、土特產、經濟與民俗。如：本地是從什麼時候開始有人類活動的？其遺迹分布在哪裡？該地有哪些著名的山川、河流？有哪些泉水、泊淀？其間又孕育著多少美麗動人的歷史故事？本地的地理面貌如何？面積、人口各多少？人口在本地是怎樣分布的？有文字記載的幾千年間，本鄉本土出現過哪些叱咤風雲的人物？出現過多少才思如湧的學者？在那風雲變幻的年代裡，出現過多少「運籌帷幄」的謀士？出現過那些俠肝義膽的忠良？出現過多少勤勤懇懇、無私奉獻的人物？在歷史發展的長河中，本鄉本土又演出過多少威武雄壯的活劇？它是如何從遙遠的古代，從歷史的長河中，一步又一步地走向今天的？它又將如何邁向明天？從而形成了該地的特點與面貌？這許許多多的問題，讀者都可以從中國地方志中讀到。

總之，中國各地的地方志，從不同的角度，反映中華大地山河的地理風貌與歷史文明。從字裡行間，流露出鄉音、鄉情，真摯感人，激動人心。

《簡明中國方志學大綱》將概要地介紹中國地方志的發生、發展過程。介紹方志學的基本理論，如方志的功用、目的、宗旨和編修的機構與方法和各時代纂修地方志的原則等。地方志中人口志、地理志、城市志、經濟志等的編修方法和原則等。

此書的完成是我力圖繼承外祖父倪惟欽編修《民國昆明縣志》、父親于乃仁協助袁嘉谷編修《民國石屏縣志》和叔父于乃義編修《

民國新纂雲南通志》的傳統。特別得益於父親1942年在《建國戰線》雜誌上發表的《方志學略述》一文。文中首次將方志的功用歸納爲：「資治」、「存史」和「教化」三個方面。1983年又承業師侯仁之先生之命，參加全國地方志的學術研究工作。十餘年來奔走南北，書中的文章大多是在黑龍江、瀋陽、山東、河北、河南、雲南、北京的地方志研討班裡的講稿。此間我也曾深入大江南北。至修志第一線實際調查與採訪。批閱過數百部志稿，並爲60餘部正式出版的新市縣志書寫過評論。因此，《簡明中國方志學大綱》力圖匯自然與社會學科爲一爐，融理論與實踐爲一體，在繼承古老的方志傳統，又力求具有鮮明的時代性。

　　由於個人水平所限。誤漏之處，懇請讀者指正！

　　本書僅15萬餘字，它僅只是《中國方志學大綱》一書的簡本。許多書評和用方志進行歷史地理研究的章節已略棄未用。

于希賢　於北京大學蔚秀園

1994.5.23.

簡明中國方志學大綱
目　錄

第一章　中國方志發展簡史

中國地方志源遠流長，起碼有兩千多年的編修歷史。這一事業前後相繼，連綿不斷，其間名家輩出，接踵相望。除歷代散佚的許多志書外，流傳至今仍有九千多種，十萬餘卷。

面對著這一宏麗的文化寶庫，人們不禁要問：地方志在中國發展的過程如何？爲什麼地方志在中國能得到特殊的發展呢？

在中國漫長的歷史時期，社會的安定和進步要求發展生產力。要充分發展社會生產力，一靠科學技術的進步、生產工具的改進；二靠行政管理工作的科學化。只有行政管理科學化，才可能使科學技術更好地轉變爲生產力。民衆和政府對管轄地區內複雜的自然環境與社會狀況如果沒有科學的認識依據，政府何以治理地方，政府何以管理地方？對政區內各種複雜情況作系統認識，這對行政長官來說，既是他的行政工作，又是他必須鑽研的一門學問。明智的行政長官總是在當時的哲學觀、社會觀影響下，力圖把對自己管轄地區複雜情況的認識，與那個時代的認識發展的水平相適應。即把那一時代各門學科對地方政區研究的成果，應用於行政管理和地方建設工作當中。方志編纂，起到政府研究它自己所管轄政區內的各種問題，系統認識地方情況的作用，方志也就應運而生。最初只偏重應用地理學研究地方的成果，來認識與管理地方。隨著時間的推移、科學的進步，地方事務越來越複雜，對地理環境的認識也越來越深入、細密，這就要求政府研究地方的內容，更加廣泛和豐富。政府官員爲了鑽研「認識地方」的這門學問，就得組織「地方通」，系統收集資料，從人員和資料兩方面組成研究地方情況學術「智囊」機構，以應用多學科：如地理

學、歷史學、社會學、經濟學、民族學、民俗學等等研究地方的成果，來認識政區內的複雜情況，從而取得管理地方的科學依據。方志就是對地方各個方面複雜狀況研究成果的重要表現形式之一。

我國的方志事業，作爲政府研究地方情況的認識系統源遠流長、連綿不斷。這是歷代政府根據行政管理工作的需要，組織和推動的結果。縱觀兩千多年來中國方志發展的歷史，每當行政職能健全，社會較爲安定的興盛時期，行政長官都比較注意發展和改善這一認識系統。方志的編纂也就興旺發達。每當政局分裂動蕩，方志編纂也就蕭條、混亂。這是因爲在安定時期，行政長官方面有精力來研究複雜的地方問題。在政府機構中方志作爲認識系統，把研究地方情況的結果，爲治國興邦提供靈通而有效的信息，作爲行政管理與決策的依據。而在動亂分裂時期，這種需要就差得多了。中國方志事業的發展，是歷代政府重視研究地方，重視發展自身的認識系統這一工作的結果。

現將地方志發展的歷史，分階段論述如下。

第一節　中國方志的起源

一、地方志導源於「周官」說

此說由來已久，周官宗伯之屬，外史掌四方之志。此即方志之權輿。當時記錄地方政事，至纖至悉。誦訓掌道方志，以觀詔事。土方氏辨土地之所宜而善化之。任地掌天下之道路。訓方氏掌天下之政事。還有專掌管邦國之地域而正其封疆的官員。山師、川師各掌山林川澤之名物，辨其利害。當時於鄉遂、都鄙之間，山川、風俗、道路、物產、人倫、政事亦巨細無遺矣。所有這些職掌與記述文獻，即歸納融匯爲方志。此由宋代司馬光總結，說「周官有職方、土訓、誦訓之職，掌道四方九州之事物，以詔王

者知其利害」。又說「職方氏掌天下之圖，以掌天下之地，辨其邦國、都鄙、四夷、八蠻、七閩、九貉、六狄之人民，與其財用、九穀、六畜之數要，周知其利害」，「說地圖九州形勢，山川所宜，告王以施其事」。

　　方志的目的和作用，據《周禮》記載，「職方」是一種從事行政管理的官職，他與外史、誦訓的職掌是相似的，外史記錄四方，由誦訓說四方所識久遠之事，讓施政的「王者」，了解四方九州的土地、邦國的行政關係、歷史淵源、城市和集鎮、各地的民族風俗與生產能力、財政狀況、糧食的種類與牲畜的數量，以及什麼時候應該做哪些行政工作等等。「以詔王者知其利害」，「利」的涵意即行政管理中應該開發利用的環境、資源、人力、物力、財力的優勢；「害」的涵意即行政管理中應該小心處理的事情，應該注意與迴避的那些不利因素與環境條件。總起來說就是在行政管理施政決策，讓王者了解實際情況，「興利除弊」、「揚長避短」。包括章學誠在內的一些學者都把方志的起源，確定為《周官》一書裡的記載。而《周官》一書，相傳是西元前二世紀西漢河間王劉德搜集起來的一部先秦舊籍。此書本身就是一部用官制來聯繫著各種制度的行政書。書中記載了許多官名，反映了那時政府的組織狀況。書中規定了各種官職的明確職務。如：「誦訓掌道方志以詔觀事」：誦訓「說四方所識久遠之事，以告王者觀博古所識」（見《周禮》卷四）。由誦訓掌管的方志，其行政目的是很明確的。《周官》一書反映了一統天下的雄心，最重視理財。「職方氏掌天下之圖，以掌天下之地，辨其邦國、都鄙、四夷、八蠻、七閩、九貉、六狄之人民，與其財用、九穀、六畜之數要，周知其利害」（見《周禮》，卷8，夏官・司馬下）。「說地圖九州形勢，山川所宜，告王以施其事」（《周官・地官・土訓》）。由此看來，地方志書就是政府調查了解政區內圖籍、土

地政區隸屬關係、城鎮狀況及分布、各族的人口數、各地的財政、各種物產、糧食的品種、數量，大牲畜的分布，以及山川形勢、物產所宜等情況。其目的為「告王以施其事」。行政派的方志學理論從這裡開始。它提出了方志的宗旨、目的、任務、內容等。而每一項內容，都可以看成是一個大概的篇目。依《周官》所說，即把方志作為一個對地方情況的調查認識系統，調查認識的結果「告王者觀博古所識」，「告王者以施其事」，為行政決策提供信息。行人之獻五書，職方之聚圖籍，太師之陳風詩，則其達之於上。為的是使王者洞察民情、地情。當時制度由上而下采擴，又由下而上呈獻。這一制度起於中國上古三代，並由《周官》一書加予系統總結。這可以說，方志的萌芽，起於遠古。

二、地方志導源於《禹貢》說

最早承認地方志導源《禹貢》，是晉常璩的《華陽國志》。其書即因《禹貢》「華陽黑水惟梁州」而取名。此後明確提出地方志導源於《禹貢》是唐朝賈耽的《海內華夷圖》、李吉甫的《元和郡縣圖志》。此後宋代王存的《元豐九域志》、歐陽忞的《輿地廣記》、元朝朱思本的《九域志》，以及明、清的許多方志都說源於《禹貢》。應該說《禹貢》僅是地方志的萌芽階段，因為它還是以自然山川作為地域分區的界線。此後，中央集權郡縣制的大一統的國家機構建立，才出現了以政區為界線的志書。

《禹貢》是我國現存古代文獻中最早一篇有系統地理觀念的典籍。它把當時地理視野所及的地域分為九州，然後簡明概括地敘述了各州的土壤、植物、農業、經濟物產、特產、貢品以及貢品的包裝、貢道的運輸路線和確定了各州田賦的等級。劃分九州來調查土壤等級、植物、動物種類、貢品及包裝運輸等，為行政管理服務。

三、地方志導源於《山海經》說

認爲地方志導源於《山海經》的現存最早文獻是《隋書·經籍志》，其內記載說，南齊陸澄的《地理書》，「合《山海經》已來一百六十來家以成此書」。此後宋人歐陽忞、王存、清人畢沅等都有類似的不同說法。

《山海經》是我國古代一部獨具風格的「奇書」，包含著地理、歷史、神話、民族、動植物的生態及醫療功效，礦產、醫學、宗教等多方面的內容。歷史上不少學者說此書是「神怪之祖」。連司馬遷也說：「《山海經》所有怪物，余不敢言之也」。近代魯迅也說：「《山海經》蓋古之巫書也」。其實殷商時代的巫是從事行政管理的重要一員，那時政府的占卜、曆數、醫藥、祭祀都由巫來管理，「文、史、星、曆、近乎卜祝之間」，那時「巫、祝、卜、史」本是一體。爲了職掌政府的巫、祝、卜等活動，巫必須要有廣博的地理、歷史、神話、博物、醫藥等知識，並應用這些知識來從事國家的祭典、卜祝等活動。

第二節 漢魏時期方志的發展

西漢「文景之治」到武帝時期，「計書既上太史，郡國地志，固亦在焉」（《隋書·經籍志》）。此期是西漢從安定轉向強盛的時期，也是方志的繁榮時期。「退功臣而進文吏」加強中央集權。下令各州、郡清查田地、人口戶數，搞「度田事件」，方志事業也就興旺起來。《後漢書·西域傳》又提出「二漢方志」的「方志」名稱。此時方志著作也相當繁多了，原著的名稱今可考者，近五十種之多。在以政區爲單位的地方志繁榮的基礎上，也就出現全國總地志。

　　《漢書、地理志》是《漢書》中的一篇，是第一次以「地理」命名志書。此書是在秦統一全國，西漢完善了郡縣制大一統的各項行政制度的基礎上，各地的行政管理置於統一的中央政府之下，才可能出現這樣一部以行政區為記述對象的地理志書。

　　許多學者都把它看做是全國總地志的源頭，它開創了全國總地志的先例，為此後兩千多年來正史地理志，創立了一個可以效學的榜樣，此後歷朝正史中，共有十五部地理志，大多仿效漢志的體裁來編寫。漢志是以西漢時期的疆域政區為記述主體。內容的第一部分簡要地追溯了漢以前的地理情況。第二部分就以西漢時期的兩級行政區為綱領，分區條記戶口數字、賦役、山川水澤、水利設施、古今重要的關、塞、屏、障，著名的祠廟、古蹟、各地的土特產品以及官方設置的工廠企業等。這種寫法，使全國的政區綱舉目張，實是為了統治者了解所統治政區內的情況，以便進行有效管理。也即為了「宰郡國需胸中全具一郡國，宰天下須胸中全具一天下」而編纂的行政管理知識書。漢志的卷末附錄了劉向的「域分」和朱贛的「風俗」兩篇。這也體現出漢志的寫作是西漢行政管理工作的總結性成果。這正如《隋書・經籍志・地理類敘》所說：「武帝時，計書既上太史，郡國地志，固亦在焉。……其後劉向略言《地域》，丞相張禹使屬朱贛條記風俗，班固因之作地理志。」當時的中央政府指令各郡國，按時將本地物產、貢賦、人口數等資料，作為「計書」，先是三年一次，後是五年一次上報給太史。劉向從資料中歸納出「地域篇」，當時丞相張禹令其屬下朱贛從上報的材料中，條記各地風俗。班固也從這些材料中編寫成了《地理志》。

　　魏晉以來，地方志一類的著作名目繁多、體例不一，有異物志、風土記、山川圖記、州郡地記、圖經等等。這些種類不一，內容、體例各異的志書出現和當時政局分裂，行政管理工作混亂、

地方經濟開發不平衡，人民遷徙、生活動蕩有關。這類地方志現已很少流傳至今，所以難於分析。

第三節　隋唐時期方志的定型

隋大業初「普詔天下諸郡，條其風俗、物產、地圖，上於尚書，故隋代有《諸郡物產土俗記》一五〇卷；《區宇圖志》一二九卷；《諸州圖經》一〇〇卷。」（參閱《隋書・經籍志》）這與當時加強中央集權，中央加強對地方控制的政務有關。唐代自「貞觀之治」的貞觀年間起，即重視地方志的編纂。盛唐時期，中央政府專設主管地方志工作的官員和機構，「職方郎中員外郎各一人」（《新唐書・百官制》），規定地方政府修志的上報制度：「凡圖經非州縣增廢，五年乃修，歲與版籍偕上」（《新唐書・百官制》）。唐代完成的全國性大型志書就有：貞觀年間的《括地志》；開元三年（西元715年）的《十道錄》；貞元十七年（西元801年）的《古今郡縣道四夷述》；元和八年（西元813年）的《元和郡縣圖志》等。現所能見到最早的地方志原件——《沙州都督府圖經》（殘卷），內容就有沿革、位置、山川、河湖、池沼、戶口、城鎮等五十多個項目。從此殘卷反映出當時圖經的編纂是按照中央政府下達的指令性篇目，逐項填寫，刻印上報的。本地所缺內容，也須一一注明，不得罅漏（見李并成：《唐代圖經蠡測》）。

唐代，堪稱總地志代表作的李吉甫的《元和郡縣圖志》以全國範圍內「元和」年間的社會狀況爲斷面，記錄了當時十道所屬各府、州、縣的戶口、沿革、四至八到、山川分布、水道湖澤、貢賦、古蹟等等，並有附圖。這部總地志編寫的目的，開宗明義就宣稱是用地理知識爲政權服務的行政管理書。他說：「古今言

地理者，凡數十家，尚古遠者或搜古而略於今，採謠俗者多疑傳而失實，誇飾邦而敘人物，因丘墓而徵鬼神，流於異端，莫根切要。至於丘壤山川，攻守利害，本於地理者，皆略而不書。」

他的這部《元和郡縣圖志》並不是像其他的古今地理學者，因個人興趣隨便研究各種與治理國家、管理民生無關的問題。他寫這部《元和郡縣圖志》的「切要」問題是對「聖后」治理天下提供有用的地理知識，即：「將何以佐明王者扼天下之吭，制群生之命，收地保勢勝之利，示形束壤制之端，此微臣所以精研，聖后之所宜周覽也」。

他在志中精心研究、選擇的地理知識是供給「聖」、「后」作「扼天下之吭，制群生之命」而用的。這就是唐代方志學發展史上行政派的理論主張。李吉甫明確提出了他編纂的志書並不是因個人的學術興趣而編的一般地理書。在志書資料的選擇上，他記述與批評了「尚古遠者」「搜古而略於今」的傾向，實際上是提出詳今略古的修志主張。他也批評了「採謠俗者」，「多疑傳而失實」的傾向，實際上是提出了資料選擇上的考訂核實，不輕信傳言。他還批評了誇飾州邦而過於渲染人物，以及「因丘墓而徵鬼神」的不良傾向，提出了志書內容選取的「切要」問題，即從治理國家、管理天下的宗旨出發，編纂方志的目的要「佐王者」，「扼天下之吭，制群生之命」，以收地利。李吉甫行政派的方志學理論與《周官》一脈相承，且旗幟鮮明。

第四節　宋元時期方志的變革

宋代是中國江南經濟的大發展時期，從此期開始，江南的經濟實力大大超過北方。宋初對各圖經的編纂更為重視。設「九域圖志局」主管方志工作。開寶四年（西元971年）下令「重修天下

圖經」（《續資治通鑑長編》）。八年（西元971年），又有宋准受詔修定圖經的記載（《宋史・宋准傳》）。景德四年（西元1004年），「眞宗因覽西京圖經，有所未備，詔諸路州府軍監，以圖經校勘」（《玉海》）。元祐三年（西元1088年）朝廷又命諸路州編纂上報中央。將方志作爲行政管理工作中「考定官吏俸給、賦役和刑法的依據」（見中華書局版《元豐九域志》前言）。甚至行政區的賦稅定額的確定也依據圖經（見《建炎以來系年錄》）。

宋代方志行政派系的論述，又有進一步發展。成書於元豐三年（西元1080年）的《元豐九域志》，主持人王存有以下論述：

「臣聞先王建國，所以周知九州封域與人民之數者，詔地事則有圖，詔觀事則有志，比生齒則有籍。近世撮其大要，會爲一書，趣特施宜，文約事備，則唐之十道圖，本朝之九域圖是也。然自天禧以後，歷年茲多，事有因革，皇帝陛下疆理萬邦，聲教旁暨，內省州縣，以休民力；南開五溪，西舉六郡……可謂六服承德，萬世之一時也。至於壤地之有離合，戶版之有耗登，名號之有升降，以今準昔，損益蓋多。而稽地理者猶以故事從書，豈非陋哉？……國朝以來，州縣廢置與夫鎭戍城堡之名，山澤虞衡之利，前書所略，則謹志之。至於道里廣輪之數，昔人罕得其詳，今則凡一州之內，首敍州封，次及旁郡，彼此互舉，弗相混殽。……文直事核，欲使覽者易知。」（宋，王存《元豐九域志》表）。

王存論述了方志自唐、宋以來在內容、體例上的變化發展。即將「先王」用於行政管理，以周知疆域內各種情況的圖、志、籍合爲一書。其中「趣特施宜，文約事備」的典型志書，就是唐代的《十道圖》和宋的《九域圖》。所以把方志發展說成到了宋代才達到成熟階段，是不妥當的。到了天禧（西元1017—1021年）之後，宋代方志更加繁榮起來。他編這部志書的宗旨是什麼呢？因爲皇帝陛下總理天下，就要對內了解州縣的情況「以休民力」

……。但政區的建置是有變化的，有的合併了，有的政區分開了，有的行政級別上升了，有的下降了，政區面積和人口戶數也發生了變化，如果仍「以今準昔」則「損益蓋多」。他編的志書就是爲行政管理提供現狀的準確數據。並且將「州縣廢置」、「鎮戍城堡」之名，「山澤虞衡之利」都記錄下來。志書的立目、行文原則是「文直事核，欲使覽者易知」。

宋代方志行政派的理論還很多，有的把志書看做是行政管理中「察民風、驗土俗，使前有所稽，後有所鑑」的「重典」（景定《建康志》跋）。有的提出方志「豈徒辨其山林、川澤、都鄙之名物而已」，而對其在行政管理中的作用「討軍實」、「考民力」、「察吏治」、「垂勸鑒」給予明確的規定與論述（見馬光祖《建康志》序）。

歷史上地方志記錄的人口、田畝、物產、經濟等情況，本身就是政府考核地方民力、財力的工作。它直接用於作爲政府徵收賦稅、確定徭役的依據。如宋代平江府的賦稅數額，就是依圖經確定的，請看下面一段記錄。

「宋臣直秘閣周葵見椿年問之曰：公今欲均稅耶，或遂增稅也。椿年曰：『何敢增稅』。葵曰：『若然，當用圖經三十萬數爲準。』（《建炎以來系年要錄》），卷一五一，紹興十四年五月條）

這一時期，也有人提出方志的作用，是總結地方的行政管理經驗和吏治得失，即「郡之有志……所以察民風，驗土俗，使前有所稽，後有所鑒」，和使「後之來守是邦者，亦庶乎其有所依據」。（見鄭興裔：《廣陵志序》）所以宋代有名的一些官吏，如寇準、朱熹等人，到一個地方上任時，很重要的一件事就是搜閱當地的方志。察明當地的情況，以資借鑒，千古以來，傳爲佳話。

元代《大元一統志》的編修，不僅推動了各地方政府編修地

方志的工作，而且也為明、清兩代一統志的編纂開了先河，在元、明、清三代方志發展史上，占了很重要的位置。這部志書，就是一部在行政管理工作中實用的書。今將其「序」的原文，摘錄如下：

「至元二十三年」（西元1286年）歲在丙戌，江南平而四海一者十年矣。集賢大學士、中奉大夫行秘書監事札馬剌丁言：『方今尺地、一民盡入版籍，宜為書以明一統。』世皇嘉納。」

此書編成之後，中書左丞相「奏，是書國用尤切，恐久淹失，請刻以傳永世。」

其「國用尤切」的內容是什麼呢？原文作了以下進一步的說明：

「皇上體乾行健以統領萬邦，所謂一統萬類，可以執一御而六合同風，九州共貫之機括繫焉。」（見許有壬：《至正集》，乾隆本）

元代政府編纂此志書的目的與功用，並不是將之編成一般的「資料書」、「學術書」，僅可供資治借鑒的歷史書，而是要用它管理「尺地、一民」，用它「可以執一御而六合同風，九州共貫」，因而是「國用尤切」、「機括繫焉」的行政管理書。元代把修1300餘卷的《大元一統志》作為鞏固元代統治的行政措施之一，即達到「江山統一，以垂萬世」的目的，其序言說：「垂之萬世，知祖宗創業之艱難；播之巨庶，知生長一統之世」、能「各盡其職」，「各盡其力」，達到「上下相維，以持一統」的文化效果。

這時期的方志理論，繼續闡明它為行政管理提供必要知識的作用。如元統二年（西元 1334年）楊影德的《赤城元統志・序》說：「奠山川、察形勢，而扼塞可知矣；明版籍，任土貫，而取民有制矣；詮人物，崇節義，以彰勸懲，而教化可明矣。」

第五節　明清時期及民國初年方志的大發展

　　明初，朱元璋於洪武三年（西元1370年）下令修《大明志》。明成祖又下令用天下郡縣圖經的資料，重修《大明志》。英宗天順五年（西元1461年）完成《大明一統志》。此後，嘉靖、萬曆兩朝也修了許多方志，大多依據《大明一統志》體例完成的。

　　到了明代，方志理論中，認爲地方志是「有繫於政而達之於政」的書，有人強調「郡縣之有圖籍」是「爲政者不可廢」，它可以使行政長官明山川之險易，土壤之肥瘠，物產之美惡，民庶之多寡，按圖考籍，可得而知也」，在經濟管理中了解「道路遠近錢糧事民之數」對於地方志的行政管理作用，這些見解是一脈相承的。明代方志行政派把方志看爲「有繫於政而達之於政」，因而「爲政者不可廢」的書；把方志看爲「資治之書」、「言治之書」。對方志的源流、性質、意義、功用、編纂體例及方法都有一些有價值的論述。如鄭紹烋在嘉靖《壽州志》序中提出，志書若不能有利於行政管理使國家長治久安，則「蔽於其心，害於其政，志雖修也，文具焉爾矣，可不爲大羞也耶」（《馬鞍山市志通訊》1985年4期，李昌志：《明代安徽「九志」序例述論》）。

　　清代是我國地方志發展的全盛時期。清初的顧炎武，把天下的方志集中與整理，開宗明義就叫《天下郡國利病書》，其目的是「究生民之利病，治亂之得失。」康熙採納保和殿大學士兼戶部尚書衛周祚提出方志的作用爲「天子明目達聰之助，以扶大一統之治」的建議。地方志記錄「天下山川形勢、戶口丁徭、地畝、錢糧、風俗、人物、疆圉險要」。於1672年下令全國修志。在省一級的志書裡，樹立賈漢復主修的《河南通志》和《陝西通志》爲樣榜。在城市志方面，樹立了朱彝尊編的《日下舊聞》爲樣榜。

這樣，就推動了清代方志事業的高漲。在全國普遍修志的基礎上，於1686年首修《大清一統志》。

此後雍正七年（西元1729年）因要修《大清一統志》，下詔各省先修通志，皇令嚴屬，限期完成，疆吏多禮聘著名學者參修。各省因修省志，又命令各府、州、縣修志，以供採擇。僅《大清一統志》就修了三次，初成於乾隆八年（西元1743年），共三四二卷；次成於乾隆四十九年（西元1784年），共四二四卷；最後成於道光二十二年（西元 1842年）共五六〇卷，記事斷限到嘉慶二十五年（西元1820年）爲止。乾隆親自抓志書纂修工作，指定于敏中等任總裁，叫竇光鼐、朱筠等根據《日下舊聞》進行增補，成書後由乾隆親自審定，完成了《欽定日下舊聞考》。

清代中後期，方志理論雖有歷史學派，地理學派之爭，但在地方志爲資政決策了解地方提供可靠信息，方志有益於地方「風教」，這一點上是從來沒有疏忽的。

許多著名學者如袁枚、錢大昕、齊召南、王昶、洪亮吉、段玉裁、章學誠、謝啓昆、李兆洛、厲鶚等也參加修志。方志理論也有許多建樹。如乾隆《永平府志》序，李奉翰指出：「吾聞一代綱紀之所立，德澤之所被，以及人物之興替，守會之賢否，能詳史所未詳，使覽者觀感起，得以因地制宜、因民善俗，則皆於志是賴焉。是志者，固輔治之書也。」又如馬百齡在道光《仁壽縣新志》序中談：「知縣者，知一縣之事也，必舉一縣中之士習民風，農田水利，以及戶口財賦，關津營汛之屬，無不罔知」，「縣志者，實知縣之左券」。道光《續修銅山縣志》潘檉序談：「夫政在乎宜民，問俗採風，皆關政要，志之不備，則俗尚無由知，掌故無可考」。章學誠在《州縣請立志科議》中也指出：地方志是「天下政事，始於州縣，而達於朝廷」的下情上達的政書。有清一代，給我們留下了6800多部志書，約占中國舊志總數的76

％。卷數占到85％以上。

　　民國年間也重視修志，民國十八年（西元1929年）十二月內政部頒行《修志事例概要》，規定各縣、市都要興修志書，採摭資料，各省成立通志館。此時並有志書凡例、分類綱目及各縣採訪及纂輯標準頒行。如民國十九年（西元1930年）一月內政部通咨各省說：「縣志乃一切民政發軔之基礎，因地制宜、因財制宜、因物制宜均維縣志是賴」。又說：沒有縣志，則「建設、調查與一切統計均難著手」。著名學者黃炎培、方國瑜、方樹梅、陳一得等也參加修志。當時民國革命元老周鍾岳總結說：「夫方志之設，原以備載一方之事蹟，為建設、政治之參考。稽之古代，其制度如此。」他提出：「今部令興修縣志，既為政治、建設之資，則宜詳審現代情形，精訂義例。」「詳審通志，雖非史而其體則亞於史。故欲修志，必明史例。」體具結構上，他提出「首例大政、大事二記」；「宜精於編制分省、分縣市興圖」並「繪山脈、水道、地質、物產」圖。在門類上，重視「人才」、「藝文」、「制度」、「古蹟金石」等內容。其思想新穎，把現代科學的若干新思想與新方法，引進了古老的方志編輯工作中。民國初年給我們留了1700多種方志。極大地發展了中國方志的編纂。因軍閥混戰，政局動亂給修志工作帶來不少困難。成書的縣志不少，其中也有名志。成書並印行的省志則僅有《新纂雲南通志》等幾部。

　　總之，我國地方志的編纂歷史悠久，近十餘年來，地方志編纂在繼承中國幾千年文化傳統的基礎上，進入了新方志的發展階段。從指導思想、理論研究、地方志編纂的規模等方面都有了前所未有的發展。新方志編纂的一個重要標誌，就是與現代科學的結合。所以研究地方志與現代科學的結合，這對總結當前的修志經驗、推動方志學研究將是有意義的。

第六節：地方志辦公室應當成為地情研究
的常設機構——從四川彭縣志出版的後續工作得到啓示

　　方志工作是對地方情況進行古往今來的大總結與大調查。這是一項巨大的科學、文化工程。一部志書的編修成功，往往要集中研究地方問題的各種專門人才與學者，並通過他們以十年、八年的辛勤努力，搜集與薈萃有關地方的歷史、地理、文物、資源、山水風景、政治經濟、文化民俗、軍事、人物等許許多多方面的系統資料。一部志書的修成，方志工作者往往要讀通、啃掉上噸的文獻資料。志書的編修過程，也是地方文獻資料信息庫建設的過程；是造就一批研究地方通的學者成長的過程。這些資料、信息與人才，是地方經濟、文化建設的寶貴財富，在今天以經濟建設為中心，增強地方經濟實力的任務之下，他們是不可缺少的棟樑。

　　方志編纂的整個過程之中，經年累月的人力、物力、智力的投資，是由點點滴滴積累而成的。他是血與汗、智慧與力量的結晶。其社會效果，也不是一朝一夕就能顯示出來。巨大的經濟與社會文化效果往往需要有一段時期才能見其功效。

　　地方志編好、出版了之後，縣志辦的一班人馬、機構與資料應當怎麼辦？有不少地方以為任務已經完成，班子取消、人員調離分散，資料也無人過問而隨著時間的流逝而散失。

　　這真是可惜！

　　四川省彭縣的志書，是1989年出版的。此後，他們為了總結經驗，先後又編輯出版了《彭縣志纂評集》。此集把彭縣志編修的政府文件、通知、會議紀要、總纂工作的表彰、報告、成果鑑定作了「文獻節選」。又將修志的過程及修志大事作了總結。並

匯集「讀者回音」、「衆家評論」、「編者反思」等。首先將修
志工作進行一次全面系統的總結。這是一種認眞負責的態度。

　　志書的功能是資治、存史、教化。志辦的編者，以志書爲基
礎又編出了「彭縣──天府金盆」一書。其宗旨是：「以經濟建
設爲中心，優先發展農業，進一步改善投資環境，充分利用資源、
能源等優勢，引進企業、資金、技術和人才……儘快實現裕縣富
民的目標。」並爲中學編出了「彭縣歷史」、「彭縣地理」等部
分鄉土教材。使方志的三大功能進一步得到發揮。

　　從彭縣志出版之後的後續工作中，我們得到啓示。志辦的人
員、資料應當不斷地發揮作用，不斷地得到充實。地方志辦公室
當作爲一個研究地情的常設機構。

　　其實，清代方志學家章學誠早在《州縣請立志科議》一文中
就說過：

　　　「天下政事，始於州縣而達於朝廷。……朝庭六部尚書之
　　　所治，則合天下州縣六科典吏之掌故以立政也。……六部
　　　必合天下掌故而政存，史官必合天下紀載而籍備也。……
　　　而州縣紀載，並無專人典守，大義闕如。」

　　中央政府的六部，是依賴方志系統上達的地方信息，方使行
政工作有所依據。如果州縣政府機構中，沒有常設的「志科」，
那麼將「大義闕如」。

　　當今是信息時代，地方政府更不能沒有常設的方志機構了。
這就是今天四川省彭縣方志辦的同仁們，給我們的啓示！

第二章 方志學略述

　　方志者，以地方為單位之歷史與人文地理也。起源昉自成周，初因地理書演變而成。至宋增人物藝文、體例漸備。其後代有纂述。逮于清，則省、府、廳、州、縣而外，並鄉鎮亦多有志，開歷代未有之記錄。民國衍其餘緒，踵事增華，此其源流之大要也。至所記述，則地理之沿革，疆域之廣袤，政治之消長，經濟之隆替，風俗之良窳，教育之盛衰，與遺獻之多寡無不備。故欲覘一縣人民活動之總成績者，必於縣志是求。自縣而至省，自省而至國，合而觀之，則一國文化遞嬗之跡庶幾可以了然矣。今就先儒研究之定論，參其管見，考明其源流，分疏其功用，然後楷定其義例，比較其組織，與夫研究搜集資料之標準，以資參考，於其所不知，蓋闕如也。

第一節　方志之流源

　　方志之名，始見於周代典籍。《周禮・春官》：「外史，掌四方之志。」鄭氏注：「謂若晉乘、楚檮杌，魯春秋之類」。公羊傳疏云：「孔子制春秋，使子夏等十四人求周史記，得百二十國寶書」（隱公三年）。墨子曰：「吾見百國春秋」（《史通・六家篇》引墨子佚文）。所謂四方之志，百二十國寶書，百國春秋者；比附方志，殆性質同而體制異乎？《周禮・天官》又有「司會，掌書契版圖」。注：「謂戶籍、土地、形象。」斯其純為地理圖經之屬，亦方志之一類也。

　　秦漢而後，社會組織變遷，郡縣異於封建。史家有作，多綜

記全國通史或斷代史。方志遂不復同國史，而但入於地理家言。且幅員日擴，分地記載之書亦孳乳寖多。其見於隋書經籍志者，如圖經、輿地志、名勝記、風土記之屬，皆地志也。卷帙繁多，不勝其舉。惟晉常璩《華陽國志》記載，西南掌故，極有價值，爲學者所稱道援引焉。趙宋之間，始有擴充範圍於地理以外之書出，確立近世方志之規模。自後承風汲流，斯業愈盛。近人統計自宋元以迄民國，新舊巨細方志之傳於今者，凡四千餘種，八萬餘卷，可謂浩博矣。

　　州縣志不暇詳述，茲述範圍廣之行省通志。通志成書，宋元猶少；明志之存者，尚有二十八種，一千一百餘卷。綜觀歷朝通志，純駁不一。雖由於地方官奉行故事，鈔撮陳案，草草成書，不足於著作之林者；然其間經名儒之精心結撰，或參訂商榷者，亦自不少。明志以康海之《武功縣志》三卷，韓邦靖之《朝邑縣志》二卷號爲簡古，實甚疏陋。省志中猶有詳贍精審者，則胡宗憲修《浙江志》，李元陽修《雲南志》爲最著。是以洪武《大明志》書，景泰《寰宇通志》，天順《大明一統志》之修纂，頗資取於行省通志焉。

　　清初，成志不多，佳構尤鮮。乾嘉而後，樸學大興，一代知名學者，或開府大邦，力振文業；或傳食名都，從容載筆；故勒成諸志，頗復斐然。而其最爲人所推崇者，爲謝啓昆修《廣西通志》。其書首著序例二十三則，遍徵晉、唐、宋、明諸舊志門類，酌定綱目，說明所以因革之由。蓋認修志爲大業，以身赴之者，自謝氏始也。故其志爲省志模範。雖以阮元之通博，其修雲南、廣東諸志，亦且恪遵謝氏體例，無稍出入。楊士驤之修《山東志》，黃彭年之修《畿輔志》，黃沛之修《江西志》，曾國荃之修《山西志》，郭嵩燾之修《湖南志》，何紹基之修《安徽志》，繆荃孫之修《湖北志》，率踵謝阮成規，蔚然爲清代文獻要籍。

　　且每一志館之開，網羅人才必衆。其以專門之學，分纂一二門者，多有特出之作。如雍正《山西通志》之疆域，沿革數卷，其於要塞形勢，了如指掌，蓋儲大文深於地理之學也。四川志之藝文，多沿襲明志，實出於楊愼手，最爲雅贍。亦有不以志名，專取一方志中某類爲精深之研究，以成專書，如屈大均《廣東新語》，劉孟揚《揚州水道記》，徐世昌《畿輔先哲傳》之屬，亦於方志有補苴之功。

　　雖然，就方志之收穫言，直接參與修纂者之功固偉，而其間有未與修纂之役，或雖與其役未竟其功，然於史部義例，獨開新境，開先時代之風氣，造成方志學發達之主要因素者，不可不述；則顧亭林、章實齋是也。亭林撰《天下郡國利病書》，集古今地理書之大成。自謂所取資料，正史而外，端資方志。自是學者始漸知斯學之要。實齋著《文史通義》，於史學開一新紀元。嘗修纂《湖北通志》，欲本自訂義例，成一與正史通典相埒之志書，卒見扼於人，未能實現。然稿本幸存，嘉業堂刊布之。今後修志者，果能一一遵其例，以取材，以成書，必能別開面目，發揮方志偉大之效力而無疑。近年以來，西洋史學傳入，學者知史料與正史爲同等之重要，章氏學說，愈爲世人所注意。或搜集舊志以比較研究；或規劃新志方式，以期所作更近於科學。未來方志之發揚光大，謂非章氏啓發之功不可沒也。

第二節　方志之功用

　　間嘗分析方志之性質及其效用，蓋有三焉：

　　一曰備行政官吏之省覽，俾發政施令得其宜也。夫行政必嫻民情，古今之所同然。方志爲一方總覽。又時時增修，其徵信之程度，自較他書爲高，抑且無他書可以代替。昔韓退之過嶺，先

借韶州圖經；朱子知南康軍，下車即以郡志爲問；軺軒所至，郡縣循故事，亦以地志進；職是故也。

　　二曰資學者治史以最豐富之史料也。──疇昔史家之所紀述，偏重一姓興亡，及中央政府劃一之設施，未能盡博，會人群之眞相。惟方志中，紀地理，則有沿革，疆域，面積，分野；紀政治，則有建置，職官，兵備大事記；紀經濟，則有戶口，田賦，物產，關稅；紀社會，則有風俗，方言，寺觀祥異；紀文獻，則有金石，古蹟，人物，藝文。其可採入正史者，難若披沙揀金，猶有待於選擇，然其材料多直接取於檔冊、函札、碑碣之倫，顧亭林先生，所謂採銅於山者，是以完善之志書可寶，即俚俗者亦未能棄置。瞿君兌之曾列舉方志裨益於治史者之途，蓋有六焉：「各地社會，制度，種族分合之隱微蛻變不見於正史及他書者，往往於方志中見之，一也。前代人物，不能登名於正史，亦每見於方志，二也。遺文佚事，散見雜書或集部中者，賴方志乃能以地爲綱而有所統攝，三也。地方經濟狀況，如工商業物價物產等，方志多有紀述，四也。建置廢興，可以窺見文化升降之跡，五也。古蹟金石可以補正史及文學之遺缺，六也。」夫方志爲國史要刪，章實齋言之詳矣。往時國史，有專館掌之，又詳於皇家政治，猶有藉於方志。今者，國史之業，既無專司，而所著錄必中央與各地並詳，其有資取於方志者益多矣。

　　三曰啓發後進敬恭桑梓之心也。──凡表揚鄉先輩德業學藝，以詔示後進，作精神上之鼓舞濬發者，往往視逖遠者更爲有力。直接養成一地方特出之學風，間接造成人群團結進步之因素，方志貴具此效用焉。

第三節　方志之纂修

今後方志之需要，可謂切於古昔，舊志固應整理保存，新志尤待尅期成書。故修纂之方法與體例，自應加以精密之探討，立一人人共信共由之標準，斯修志之先決條件也。謹就管見所及，述其要點如次：

㈠分類應合邏輯

凡著述體裁，簡以宜馭繁，若網上綱。子長八書，孟堅十志，綜核典章，包涵甚廣，可以爲法。世俗修志者，每昧此旨，震於唐宋諸史之分類詳細，其於省縣，亦廣立門類。如明何喬遠修閩書，別爲二十二門。清賈漢復修河南通志，別爲三十門。浩無統攝，散漫難尋。夫天文、地理、禮儀、食貨諸大端，本足以賅一切細目；而務好分析，令見者五光十色，徒增迷眩。至若訪人物而立傳，則名宦、鄉賢、儒林、卓行數端，本不足以賅古今人類，而務立名色：於是得一全才，不問其學行如何兼至，咸納入一門，削趾適履，抵牾牽強，至不可通。且人物諸目，與山川古蹟相次，優者只同類書，劣者等於市井泉貨注簿之米鹽凌雜耳，又何觀焉？晚近新出諸志，已少此病，曾嫌尚未合於精密的邏輯分類，有待於改進。

㈡體裁應符書名

章實齋曰：「修志需如書名」，與作詩文須和題旨同。無論省、府、州、縣之志，各有義例，既不可割裂通志以成州、縣志，尤不可湊合府、州、縣志而成通志。苟通志及府、州、縣志可以互相分合爲書，則天下亦安用此重見疊出之綴旋爲哉？」至省志體裁之特點，實齋方志辨體一文言之甚詳。如湖北志之山川，舊志取各府、州、縣志山川名目，依府、州、縣之次第排列，佔紙四五百頁，而山川形勢脈絡，昧然難曉：此等文字，只應仍還之府、州、縣志中，又別著一文，總述湖北十一府州山脈川源，凡三千餘言，盤旋數千里間之山川，已瞭如掌上觀紋矣。食貨志亦

然。舊志益取各地賦役全書。挨次排纂、連篇累牘,但見賦稅錢穀之數。至於財賦大勢,沿革利病,反茫然不可知。實齋亦一概不取,但綜其大數。或列表圖,或加之議論,以明得失,文雖簡而事理明矣。其他各項,亦準此例。實齋所修通志定本,不過二十冊,量纔等於舊志三分之一,而其精華殆十百倍之矣。

㈢志文須鑑別史料

史料範圍至廣,凡正史以外文字涉及古今事實之紀載皆屬之,顧史料之保存,應與正史有別。章實齋曰:「古人著述與比類兩家,本自相異不相妨。蓋著述譬之韓信用兵,比類譬之蕭何轉餉,二者缺一不可,而職權固不相侵也。後世史家,其務博者,細大不捐,難知要點。務約者,又並重要材料刪削過多,因噎廢食。斯蓋「著述」與「資料」畛域不分,故博約皆失也。是以實齋謂「方志修纂應別為三書:」謂「一通志、二掌故、三文徵是也。」

通志體同正史。剪截浮詞,槖酌經要,通古今之變,成一家之言。故曰:「志者識也。典雅有則,欲其可誦識也。」

掌故體同會典會要。凡律令、典例、簿書、案牘,以及錢穀甲兵數目,志中詳之則嫌繁蕪,略之又懼缺遺。昔馬遷史記,既撰八書,採其綱領,討論大凡矣;又於禮書贊曰:「籩豆之事,則有司存。」蓋指叔孫朝儀,蕭何律令,張蒼章程之屬,史文不能一一收之。方志亦然,當擇其地章則規程,及重要統計,加以整理,別為一書。與方志互相參證可耳。

文徵體同文選禮苑。古者太師陳風詩,所以備文獻之徵也。兩漢而後,學少專家,而文人有集。集部中史料亦自不少。選其要而錄之,即採風之意焉。

如上三書相輔而行,庶幾詳約適宜,頭緒易清,可比美於古代國史焉。

㈣徵今須重於考古

　　夫修志者，非示觀美，將求其實用也。故歷史沿革，舊志果已精詳，自宜仍之，毋庸增減。若猶闇陋，則宜詳考修正之，以求其眞。然非博學多識，淹貫群籍者不易爲。且考古固宜詳愼，不得已而難達完善，無寧重近代而輕沿革。蓋考沿革者，以資載籍，載籍具在，人人得而考之；縱我今日有失，後人猶有更正之可能也。若夫近代事實，及時不事搜羅，編次不得其法，去取或失其宜：則他日將有放失難稽湮沒無聞者矣。丘文莊曰：「世有千載不刊之書，無百年不輯之志。」亦重視近代文獻之意也。

㈤應擴充社會及經濟史料

　　國家基本，在於人民：社會機構，繫於經濟。往往食貨、風俗各志，僉不足以蓋人民、社會、經濟、生活之紀實。今後修志，自應以此點爲主幹。凡衣、食、住、行種種問題，及一切生產消費、團體組織，詳舊志所略，增舊志所無，非惟應時代之需要，亦信史不可少之條件也。

㈥應增編各地特殊之事項與問題

　　中國地大物博，一地有一地之特點。環境美惡，民生利病，樊然駁雜，各不相侔。國人受遺傳及環境之影響極深。方志爲紀載地方之書，自應適合其地環境民情，乃切實而不涉浮泛。故其分門，自通常各志應有諸大綱外，應視各地重要事故，增其門類。斯則各省不能相襲。明李中溪先生修雲南通志，特加羈縻一志，詳述各民族之制度習俗，於邊防之要，尤其致意，是其例也。

㈦態度須尚客觀

　　史家與文學家不同，文學家之文，惟恐不自己出；史家之文，惟恐出之於己。蓋史體述而不造，史文而出於己，是爲言之無徵，不起信於後也。故修方志者，下筆之頃，須平其感情，使不激不偏，如鏡鑑物。易言之，即黑格爾客觀的史法是也。舊志人物，每有譽無毀，有褒無貶。稱人之善，但云「清廉勤愼」、或「慈

惠嚴明」，品皆曾史，治皆龔黃，學必馬鄭，貞盡共姜。面目如
一，性情何別？如斯傳志，實昧史裁。今後若不改弦更張，循名
核實，縱門類如何新穎，亦難躋於史籍之林。政謂核實者，如「
名宦」必詳其曾任何職？實興何利？實除何弊？又如「卓行」，
必詳其行如何卓？「文苑」亦必開列著有何書見推士林？「孝友」
亦必開列何事能孝能友？格調不必過高，要須眞跡，始有著錄之
價值。至若大奸巨慝，亦宜一一詳其生平，俾賢者有所勸，不肖
者有所戒，以爲後世繩鑑焉。

(八)**文辭務須適旨**

章實齋曰：「凡百家之習，攻取而才見優者，入於史學無不
絀。往往有極意敷張，其事弗顯；刊落濃辭，微文旁綴，而情狀
躍然者。」志爲史裁，志中文字具開史法，則全書之命辭措字，
亦必有規矩準繩，不可忽也。俗士修志，不惟辭不雅馴，且常有
害於事理。曾子曰：「出辭氣，斯遠鄙倍矣！」鄙謂不雅，倍謂
不合事理也。然則鄙倍又非尙辭藻，競文飾之謂，且如引用成文，
期明事實，苟於事實有關，即胥吏文移，亦可採錄，況上此者乎？
苟於事實無關：馬班揚述作，亦所不取，況下此者乎？孔子曰：
「辭達而已。」予亦曰：「方志之文，達而已矣」。

綜上諸端，修志之能事殆已略備。昔劉子玄謂史家須具三長：
「才、學、識」是也。夫修志亦然，於上八事能加之意，則才學
識三者殆具體而微乎？

編者注：該三節爲先父于乃仁所著，原載《建國學術》1942
年創刊號。文中首次提出方志的資治、存史、教化三項功能；還
提出了方志纂修的八條意見，賢受先父遺教，決心獻身方志科學。
僅以此書，敬獻先父在天之靈。

第四節　地方志與軟科學

近幾年來，我國軟科學研究發展很快，各地區、各部門都有了一些調查、研究、諮詢等形式的軟科學研究機構。地方志的編纂與研究機構，亦屬於其中，且數量可觀，並取得了不少成果。從地方志裡發掘出來的資料信息，對國家和地方政區的管理、建設起了一定的作用。因此，實有必要對地方志與軟科學進行專題的比較研究。

一、什麼是軟科學，什麼是地方志

軟科學是一種「運籌帷幄」的科學，它的學科概念與硬科學相對立，二者之間又組成一對相互依賴的陰陽互動體。軟科學的特點是提出一些思想、觀點，根據有關信息資料，作出各種計劃、規劃方案，供決策使用。軟科學不直接參與建設實施的行動，僅起到出主意、獻策略的參謀作用。而硬科學則是各種工程、技術科學，它在建設中則要披堅執銳、克敵制勝，解決具體問題。雖然軟科學的工作看不見、摸不著，但並不是可有可無的科學。它是硬科學的先導。硬科學是根據軟科學所提出的思想、觀點以及計劃、規劃的方案，經決策系統決策，而後實施的。軟科學起到參謀作用，其重要性正如古代政論家所說：「運籌於帷幄之中，決勝於千里之外」。軟科學的作用是張良、陳平、諸葛亮的工作，而硬科學的作用是韓信、樊噲、周勃、關羽、張飛、趙雲、馬超、黃忠的工作。具體地說，軟科學包括了戰略科學、決策科學、規劃科學、政策科學、技術預測、技術評價、管理科學、可行性研究、諮詢等。

地方志以行政區為主要記述對象，從政區全局著眼，既整體、

綜合地反映政區基本情況又突出地方特點。在表現形式上，地方志橫排門類、豎記過程、形成志書體例；在語言文風上即事直書、即意自觀、少作論斷、力圖達到「文直事核，欲使覽者易知」的效果。因此，在中國古代曾有人說地方志是「有繫於政而達之於政」、「爲政者不可廢」的「政書」；也即它是使行政管理的決策「得因地制宜、因民善俗」的「輔治之書」。

在漫長的中國封建社會裡，政府從資政牧民、長治久安的利益出發，把地方志作爲「天子明目達聰之助」的一個觀察、認識系統，爲行政決策提供各地複雜情況的基礎信息。方志編纂作爲政府工作的一個組成部分，由主要地方首腦總領其事，建立專門機構，頒降修志條例，下達指令性編目，限期編寫上報。依地方志所記政區基本情況，決定賦稅、徭役、錢糧、駐軍、官吏俸給的數額；作爲決策、處理政務的依據，所以近代方志學家，把方志效用總括爲三個方面，其一爲：

「備行政官吏之省覽，俾發政施令得其宜也，夫行政必嫻民情，古今之所同然。方志爲一方總覽，又時時增修，其徵信之程度，自較他書爲高，抑且無他書可以代替。昔韓退之過嶺南，先借韶州圖經，朱子知南康軍，下車即以郡志爲問」（見于乃仁：《方志學略述》，載1942年《建國戰線》創刊號）。

尤其是到了現在，地方政區的社會、經濟結構高度複雜了，人民的物質文明和精神文明生活高度的豐富。地方志工作雖不參與經濟建設的直接行動，但它要反映社會、經濟結構的複雜狀況，並適當地追溯其歷史過程。從全局、綜合的角度爲物質文明建設和精神文明建設提供系統信息，爲之服務。也即地方志要從全局、綜合的角度爲政區管理、建設的決策提供系統的信息。因此可以說，地方志也是屬於爲決策服務的一種基礎的、低層次的軟科學。

茲將軟科學與地方志歸納比較如下：

軟科學 {
不直接參與建設實施的行動；
出主意獻策略，起參謀作用；
爲決策服務，是建設行動的先導。
}

地方志 {
不直接參與經濟建設的實施行動；
爲出主意、獻策略的參謀作用提供政區的系統信息；
爲決策服務，不僅是建設行動的先導，而且也是「主意」和「策略」的依據和基礎。
}

二、軟科學與地方志目的之比較

　　萬里副總理在《全國軟科學研究工作座談會上的講話》中指出：「軟科學研究的根本目的，是爲各級各類決策提供科學依據，是爲領導決策服務的。從這個意義上說，軟科學研究是決策研究，就是把科學引入決策過程中，利用現代科學技術手段，採用民主和科學的方法，把決策變成集思廣益的、有科學依據的、有制度保證的過程，從而實現決策民主化、科學化和制度化，以加快我國現代化建設。」（見《光明日報》1986年8月15日第1版）

　　歷代方志學家所論述地方志的目的，是基本符合萬里副總理指出的這一軟科學目的的。例如，顧頡剛先生曾說：「每地修志，主要目的在於備行政官吏鑑覽，以定其發施政令之方針……使在位者鑑覽得其要，發施得其宜」（見顧頡剛：《中國地方志總錄》序）。清代的方志學家曾說：「志者，政事之書也」（《東莞縣志》黃時沛序），「於其志政，而提其大綱、詳其節目，若何而宜於古，若何而宜於今，洞悉原委、指陳得失，則知其能明政體」（華西植：乾隆《貴溪縣志》序）。「夫爲政在乎宜民，問俗採風皆關政要。志之不備，則俗尚無由知，掌故無可考」。近來的方志專家也指出：「今天修志，其根本目的仍然在於『輔治』、『資政』。『爲本地社會主義現代化建設提供有科學依據的基本狀況，以利於

地方領導機關從實際出發，進行有效的決策」（《新編地方志暫行規定》）是新方志的根本功能」（見薛虹：《新志的整體性》）。綜上所述，地方志爲「各級各類決策提供科學依據」，「爲領導決策服務」這一目的是與軟科學一致的。但地方志僅爲決策提供基礎的系統資料和信息，一般來說它本身不進行決策研究。地方志的工作也有利於「把決策變成集思廣益的、有科學依據的」過程。

三、地方志與軟科學「多學科、跨部門」
「綜合研究」之比較

　　萬里副總理說：「軟科學研究涉及自然科學和社會科學的諸多領域，是一種多學科、跨部門的綜合性研究。……科學技術作爲綜合的知識體系和思維工具，能幫助我們從宏觀上觀察分析複雜而多變的經濟現象、社會現象，作出準確的鑑別和判斷，從而幫助人們在更廣泛的範圍內作出科學的決策，在更大程度上推動整個社會的發展，以及科學技術自身的進步。這後一點，正是軟科學研究的重要使命。」（《光明日報》　1986年8月15日1版）。

　　地方志也是涉及自然科學和社會科學的諸多領域，是一種多學科、跨部門的綜合性記述。它要涉及自然科學中的自然環境和資源的基本情況，即政區的地質條件、地質基礎、地質分布、地質構造、地質礦產和地震災害等。政區的地貌條件、地貌類型、地貌分區、各區地貌特點、地貌發育趨勢、各種地貌類型與工農業生產的關係等。政區的氣候特點、氣溫、降水、風向、氣壓的分布、變化以及對工農業生產的影響等。政區的水文特點、河流、湖泊、地下水的分布、季節變動、歷史發展趨勢。政區的土壤狀況、類型、分佈、肥力等以及政區的植物、動物、自然保護區等等諸多領域。同時，地方志也要涉及到社會科學中的歷史、經濟、

人口、民族、方言、教育、文化、金融、政黨、軍事、人物、風俗等諸多領域。所以，地方志也具有軟科學「多學科、跨部門」「綜合性」的特點。地方志所記述地方政區的綜合、全面、系統的信息，將有助於「從宏觀上觀察分析複雜多變的經濟現象、社會現象」，使決策者「作出準確的鑑別和判斷，從而幫助人們在更廣泛範圍內作出科學的決策」。地方志的作用可以包含在軟科學研究的重要使命之中，成為其中的一個部分。

四、兩者都有利於決策的民主化和科學化

萬里副總理指出：「黨的十一屆三中全會以後……在全黨強調實事求是，強調實踐是檢驗真理的唯一標準，強調建設社會主義必須依靠和發揮人民群眾的積極性和創造性。過去決策中那種主觀主義、唯意志論、獨斷專行的作風，讓位給調查研究、民主討論、集體領導的作風，恢復了黨的朝氣蓬勃的生機」。因此，萬里副總理提倡「領導人與研究人員、有多方面知識的人、有實踐經驗的人，平等地、民主地經常交流思想、溝通信息，討論問題。每個領導部門都應該有自己可以依靠的決策研究班子」（見《光明日報》，1986年8月15日1版）。我國的方志事業是政府調查研究地方情況的一個認識、信息系統。中國歷史上中央政府下達的每一次詔令，都體現了在當時意識形態與知識水平之下對各地方政區的環境、資源及其間的歷史沿革、疆域、經濟、金融、社會風尚、人口、田賦、名勝古蹟等等地方狀況的大調查與大認識。今天新方志的編纂過程體現了大調查、大認識各地方客觀事實的過程。在這一巨大的調查、研究地方情況的系統工程中，必然要搜集、記錄本地人民群眾在建設家鄉的勞動中所積累起來的經驗和智慧；總結、依靠和發揮人民群眾的積極性和創造性，為決策的科學化提供可靠的信息基礎，地方志的編纂將把萬里同志所說

的「研究人員」、「有多方面知識的人」和「有實踐經驗的人」的智慧引入決策過程中，從而實現決策民主化。這樣，軟科學研究和地方志編纂將對「憑經驗拍腦袋決策」的領導者是一種強有力的挑戰，而有利於推進決策的民主化和科學化。

由於地方志編纂機構和修志人員了解與集中了最多、最新的地方政區錯綜複雜的信息。方志工作者常常可以成為「地方通」，成為地方問題的某一方面的「智囊」，方志機構也應當成為有關本地問題研究的「智囊機構」。現在已有一些修志機構成為或者將要進入領導所依靠的地方管理與建設的決策、諮詢班子。

決策科學化與民主化的前提是對政區複雜情況的調查與了解。誰能掌握基本的以至最多、最新、最準確的信息，誰就能作出正確的決策。方志工作作為地方複雜情況的調查、認識系統，有可能掌握系統的信息，因而它是軟科學中的基礎部分，它們都有利於決策的科學化與民主化。

五、地方志為決策服務舉例

楚漢相爭之時，劉邦有幸先入咸陽，「財物無所取，婦女無所幸」，手下有遠見的謀臣蕭何，盡收天下圖籍，其中也獲得了集中在咸陽的全國各地上報的方志一類的文獻，是以他們周知各地政情、民情、經濟能力、地形利弊和治亂得失。這些信息為劉邦集團以弱勝強打敗項羽集團，最終取得天下，起了一定的作用。

北京是一個缺水的城市，遠在元、明、清三代解決首都的水源問題，均列為突出地位，委派得力、幹練的官員負責其事。如元代宰相脫脫、名臣郭守敬、虞集等；明代的汪應蛟、左光斗、董應舉；清代上至康熙、乾隆皇帝親主其事，還派丞相及名臣于成龍、曾國藩、李鴻章等負責京畿水利。他們為解決首都水源想了許多辦法，其成功功和失敗的經驗教訓都收錄在《畿輔通志》、

《順天府志》、《永定河志》等志書中。一九四九年後利用方志信息，借鑑元代郭守敬「白浮堰」引水工程的路線，成功地修建了永定河引水工程和長河引水工程。

安康是位於陝西南部、漢水之濱的一個十萬人口的城市。由於它處在扇形水系的匯水處，歷史上經常發生水災。1983年9月這個城市又遭特大洪水襲擊，縣志中提供了以下幾項信息：1.發水規律：自明萬曆十一年（1583）以來，約60年左右發生一次沖毀縣城的大水。此後康熙四十五年（1706）、乾隆三十五年（1770）都發生大水沖毀縣城；2.從大水沖毀縣城到大水退出縣城一般經歷只有三天；3.發水時的過程記述：起初「漂漂烈烈，急雨翻盆」。繼而聽見「霄聲裂帛」的巨響，不多久即「遂見百川聚水立驚濤，萬馬陷磯下駭浪」。瞬間即「崩牆、破壁、雷殷山震」。人們只好「搶柱、拯船，甚於千金」；4.歷史上成功的防水經驗：城牆高築作爲堤防。遷易於受洪淹沒的舊城址到地勢較高的新城址。

這些方志信息都大有利於當地國計民生的大政決策，即爲各級各類決策提供科學依據。（原載《湖北方志》1987年2期，有修改）

第五節　章學誠方志政書說新考

章學誠（1738—1801）字實齋，號少岩，浙江會稽（今紹興）人。他是清代中葉漢學浙東派的著名歷史學家。一生窮愁不得志，沒有機會實現參加國史編修的願望。爲生活所迫，也因興趣所在，曾參加過《天門縣志》、《和州志》、《永清縣志》、《大名縣志》、《亳州志》、《麻城縣志》、《廣濟縣志》、《石首縣志》、《常德縣志》、《荆州府志》、以及《湖北通志》（未成）的編纂工作，他曾歸納、論證與系統化了前人所提出來的一系列史志派方志理論觀點。其中突出的論點如：「志爲史體，當詳於史」①；

「志爲史裁，全書自有體例」②等。他曾竭力反對方志編纂與研究中的地理派觀點，如說：「惟念方志爲外史所領……而世儒誤爲地理圖經，或等例於纂輯比類，失其義矣」③。「方志如國史非地理專門」④等。他的這些觀點被當今不少歷史方志家經常引用、闡發。但細觀章學誠的方志理論原著，他在正式、公開特別是晚期的論述中，還有不少關於方志政書說，方志行政管理說的內容。若將這些內容遺漏，對章學誠方志思想的研究，將是不全面的。今摘錄其方志政書說部分原文，並分析如後，以就正於方家。

一、論述了方志工作屬於行政工作的一部份

章學誠在《州縣請立志科議》中說：

「天下政事，始於州縣，而達於朝庭，猶三代比閭、族黨以上於六卿；其在侯國，則由長帥、正伯以通於天子也。朝庭六部尚書之所治，則合天下州縣六科吏典之掌故以立政也，其自下而上，亦猶三代比閭、族黨、長帥、正伯之遺也。六部必合天下掌故而政存，史官必合天下紀載而籍備也。乃州縣掌故，因事爲名，承行典吏，多添淫於六科之外。而州縣紀載，並無專人典守，大義闕如。」⑤

章學誠在上述文字中，論述了地方志工作是因「天下政事，始於州縣，而達於朝廷」的下情上達，行政工作需要而產生的。因爲有了下情上達的方志系統，「朝廷六部尚書之所治，則合天下州縣六科吏典之掌故以立政也」。朝廷六部治理地方的工作，才能順利進行。「六部必合天下掌故而政存」，中央政府的六部依賴於方志系統上達的信息，方使行政工作有所依據，基於這一理由，如果州縣沒有「志科」，「無人典守」，那麼將「大義闕如」。他又提出說：「而方志之中，則統部取於諸府，諸府取於

州縣，亦自下而上達也」⑥，亦即下情上達，提供上級政府治理地方的情況。他還指出中國古代方志的功用及志科的職能：「經綸政教，未有捨是而別出者也」⑦。最後，他提出州、縣成立志科的理由：「此補於政理者殆不可勝計也。故曰：文章政事，未有不相表裡者也」⑧

二、論述了地方志的目的、宗旨及其在行政管理中的作用

他曾代畢沅起草撰寫《湖北通志》序，以畢沅的口氣說：「乾隆五十三年（1788）秋，臣沅恭承恩命，總督湖北、湖南軍務。是時，荊州大水圮城，田廬被溺」，天子「詔發帑二百萬金」，「臣沅仰體德意，兢率百僚，奔走以集巨役」。「逾年，民漸甦，歲比登稔」。在湖北人民生活安定和好轉後，「官司稍暇，相與講求治理，而治要莫備於書。因取《通志》觀之」，為了進一步治理好兩湖，而研究查閱湖北舊志，才發現舊志「闕略未完」，且又失修年久，已不適應治理地方的需要，於是才「率司道諸臣，創修《湖北通志》。延訪明識之士，授之載筆，臣等亦時從商榷其間」⑨。

上文章學誠敘述了纂修地方志的目的、宗旨是「相與講求治理，而治要莫備於書」的過程。這個「書」就是指地方志書。接著他詳細地論述了方志的性質，他說：

「惟念方志為外史所領。……《書》曰：政貴有恆，辭尚體要。政必綱紀分明，而後可以為治；辭必經緯條析，而後可以立言。臣按《周官》：外史掌四方之志。謂若《晉乘》、《楚檮杌》，是一方之全書也。司會掌其書契版圖。注謂戶籍土地形象，斯乃地理圖經類爾。古人截官分守，

> 而世儒乃以一方全書輒以地理圖經視之，非其質矣。臣又
> 按《周官》：小行人出使四方，反命於王，則以萬民利害
> 及禮俗、政教之類各為一書，名為五物，以獻於王。乃知
> 輶軒采風，所取四方之事，亦必分別為書，以歸識職，而
> 後內史、外史、小史之屬得昭典守於專官也、方志諸家，
> 又知政有專司，書有專旨，而取胥吏案牘，辭人雜纂，目
> 露浮文，米鹽碎事，繁猥填并，混合一編以為方志，而登
> 柱下，非人臣恪共率職，奉有恆之政，而具體要之辭，以
> 稱任使之義也」⑩。

章學誠在上文中，明確宣稱方志不是地理圖經、不是纂類書
（此觀點尚須分析）。古代「截官分守」、「政有司專」，原屬
於「內史、外史、小史」職掌的調查認識地方狀況工作，今將其
職能合為一體，形成方志工作性質，即反映各行政區內情況的地
方志書。

在說明方志性質之後，章學誠按照「漢臣賈誼嘗謂古人之治
天下至纖至悉」⑪的精神，來設計《湖北通志》的框架。提出了
今於《通志》之外，取官司見行章程，分吏、戶、禮、兵、刑、
工以為《掌故》六門，凡六十六篇，所以昭典例也」。⑫他按照
當時政府六部的職能，增加《掌故》六門，用以體現方志行政管
理的性質。他還設計了「今編考軼事、瑣語，異聞別為《叢談》
四卷」。這並不像有的人所說，志書中收入軼事、瑣語、異聞與
行政工作無關，純係存史。而章學誠自己說收入這些內容也為的
是亦議政者參聽也。⑬

總之，章學誠從他當時的史學基礎與偏愛出發，議論和闡發
了比較系統的史學撰述派的方志觀點，是有著其傑出貢獻的，但
他「史」、「志」不分，否定方志繼承圖經而來，否定方志與地
理的親緣關係，也失之偏頗。而方志地理派，正是當時以一統志

諸館臣們代表的正統派，二者學術見解大相庭徑。他也曾竭力批評被康熙、乾隆等皇帝欣賞表彰的纂輯派志書《日下舊聞》及《日下舊聞考》。這表現出他與當時方志發展當中的主流派意見不合。章學誠的方志思想當中，突出而系統地論述了方志工作是行政工作中的一部分；方志的目的、宗旨為行政管理服務為治理地方服務等，則與地理派、纂輯派是一致的。其難能可貴之處是他對此進行了更為系統與明確的論述。而這點恰巧被當前史學派方志家們所忽略。而這政書說的思想，正是符合方志事業之所以在中國長久不衰的實際狀況。

【附　註】

① 章學誠：答甄秀才修志第一書，見《章氏遺書》，卷十五。

② 章學誠：與石首王明府論志例，見《章氏遺書》，卷十四。

③ 章學誠：為華制府撰《湖北通志》序，見《章氏遺書》卷二十四。

④ 章學誠：與戴東原論修志，見《章氏遺書》卷十四。

⑤⑥⑦⑧　章學誠：州縣請立志科議，見《章氏遺書》，卷十四。

⑨⑩⑪⑫⑬⑭　章學誠：為畢制府撰《湖北通志》序，見《章氏遺書》，卷二十四。

第六節　地方志與精神文明建設

一、什麼是精神文明，它與地方志的關係如何

精神是哲學名詞，它與物質相區別，二者組成一對互相對立而又互相依賴的陰陽互助體。精神是指人們的意識、思維活動和心理狀態。精神不可能脫離物質而存在；物質是基礎，精神是它在人們心理上的反映，所以精神是人們作用於物質世界的最高產

物。文明是指人類社會進步程度和開化狀態，它的涵義與「野蠻」相對立。「文明」是「文化」的近義詞。它應當包含著一個地區、一個民族、一個國家乃至全人類長期勞動的結果，精神文明是人們在長期的生產、生活磨煉的實踐中所取得的精神成果，它包括了科學、文化以及宗教信仰等與精神有關的東西，如政治生活中的典章制度；經濟生活中生產、交換的經營方式；人們社會生活中婚喪嫁娶的風俗習慣，人們的倫理道德規範以及人們的理想、志趣、情操等等，一切依賴於物質文明以物質文明作爲基礎，反映物質文明的東西，都是精神文明。精神文明建設包括思想道德建設和教育科學文化建設兩大方面。而這兩方面的任務都與地方志有著密切的關係。長期以來，地方志就有政府對行政區內思想道德、社會風尙「教化」的行政管理作用。同時，方志的「資治」作用就需要提高與加強對地方政區基本情況和地方特點綜合認識的智力素養。

　　在前清以前，地方志的「教化」作用，常常被方志學者提到。什麼是「教化」作用呢？漢代著名的政治理論家曾解釋說：「教，政之本也；獄，政之末也。其事異域，其用一也。」（見董仲舒《春秋繁露・精華》）

　　「是故王者上謹承於天意，以順命也；下務明教化民，以成性也；正法度之宜，別上下之序，以防欲也。」（《漢書・董仲舒傳》）

　　中國古代，「教化」常與「刑、法」並提。志書的「教化」作用，屬於行政管理的「文治」工作的一部分。無怪乎舊志中記述了大量的節婦烈女、忠臣孝子的內容。其「忠孝節義，表人材也」，「政教修廢，察吏治也；古今得失，垂勸鑒也」（見馬光祖：《景定建康志序》），主要是爲治邦治民，按照當時的倫理道德標準，樹立人品規範，起到砥礪名節，正風定俗「教化」的意識形態管

理作用。

今天的新方志，對地方政區進行精神文明建設，與舊方志的「教化」相比，其性質已經有了本質的不同。但在其「人物志」「大事記」以及各有關章節中，也要記錄與表彰我們這個時代的優秀、先進人物。使他們崇高的品格和卓越的業績載入方志，以供社會效法，從而樹立一代新風。

精神文明建設的另一項基本任務是為物質文明建設提供智力保證。這是一項最基本、最重要的工作。智力保證是道德思想及世界觀形成的基礎。在現代化的社會中，一個人如果沒有現代的科學文化知識，是不可能形成正確的人生觀、世界觀的。沒有現代科學文化知識，沒有對地方政區全面情況的了解，即對政區基本情況的綜合、全面的了解，僅憑幼稚的熱情，往往事倍功半，甚至事與願違。有時你出了大力、流了大汗，但因愚昧無知，幹出蠢事，給人民和社會帶來無法彌補的損失。所以地方政區的科學文化建設，對地方政區全面、綜合、科學地調查研究，是精神文明建設中的智力保證。而地方志正是提供對地方政區綜合、全面、科學認識的一項基礎工作。古代的方志工作者曾說：「非志則無以知歷代之成憲；非志無以知山川之險易、田地之肥瘠、穀種之異宜；非志則無以知戶口之多寡、官吏之賢否，是故聖王重焉」（查朗阿：乾隆《四川通志》）。

總之，地方志為認識政區地方提供了智力支持，是精神文明建設中的一項重要工作。

二、新方志記述精神文明的構想

精神文明建設的中心問題是提高人的素質，也就提高人的道德品質素質和智力素質。其中智力素質是基礎工作。新方志如何記述精神文明呢？

　　「人口志」是地方志的傳統篇目之一。人口問題是了解行政區一切人事活動的出發點和歸宿。舊方志僅把「人口」當做生產的工具、財富的來源。記述政區人口的目的是爲了征收賦稅、征調役力，因此僅把「人口」當做會說話的工具，一項可資利用的資源。新方志應把提高政區內人口素質作爲「人口志」主題思想。所以新方志不僅把「人口」當做政區內一切財富的創造者，而且將之視爲政區的主人，作爲最崇高的關心、服務的對象，從政區居民的衣、食、住、行、教育、培養、醫療衛生、體育活動、風景娛樂、交通方面等基本設施，考慮其切身利益。爲著提高人民的身體素質、心理素質和知識、智力素質，反映其基本情況和地方特點。

　　改革與建立科學健康的風俗，要建立在尊重健康民俗的前提下，在自願基礎上，由群衆自己來進行。地方志裡記載各地區、各民族的風俗習慣、禮儀傳統，其中包括了本地的婚喪嫁娶、土特產品、地方風味、節假逸樂等等。在記述這些內容時，尊重各地習俗，使生活豐富多彩，讓人民的生活、生產、精神文明萬紫千紅、百花齊放。對人民群衆的合法宗教信仰也要尊重。同時又要提倡科學、健康的文明生活方式、使精神文明建設的內容體現在有關章節之中。

　　同時，通過物質文明發展的記述，從中反映蘊藏於深層次的精神文明狀況。一個城市、一個行業、一個鄉鎮、一個企業，它的基本狀況特點，是物質文明，但它的發展變化的歷程反映著精神文明的狀態。例如明、清北京城平面布局的面貌，南北堂正、莊嚴勻稱，高大的主體建築對稱於中軸線的兩側，這反映了「惟王建國，辨方正位」（見《周禮·天官》）的中國古代天人觀念。在京城之中有皇城；皇城當中有城；宮城的中心有太和殿這一全城最大的主體建築，其中心有一個三層台階的須彌座，它也位於

全城的中心位置，這正是「天子」處理重大國政的地方。周圍的
環境布置，用建築的實體，用鐘鼓的音響，用金碧輝煌的彩色，
用雲煙繚繞的芳香，用盡一切神奇的手段使它罩上了一層神聖的
靈光。意在使臣民堅信，好像「天子」真是代表上天的意志來主
宰人間的權力。這「物質」的布局，產生了神化「皇權」的精神
效果。可是統治者萬萬沒有想到其外的天安門前的宮庭廣場，後
來會變為反專制的民主廣場。在記述物質文明的深層裡蘊涵著精
神文明的內容。通過物質文明建設的記載，有的會反映精神文明
建設的情況。

　　另外，地方志記錄與反映各地方政區方方面面的綜合基本情
況，突出地方特點，這本身就是精神文明建設所提供的一種智力
支持。總之，加強精神文明建設，地方志就會充滿活力。

第七節　中國方志發展史上的流派簡論

　　中國地方志的編纂起碼有兩千多年的歷史了。各時代都有眾
多的學者參與其事，這就不可能是只有劃一的主張。地方志發展
史上各種流派的出現是地方志事業繁榮的標誌。討論地方志發展
史上各種流派與主張，是一個很大的研究課題，今只能簡要歸納
介紹如下。

一、從發展階段看方志派別

㈠地記派階段

　　從西元一世紀到西元六世紀也即相當於東漢至南北朝時期是
地方志發展的主流派。志書的名稱為「記」或「地記」，它包括
了「記」、「地記」、「郡記」、「都邑簿」、「地理志」（如

《漢書‧地理志》）等。其內容主要記載各地政區沿革、山川、道里、戶口、土地、貢賦、水道（運道）、官營工礦企業以及重要的關、塞、亭、站等。也附及縣城、橋樑、寺觀、台閣、墳墓、物產等。如《太康地記》、《十洲記》、《風土記》、《三巴記》、《荊州記》、《關中記》、《會稽記》等。

城市志中有《都邑簿》，內容記錄城池、郭邑、宮闕、觀閣、街道、商市等。

㈡圖經派階段

圖經源於約西元一世紀的東漢，當時已有《巴郡圖經》出現。到了隋、唐、宋代也即從西元六世紀到十二世紀大盛。內容以地圖爲主，綜合反映行政地方的疆境、沿革、山川、戶口、物產、橋樑、道路等狀況。文字只是對圖的說明。這是中央政府專設「圖志局」，指令地方政府上報的反映地方綜合狀況的資料，內容多由圖志局匡定。如現存最早的圖經之一《沙洲都督府圖經》（殘本），分山川、道里、風俗、物產、所殿、池水、湖泊、川渠、驛站、州學、縣學、醫學、稷壇、冢廟、倉城、塞堡、祥瑞、異聞等五十多項。本地區有的逐項填寫上報，本地區沒有的也須說明，不得疏漏。圖經一直發展到元明之際。宋代中央設立「九域圖志局」來管理指導全國圖經工作。

㈢方志派階段

到了南宋，將先前的「圖」、「志」、「籍」三者合爲一體，形成了方志。宋元豐年間秘書省的著作佐郎、尙書左丞王存在上奏朝廷的表中說：「臣聞先王建國，所以周知九州封域與人民之數者，詔地事則有圖，詔觀事則有志，比生齒則有籍。近世撮其大要會爲一書」《元豐九域志》就是這樣的地方志書。也即將先前的圖經、地志、戶籍三種類型的東西合爲一體，就形成了宋代的地方志。從體裁上看，它是由史、志、書、記、錄、傳、圖、

經、表、乘、略等逐漸綜合演變而來。方志派發展階段起於宋而盛於明、清、在方志發展史上佔主導地位已近九百餘年。

由於活字版印刷術的廣泛使用，方志除主要呈朝廷使用外，也有一些流入民間，所以我們現在才有可能見到少數宋代方志。方志的體例、內容從此之後日趨完備和定型。若細分宋代方志派發展內涵，又可從性質、體例、內容上分出若干派別。總之宋代是我國方志發展史上承前啓後的重要時期。

二、從方志性質來劃分流派

㈠史志派（或稱歷史文獻派）

這一派力主地方志應注重反映歷史、文獻、人物等內容。提出地方志要以歷史、文獻、人物為主體，結構、體例上也要與此相適應。地方志的史志派最早可以追溯到東漢的鄭玄。他曾有「方志為國史」的說法。此後影響最大的是宋代的方志編纂家樂史。他的史志派代表是《太平寰宇記》。此書編成後，他在上朝廷的《太平寰宇記表》中說：

> 我祖宋太祖……皇王之道宣，開闢之功大。其如國籍之府未修，郡縣之書罔備，何以頌萬國之一君，表千年之一聖。眷言闕典，過在史官。雖則賈耽有十道述，元和有郡縣志。不獨編修太簡，仰且朝代不同。加以從梁至周，郡縣割據。更名易地，暮四朝三。今沿波討源，窮本知末，不量淺學，撰成《寰宇記》二百卷，目錄二卷。

歷代學者對樂史的史志派方志著作頗有評議。《四庫全書總錄》說：

> 史進書譏賈耽、李吉甫為漏缺，故其書採摭繁富，惟取該博。於列朝人物，一一并登。至於題詠古蹟之類，亦皆并錄。於後世方志必列人物、藝文，其體皆於史。蓋地理之

書記載至是書而始詳，體例亦自是而大變。然史書雖卷帙
浩博，考據特爲精核。

《元和郡縣志》頗涉古蹟，蓋用《山海經》例。《太平寰
宇記》增以人物，又偶及藝文，於是爲州縣志之濫觴。元
明以後，體例相沿，列傳侔乎家牒，藝文溢於總集，末大
於本，而輿圖反若附錄。其間，假借誇飾以侈風土者，抑
又甚焉。

《太平寰宇記》的史料傳記化傾向，一改唐宋以來以「圖」、
「圖經」爲主的地理派的傾向。而以「人物」、「藝文」內容爲
主體。又膨脹了古蹟、風俗、物產等內容，與先前方志風格大不
相同。清代被後人稱爲「東方的馬爾薩斯」、人口地理派方志學
家洪亮吉評論這一史志派傾向時說：

至若地理之外，又編入姓氏、人物、風俗數門，因人物又
詳及官爵及詩詞、雜事。遂至祝穆等撰《方輿勝覽》，寧
略建置革而人物瑣事必登載不遺，實皆濫觴於此。此其所
短也。

從樂史的《太平寰宇記》開始，地方志的歷史、傳記派傾向
對明、清兩代地方志的發展方向，影響很大。

到了清代中葉，史志派中，貢獻最大、論證宏博的學者首推
章學誠。他認爲地方志起源於歷史記載，具體地說起源於《周禮》
中的「周官外史」。《周禮·春官》中有那麼一段話，原文是：
「外史掌書外令，掌四方之志」。東漢著名學者鄭玄將此解釋爲
「四方之志」指的是晉《乘》魯《春秋》、楚《檮杌》一類的書。
章學誠又據鄭玄的推論進一步提出：「郡縣志乘，即封建時列國
史之遺」。章學誠還提出了「志屬信史」、「爲國史取裁」、
「志乃史裁」、「志乃史體」、「方志乃國史要刪」、「方志乃一
方全史」的全面化的方志史傳派的理論主張。

　　章學誠的史傳派主張，在清代並不是主流派。他的主張有清一代並未被官方接受。這一點決定了他一生修志，並不得志。當今有的學者爲了宣傳史派主張從個人恩怨來解釋章學城一生修志、進士出身進不了國史館，也進不了一統志館，我認爲並不妥當。他本人是浙東派的歷史學家，當時國史館掌權人都是浙東派，而章學誠不能進入國史館，不能完成他一生的最高理想，主要是他的修志主張不合當時時宜。

　　章學誠的史傳派理論主張可以概括爲：一性，即地方志的屬性爲史學屬性；二用，即地方志有裨於社會「風教」，「爲國史取裁」；三書，即地方志應包括「志」、「掌故」、「文徵」三大部份和三種形式；四體：即方志應該利用史書體例，設紀、表、考、傳四種體裁；四要：即簡、嚴、核、雅，行文要簡潔、雅觀，材料要嚴謹、核實。章學誠的方志理論中最重要的是「三書」。「志」是主體，內容包括紀、圖、考、表、列傳。「掌故」是選錄政府的吏、戶、禮、兵、刑、工六部的檔案材料。「文徵」以地方奏議、論說、詩賦爲內容。此外，軼事、瑣語、異聞等作爲「叢談」附於志書之尾。章學誠總的觀點是：「盈天地間，凡涉著作之林，皆史學」，地方志當然也不能例外。章學誠的觀點到了清末民初方受梁啓超等人的重視，並廣爲宣傳。梁啓超也說：「最古之史，實爲方志」。

　　當今，大陸方志界幾乎全是史傳派的獨家天下，以致方志同仁對其他流派研究、了解不多。

㈡地理派（或稱地理政書派）

　　長期以來，在地方志發展史上地方志屬於地理，幾乎一直是傳統觀點，自漢、唐、宋、元、明、清、各代幾乎是主流派觀點。歷史上的許多公、私書目，從《隋書·經籍志》、《崇文總目》、到清代官修的《四庫全書總目》，私修的周中孚《鄭堂讀書記》、

孫星衍《孫氏祠堂書目》、張之洞《書目問答》都把地方志放到地理類。現存許多志書的序言中，凡認爲地方志起源於《山海經》、《禹貢》、《漢書‧地理志》、《越絕書》等的志書作者，都可以說是地理派。

地理派注重地方政區的地圖、地物、地力、民力和地方特點等地情的反映。注重地方志於國民經濟的實用性。地理派提出：「九州宇土萬國山川，物產所宜，風化異俗，如各志其本國足以明此一方……此之所謂地理書者也」。「夫志以考地理，但悉心於地理沿革」。「地理沿革不明，則山川、人物無一不誤」。「郡縣之有圖籍，爲政者不可廢」。地方志書使「山川之險易、土壤之肥瘠、物產之美惡、民庶之多寡，按圖考籍，可得而知也」，可以使「道路遠近，錢糧事民之數」反映出來。考定地理沿革就是要弄清行政區的隸屬關係，查明政區變化的歷史沿革，弄清政區範圍的歷代消長、古今地名的更易、城關都邑的興衰、地方民族的流動和河流水系的變遷等。

地理派的方志名著很多，從方志萌芽階段的《禹貢》開始，到漢代的《漢書‧地理志》，從及此後十六部正史地理志。唐代李吉甫的《元和郡縣圖志》、宋代王存的《元豐九域圖志》、《大元一統志》、《大明一統志》到《大清一統志》等，多有專文論述，這裡不再重述。明、清兩代的府、州、縣志也多半是地理派的志書。清代戴震、洪亮吉、顧炎武、顧祖禹、錢大昕、謝啓昆、劉繼莊、孫星衍、段玉裁、王念孫、胡渭、趙一清、全祖望、楊守敬、繆荃孫等學者都是地理派的方志學家。他們的論著與方志代表作，有許多仍是未開墾的處女地，有待今天的方志工作者深入研究。

三、按編纂方法看方志流派

㈠纂輯派

纂輯派提出志書「無一句出於己」的口號。他們要求編纂的志書字字有根據、句句有來源。整部志書全用前人、古人現成的研究、記述成果。將數以百部以上的地方文獻，分類別、項目、內容分別摘錄，類編出來。對古人、前人的語言一字不改，注明出處。清代最典型的纂輯派志書就是被康熙皇帝表彰的朱彝尊《日下舊聞》和後來依書增補的《欽定日下舊聞考》。這兩部書中的每一句話都原文摘錄於其他書，注明出處。編者的話也用按語形式標明。引用的參考書達到二六○多種。志書編纂者僅將二六○多種書分類抄出，分類匯輯。除了按語外，沒有一句是編作者自己的話。

宋高似孫等人已倡纂輯派志書編纂，到了清代由於皇帝的提倡與嘉獎，它成為主流派、正統派。謝啟昆的《廣西通志》、《河南通志》也是纂輯派的代表作。參加編修《大清一統志》的大批學者以及戴東原等人也是纂輯派的代表。纂輯派提出「貴因不貴創」，志書內容事事有根據，治學嚴謹。特別對地理沿革、典章制度考訂精核，也頗受稱道。

㈡撰述派

撰述派提出志書的內容與語言要「句句出於己」。提出批評纂輯派的意見說，如果志書只纂輯不創作就會導致厚古薄今。清代撰述派的代表是章學誠，他提出志書應由《志》、《掌故》、《文徵》三大部分組成。以「志」為主體，用史體、史裁的紀、圖、表、考、傳的文體創作。這一主體不能纂輯。而《掌故》依吏、戶、禮、兵、工六部政府職能，將六部有關行政檔案匯編於其中。《文徵》彷照文選，選當地詩文纂入志書。後二者實際也

是纂輯，並非創作。章學誠持這一學派觀點，多次點名批評被康熙、乾隆提倡、表彰的《日下舊聞》與《日下舊聞考》，又登門去找纂輯派的大師戴東原、馮君弼等辯論，與當時主流派的學術觀點意見不合，這也許是他不得志的重要原因。可是到了後來，尤其是民國以來，章學誠的崇拜者們，又排斥纂輯派的志書，以至今天我們從《中國地方志聯合目錄》等工具書中也見不到《日下舊聞》、《欽定日下舊聞考》這樣重要地方志書的目錄載入。

四、依方志編纂目的劃分流派

㈠政書派（或稱行政派）

　　遠在三十年代，王庸先生寫的《地志史》中就提出了中國方志發展史上有「詳於當代政事地理」的傾向與詳於人物、藝文的史傳派傾向。劉光綠先生研究提出：「從修志的目的來看……有的主張志書應有益於地方行政為主，我們叫它是行政派」，「這一派……也是舊方志中的主要的一個流派」①。行政派是中國地方志史上貫穿始終的一個主流派。它是把修志的宗旨與目的確定為有利於地方行政管理的修志派別。在行政派看來，地方志有別於一般學術性的歷史書與地理書，它代表政府觀點，是官書，要從政區長治久安的利益出發，篩選出與地方政治、經濟、文化發展有關的資料，以備行政決策之用。地方志客觀上雖然保存了許多珍貴的資料，以資料見長，但地方志並不是以保存資料為宗旨的著作。

　　不少學者把地方志的起源確定為《周官》一書裡的記載。而《周官》書相傳是公元前二世紀西漢河間王劉德搜集起來的一部先秦舊籍。它本身就是一部用官制來聯繫各種制度的行政書。書中規定了各種官職的確定職務。如「誦訓掌道方志以詔觀事」「以告王者觀博古所識」。「職方氏掌天下之圖，以掌天下之事」

「說地圖九州形勢，山川所宜，告王以施其事」。依《周官》書所說，地方志是作為一個對地情調查、認識的系統「告王者觀博古所識」，「告王者以施其事」為行政決策提供依據。

此後，中國古籍中對方志目的、性質的多種總結性論述與《周官》書一脈相承。如《隋書‧經籍志》說：

> 昔者先王化民也，以五方土地，風氣所生，剛柔輕重，飲食衣服，各有其性，不可遷變。是故疆理天下，物其土宜，知其利害，達其志而通其欲，齊其政而修其教。故曰廣谷大川異制，分居其間異俗。書錄……邦國土地之圖，與其人民之數，以佐王擾邦國。

唐代李吉甫把地方志看做「佐王者扼天下之吭，制群生之命，收地保勢勝之利」的輔治之書。宋代重視修地方志，目的是用它來「考定官吏俸給、賦役和刑法的依據」，地方的賦稅數額也依圖經為據而確定。清初重視修地方志，是將之作為「天子明目達聰之助」。清代中葉方志學家章學誠也力主修方志的目的是有利於政教，地方志是政書，是為行政管理提供地方情況的書。他說：「天下政事，始於州縣而達於朝廷……朝廷六部尚書之所治，則今天下州縣六科吏典之掌故以立政也。六部必今天下掌故而政存，史官必合天下記載籍備也」。他所說的「籍」，就是地方志書。已故著名史學家顧頡剛教授也曾說過：「每地修志，主要目標在於備行政官吏之鑑覽，以定其發施政令之方針。」

(二)資料派（或稱史料派）

資料派強調地方志以保存史料為目的，說「地方志是地域性的綜合資料類書」，認為「資料性是地方志的本質特徵」。認為「地方志的主要作用在於存史，提不提為什麼服務，不是有關緊要的問題」。喬木先生提出「地方志是嚴肅的、科學的資料書。」「地方志是樸實的、嚴謹的、科學的資料匯集……儘管它不是一

部科學理論著作，但它究竟還是一部科學文獻」。

資料派強調地方志可以爲各種階層、各種用途的人服務，是多目的論。它強調資料的嚴謹性，體現不輕信傳言，不輕信孤證。行文失實、新聞失眞，爲了某種目的，虛構事實，僞造材料，或者隱瞞重要材料，似乎都與這一派的主張不合。總之，這一派認爲地方志是資料金庫、它以保存資料爲目的，服務於社會各界。只要地方性資料眞實可靠，編排歸屬得當，讓所有的人使用起來方便，就是一部好志書。

五、依體裁劃分的流派

㈠簡體派

主張地方志簡明扼要，門類不多、文字精簡爲上乘。這一派反對志目繁雜、文字、資料臃腫，反對大部頭的志書。簡體派力主「三寶體」，即志書中僅有「土地」、「人民」（以戶口爲主）、「政事」三項；有的志書，加上「文獻」一共只有四項。簡體派的代表作有明代康海的《武功縣志》，全志僅有七類，共二〇〇〇餘字。韓幫靖的《朝邑縣志》，力求簡古，全志僅六七〇〇餘字。被後世志家評論爲「文簡事核、訓詞爾雅」。簡體派中的名志如范成大《吳郡志》、陳壽老《赤城志》等。

㈡繁體派

認爲志書的目的是保存地方資料，因此內容應多多益善。篇目也十分繁富、巨細必收，有的多達四十——五十門。字數浩繁，卷數也多達幾百卷。如宋代的《太平寰宇記》就是其佳作。

六、依體例來劃分的流派

㈠體例派

體例派認爲地方志之所以能獨立成爲一種學問，就是它有獨

特的體例。地方志的學問不在內容而在體例。因此把研究的興奮點集中在志書體例上。體例派強調地方志體的純淨，強調「橫排豎寫，一分到底」，志體完備，就是好書。他們批評志書因地方特色而「升格」的做法是「義例不純」。在體例派中有的主張平列名目，各名目中不相統屬。有的則主張先分大類，以綱統目。有的主張全國應有一份統一的篇目，讓各地仿效。總之，他們不研究地方問題、不研究地方特色，只研究編目。認爲所謂地方特色就是各地之「最」，如最多的人口，「最高的山脈」等等。

(二)內容派

認爲地方志的內容決定了地方志的形式——體例。認爲研究與表現各省、市、縣的地方文化特色與經濟特色爲主體。表現內容的豐富與特徵爲主要任務。把地方問題、地方（政區）內在的結構、特點、地區差異、行業部門差異、資源、人口、社會的基本狀況和差異弄清楚了，在寫作時，體例問題、篇目問題也就由內容和主編的意願來決定了。志書的表達方式，即篇目和體例是藝術形式問題，不應強求一律，提倡「百花齊放」。對於志書的體裁、體例只要在總的原則上符合志體就行了。爲了突出地方特色，提倡有的內容「升格」，有的內容「降格」。

總之，中國方志發展史上的各種流派是方志事業繁榮的表現。當前方志事業的發展，應充分研究與吸收各派的長處與優點。中國各省、市、縣情況複雜，應提倡各種流派在今天的發展。研究歷史上的各種方志流派將有助於改變某一種流派一統天下而使方志界學術事業單調的局面。讓今天的修志事業興旺發達、萬紫千紅吧！

【附　註】

① 《中國方志論叢》三〇九頁，商務印書館1984年版。

第八節　方志學的科學屬性及其研究
對象的特殊矛盾

　　什麼是「屬性」？「屬性」一般指實體的本性，即屬於實體的本質方面的特性。它也指對象的特性、特徵，包括狀態、動作、關係等。一門學科的科學屬性，是指它在學科類中的關係與特徵。學科的科學屬性，由學科研究對象的特殊矛盾性來快定。恩格斯在《自然辯證法》一書中說：

　　「每一種科學都是分析單個的運動形態或一系列互相關聯和互相轉變的運動形態的。同時，科學分類就是這些運動形態本身之依據其內部所固有的秩序的分類和排列，而它的重要性也正在這裡。」（見《自然辯證法》一四九頁，人民出版社，1956年版）

　　「科學研究的區分，就是根據學科對象所具有的特殊矛盾性。因此，對於某一個現象的領域所特有的某一種矛盾的研究，就構成某一門科學的對象。……如果不研究矛盾的特殊性，就無從確定一事物不同於它事物的特殊的本質，就無從發現事物運動發展的特殊原因，或特殊的依據，也就無從辯別事物，無從區別科學研究的領域。」

　　方志學研究對象的特殊矛盾性是什麼？方志學在學科分類中應該佔有什麼位置？這涉及到長期以來「方志屬於歷史」和「方志屬於地理」之爭。

　　早在人類文化發展的黎明時期，就自然孕育著兩種基本的要求一是要求對自身賴以生活的自然環境能夠不斷地有所認識，其次是要求對於自身世代相傳的來源能有越來越多的了解。從這兩種最基本的要求出發，在長期文化發展的過程中就逐漸形成了兩種密切相關的知識領域，從而產生了兩門科學，即地理學和歷史

學。

但是在兩門科學發展的早期階段，一如在其他專門知識的領域中一樣，並沒有嚴格的分界線。在中國如此，在西方也不例外。司馬遷被認爲是中國歷史學奠基人，他不僅因《史記》一書而開創了中國史籍的寫作體例，而且在《史記》一書中還包括了極爲重要的地理內容。如《貨殖列傳》與《河渠書》。在西方，例如古希臘的一些歷史學者，也同樣可以合理地稱之爲地理學者。

古代社會科學內各門學科的分科的區別，並不很嚴格。例如，「史」的概念，在《周禮》時代，意思是「記事者也」；「史，像手執簡形」，用手拿筆作記錄以及記事的官，名稱都是「史」。這和今天「歷史學」的「史」，其概念已大相徑庭。又加章學誠、梁啓超心目中「史學」的概念爲「天地間凡涉著作之林皆史學」。他們從泛史主義的觀點出發，其概念已很難被具有現代科學頭腦的歷史學者所接受。再如古人關於「地理」的概念是：「地有山川、原隰各有條理，故稱地理」，這一概念只能被當今的地理工作者當做地理學史上的流派研習而已。本世紀二〇年代，曾有「地理是空間的歷史，歷史是時間的地理」廣泛流傳。把所有的學科，都歸入歷史學與地理學，方志學也不例外，因爲它不能脫離時間和空間而存在。但這些概念只能代表當時的科學研究水平。如果今天研究方志學的科學屬性仍自覺或者不自覺地沿用古代概念，那是難於得出當代方志學性質正確認識來的。

在《辯證唯物主義》出現以前，中國古代對於知識部類和學科體係的劃分和此後以它爲指導來進行科學部類的劃分，是有很大不同的。孔夫子把當時的知識部類分爲六經：《詩》、《書》、《禮》、《樂》、《易》以及《春秋》。「詩以道志，書以道事，禮以道行，樂以道和，易以道陰陽，春秋以道名分」。「其爲人也，溫柔敦厚，詩教也；疏通知遠，書教也；廣博易良，樂教也；

潔靜精微，易教也；恭儉莊敬，禮教也；屬辭比興，春秋教也」
（見《隋書·經籍志》）。六經作爲儒家經典，成爲治學之本，國
家選拔人材的依據和一切文化學術的出發點。它涉及到古代哲學、
經濟學、法律學、歷史學、文學以至自然科學和藝術領域，在當
時學科屬性的劃分中，史學屬於經學的一部分。當時專門搞史學
工作的是史官。「南面以君天下者，咸有史官。言則左史書之，
動則右史書之。故曰：君舉必書，懲勸斯在」。到了漢代，劉向
將知識部類，分爲七略：一曰集略、二曰文藝略、三曰諸子略、
四曰詩賦略、五曰兵書略、六曰術數略、七曰方技略」，梁阮孝
緒又把知識領域分爲七大部類，編爲《七錄》，把方志歸爲地理
類。後來，從《隋書·經籍志》到清代《四庫全書》都將知識領
域分爲經、史、子、集四大部類。史部又分爲十五類，「地理」屬
其中之一。地方志則劃歸史部地理類，在古代，無論在中國或是
在西方，所有的社會科學，劃分尙處於朦朧狀態，界線很不分明，
包括歷史學和方志學在內的任何一門學科，各時代雖然出現過標
誌著那一時代豐富的理論，但都談不到這些學科已「建立」起來
了。所以，有人說章學誠建立了方志學，有近代科學常識的人都
將會有異議的。今天還有方志工作者，跟著梁啓超的聲調，並越
唱越高，寫文章說「方志學自章學誠創立起，已經構成一門獨立
學科」、「史學大師章學誠才創立了方志學的理論體系，使方志
學成爲一門獨立學科」。這裡忽略了近代科學是社會科學、包括
歷史學和正在探討中的方志學在內的思想理論基礎和思想武器，
當著這一思想理論基礎和思想武器出現之前，拿什麼去建立方志
學？把方志學建立在什麼基礎之上？

　　今天，我們研究方志發展史，要肯定章學誠，因爲他對中國
方志的發展，曾經有過較大的貢獻。說他是「清代地方志史傳派
的奠基人」。如果提得太高了，就使古人跨越了時代的界線了。

要眞正建立方志學，首先必須弄清方志學研究對象的特殊矛盾性。這裡有兩種意見：一種意見認爲：方志學「就是以方志爲研究對象的一門學科」。「方志學則是以古往今來各種方志文獻作爲研究對象……的一門社會科學」；另一種意見認爲：方志學研究的特殊領域，也即方志學研究的特殊矛盾性，是對地情況的系統調查、認識的活動，以及將這種認識，用「志」體表達出來的活動。

第一種觀點，是不能成立的。理由是，地方志是一類書、是一堆文獻。除了目錄文獻學、圖書館學和檔案學之外，有那一種學科是以一堆文獻作爲自己學科研究對象的呢？舉例說吧，歷史學的研究對象是人類社會的發展活動，並不是一堆歷史文獻；幾何學的研究對象是物質世界的幾何形狀，並不是一堆幾何書籍；經濟學的研究對象是人類社會的經濟活動，並不是一堆經濟書籍；植物學的研究對象是植物，而不是古往今來的植物文獻；動物學的研究對象是動物，而不是動物書籍；地理學的研究對象是人們生活的空間環境，並不是地理文獻等等。如果把方志學的研究對象僅僅說成是地方志（一種書），說成是一堆「古往今來的方志文獻」，那麼這樣的方志機構和方志研究所放到圖書館裡去，工作且不更方便一些嗎？各省、市、縣還有必要建立方志機構和方志研究所嗎？

近來，有人又提出了「方志學的研究」與「方志的記述」孰先孰後的問題。要回答這個問題並不難。站在方志學研究的對象是一堆方志文獻的立場，會得出結論：沒有方志文獻，那裡來的方志學研究。如果站在「方志學研究的對象是地方，其矛盾特殊性是對地方情況的系統調查、認識的活動」這一立場上，不禁要問：沒有對地方的調查認識活動，那裡來的地方志？其實，對於先有方志學研究還是先有地方志？這一問題，在其他學科領域中

也早已出現過。如，本世紀四十年代就爭論過：先有文學研究還是先有文學作品？自從認識了「擊壤之歌是其源」後，就解決了。本世紀二十年代也曾有過先有歷史學研究還是先有歷史活動的疑問，自從明確了人是由猿進化而來，這一問題也就解決了。其它學科早已解決了的「先有雞還是先有蛋」的問題，今天又出現在方志學裡了。其實，它們是同時進化而來的。

應該指出，雖然方志學的研究，伴隨著萌芽狀態的地方志一同誕生，因為一出現地方志的時候，就得研究地方有些什麼情況，方志如何來記錄它，記述的目的是什麼等一系列屬於方志學研究範疇的問題，方志學的研究從此也就開始了。但是，有了方志學的某些研究，不等於方志學就已經「建立」起來了。地方志發展史上的各個階段、各時代，雖然出現了豐富的方志理論，也不能說方志學就已「建立」起來了。特別是章學誠的生活時代，「方志學」這一名詞概念都還沒有出現，是梁啟超第一次提出「方志學」概念（見劉偉毅研究）的。那裡談得上章學誠對方志學的建立。即便僅站在方志發展史上非主流派——歷史記傳派的立場上，無視主流派政書地理派的存在，稱章學誠為「方志學的奠基人」也就盡頂了。

還有，持第一種觀點的人原先提出：地方志不是「某種實際和知識的總結」；不用「概念、判斷和推理」；不需要「形成理論體系」如果有人去研究地方「就超出方志記述這一範圍」，就「混淆了方志和方志學的概念」了。一句話：方志的記述不需要研究。為此，我曾提出：「不研究，記什麼？不研究，如何記」的問題。現在，持這種觀點的人，已經有了一些可喜的進步。認識到「對地方的研究和了解是正確記述地方的一個前提，不研究地方、認識地方，是很難把地方記述好的」。但新近又提出了一個值得討論的問題：「有些事物勿須研究就可以依據其表現形態

來記述」。有「勿須研究」就可以記入方志的東西嗎？

什麼叫做「研究」？「研究」就是審察、鑽研和推究的思維活動。人的認識，分為感性認識和理性認識階段。感覺到了的東西，只有提高到理性認識階段，才能產生概念。這一活動，就是初級的審察、鑽研、推究的思維研究活動，也就是初級階段的研究。然後，從概念、判斷到推理，這是高級階段的思維研究活動。地方志裡，可能記述一些現階段人們僅認識其外表形態的事物。在記錄這些事物方外表形態時，就必須選擇、剪裁感性認識所得，產生概念。這一過程，就是初級階段的研究。在科學發展史上，近代科學的發展階段，衝破神權和宗教對科學的統治，就以識別、分類和描述事物的外部形態為其特點。這一階段的科學活動，難道就不是研究了嗎？只有當培根提出「歸納法」、「演繹法」之後，科學發展才開始研究內部規律為階段特點。當代，更出現了控制論、信息論和系統論。我們有了更高階段的研究思維武器，尚不能否認初級階段的思維研究為「無須研究」。

第九節　當前志書質量淺議

這一次修志工作從1980年「史志協會」成立算起，已經多年了。回顧以往，檢驗成果，就要看我們編出的志書的質量。特別是現階段全國縣志編纂已逐步進入大批成書的階段，研究質量問題，更具有緊迫感和現實意義。這正是胡喬木先生講話的中心議題——即志書的「科學性」。

一、對當前出版的幾部縣志質量的基本估計

新編出版的《如東縣志》、《蕭山縣志》、《建德縣志》、

《通城縣志》、《渭南縣志》等，從篇目、內容、體例、文字等
許多方面來看，比起民國時期的幾部名志，如王國維的《浙江通
志》、黃炎培的《川沙通志》、傅振倫的《新河縣志》、李泰棻
的《陽泉縣志》、黎錦熙的《城固縣志》、《洛川縣志》等，已
大不相同了。比起清代章學誠的《和州志》、《亳州志》、《永
清縣志》等，那更是不可同日而語。可以說，經過這八年來的探
索「新的觀點，新的材料，新的方法和體例」的志書，正展現出
基本面貌。其中的一些志書，還有其突出的優點。如《蕭山縣志》
的「圍墾」成爲專編，是因爲此縣處於錢塘江出海口，江水與海
潮頂托，泥沙淤積，新增大面積海涂，經人工圍墾之後，給人多
地少的江南富裕大縣——蕭山縣增加了珍貴的土地資源。這對蕭
山國民經濟的發展，起了重大作用。每一次圍墾都爲全縣經濟發
展上一級階梯，奠定下基礎。另外，全志數據準確、系統，具有
可比性。與行政活動有關的政治、經濟各篇，政策性強，立場、
觀點鮮明。記述蕭山正、反兩方面的過程，非身臨其境、親主其
事的人，難於有此佳作。又如《如東縣志》，全志從總體結構上
反映地方特色，從歷史發展中反映地方特色，從人物、事件上反
映地方特色都有其顯著優點。新近出版的《渭南縣志》、《通城
縣志》更吸收了前志精華，有了新的進步。總之，經八年的努力，
取得的成績不可低估，應該理直氣壯、旗幟鮮明地加以肯定。

　　與此同時，還應該看到，據調查，新出版的幾部縣志還多局
限於方志界內部來購買使用，一些圖書館，如大學、研究機構的
圖書館很少購買。政府和決策部門對新縣志的使用情況，也還需
要調查了解。新縣志實際起到的社會作用應該調查研究。從這一
角度來看，就可以使我們保持清醒的頭腦，看到志書的質量還需
要大幅提高。要打破新編地方志自我服務的循環，要面向本地、
面向社會、甚至面向全國，立足當代同時惠利後人，這就有許多

工作還需要做，有些問題值得研究。其中，質量問題是關鍵。

有什麼樣的志書質量，就會產生相應的社會價值。因此，社會價值是衡量志書質量的重要尺度。那麼，當前應該如何來提高地方志的質量呢？

二、只有認清目的意義，才能提高志書質量

對地方志質量的總體要求是否可以歸納爲：觀點正確、內容充實、資料翔實、篇目結構得當、文字簡潔、通順。從各個環節綜合反映地方（政區）活生生的個性。在保密、涉外、宗教、民族等方面不出問題。志書的質量涉及到許多方面，貫穿於整個成書過程之中。

首先，認清編修地方志的宗旨、目的、任務，是提高志書質量，使之產生社會價值的關鍵。國務院副秘書長張文壽先生，根據國務1985年4月發的《33》號文件精神，認眞而嚴肅地提出了志書的宗旨、目的和志書的性質問題。他說：

「社會主義時期新編地方志，是社會主義精神文明和物質文明的組成部分。各地修志工作，是對當地歷史和現狀的一次巨大規模的調查研究，所修新志將向各地黨、政領導提供省情、市情、縣情的全面系統、翔實可靠的資料，爲製定地方的社會經濟發展戰略，爲領導部門和企業單位進行決策，提供準確依據，起到有益的作用。它不僅可以收到近期的社會效益，而且可以產生久遠的社會效益。」（見全國地方志第一次工作會議上的講話，1968年12月24日）

胡繩先生在爲什麼要修志、以及修志目的、意義的論述中也說：

「我們必須從我國國情出發，建設具有中國特色的社會主義。充分認識我國的國情是擺在我們面前的一項光榮而艱巨的任務。

我國各省、市、縣的省情、市情、縣情，綜合起來，就是國情；
而建設每個省、市、縣，既要照顧全局，又必須從自己的省情、
市情、縣情出發。適應這種要求，把我國社會主義時期第一代新
地方志編好，就具有重要的戰略意義。」

　　這裡應該提出的是，自從1985年4月，國務院33號文件下達後，地
方志指導小組就是國務院的下屬機構。副秘書長張文壽先生的講
話和指導小組掛靠單位中國社會科學院的領導胡繩先生的講話，
都不是一般的學術表態。有的人覺得「進行決策提供科學依據」
的要求，似乎太高了一點，於是將方志功能說成是「進行決策提
供基本資料」。這是一種降低質量要求的想法。在這方面還要統
一認識，才能提高志書的質量。

三、嚴把資料關，使新編志書成為樸實的、
嚴謹的科學文獻

　　對資料反覆查證，使入志資料每一條都有言之有據、翔實可
靠，這是保證質量的必須條件，喬木先生針對江蘇送給他看的一
部新縣志，提出提高地方志科學質量的具體意見。他反對三種傾
向，即：㈠方志裡「不需要畫蛇添足地加以評論。地方志不是評
論歷史的書，不是史論。」「多餘的評論……反而為地方志減色」。㈡
「地方志不是發表題詞的地方」。他反對在地方志裡出現「大批
題詞，以及大批選得不適當的照片」。㈢他提出方志中應「杜絕
任何空話，擺脫任何宣傳色彩」。因此，他提出：「地方志是嚴
肅的、科學的資料書。」（見《全國地方志第一次工作全議閉幕會上
的講話》1986年12月24日）

　　資料的嚴謹性，體現在不輕信傳言，不輕信孤證。材料無論
其輕重巨細，都要能交代出來源、根據。行文失實。新聞失真。
為了某種目的，虛構事實，偽造「材料」，指黑為白，指鹿為馬，

追問起來就材料失據，是一種可恥的行爲。方志界裡要提高學術水平和質量，就必須嚴把這一關。一旦出現了類似問題應認眞追查責任，以防微杜漸。「文革」期間的「四人幫」的幫風，就是可以不據事實，漫天「類推」，今天仍應警惕。搜集資料要做到基本齊備；關係到結論的資料必須具備，而且還要反覆核實。必要時還須親臨案驗，進行採訪。只有「無不根據之說」，才能「誠一代巨製」。

資料的科學性，指的是資料的準確無誤、眞實可靠和資料說明問題的有的放矢。一大堆眞實的資料，但不說明問題，無的放矢不能認爲是科學的資料。這個「的」就是關係到地方（政區）的社會經濟發展的重要問題、切要問題。這個「矢」就是地方志裡的科學資料。

爲什麼喬木先生說「地方志是樸實的、嚴謹的、科學的資料匯集……儘管它不是一部科學理論著作，但它究竟還是一部科學文獻」呢？我體會地方志是以「志」的文體來表達對地方（政區）認識的結果。什麼是「志」的文體呢？「志者記也」「志者志其績，記者記其事」。它與「說」的文體不相同。「說則不然，說其所以然，又說其所當然」，它是要問個爲什麼的。所以地方志一般寓觀點於記述材料之中。喬木先生說：「不需要在地方志裡畫蛇添足地加以評論」、「多餘的評論不但不爲地方志增光，反而爲地方志減色」，就是這一道理。

四、當前提高地方志書質量的關鍵

地方志的質量，涉及到成書過程的每一個環節。從資料搜集、地方問題認識、編目確定、結構考慮、每一章節的寫作成稿，到審稿、修改、排版、印刷成書，以及成書之後社會對志書的反映（信息反饋）等等。每一個環節都必須定出條文性、規定性的要

求。「嚴」字是關鍵。陝西省志編委會主任陳元方先生親自審稿、嚴格把關，對陝西省的一部優秀志稿，一次就提了三〇〇多條意見。編輯的人逐條研究，認眞修改。河南邵文杰先生，不僅自己親自審閱志稿，還親自動筆修改。對志書排版校對，提出希望一個錯別字也不要出。出了一個錯別字，就不能評頭等獎。這種嚴把質量關的精神，是保證質量的先決條件。一些省市正在準備製定嚴把質量關的每一道程序。把保證質量的具體要求，貫穿在成書的每一個環節之中，使志書質量成爲有制度保證有章可循的工序。

當前，就全國而言提高志書質量還有什麼一些環節需要改進的呢？是否可以考慮以下幾點。

㈠智力搭配問題

喬木先生說：「爲了研究地方志各門類之間的互相關係，這裡面涉及許多學科，從歷史學、各種專門史學、史料編纂學、自然地理學、歷史地理學到人文地理學、經濟地理學（也可以作爲人文地理學一部分）、社會統計學、社會學、民俗學等等。這裡面最重要、最關鍵的也許是人文地理學……這對方志學的建設會有很大幫助。」喬木同志談到方志門類與方志有關的許多學科。可是，當前方志界的學術力量中，智力搭配上絕大部分是學中文、歷史出身的人。就歷史出身的人當中，原先做過地方史工作的也不多。方志界普遍缺乏經濟學人才、社會學人才。就地理人才中，也缺乏經濟地理、人文地理人才。學術力量單一，對提高志書質量是不利的。

《如東縣志》修訂本審稿會上，有許多修志第一線有經驗的專家，對其「經濟篇」看不出來的問題，被一位經濟專家看出來了，提了許多重要的、寶貴的意見。學術力量如經濟學、社會學、人文地理學、歷史人才的智力搭配，在中央及省和大市一級的修

志機構中能基本齊備，對提高全國地方志的質量關係重大，不應忽視。

(二)不僅要研究志書的形式，更重要的是研究志書的內容

當前，方志界研究的熱門課題是方志篇目和結構等。對各地地方志應該重點記錄本的地什麼問題、哪些內容等，研究得不多。我認為切忌全國拿出一個大體一致的篇目，而地方省、市、縣照此套用，因而形成全國方志「模式化」的傾向。因為這一傾向不能很好地反映各地千差萬別的地方個性與地方特點。它只講形式，不講內容。地方特點、地方差異、地方問題是地方志的活的靈魂，它決定了地方志應該記錄的「內容」。應「意在筆先」。而地方志的篇目、結構、文體等是地方志的「形式」。內容決定形式；形式反映內容。篇目結構是地方志的形式，它只能由地方情況、地方特點和地方問題來決定。地方情況沒有吃透，地方問題沒有弄清楚，地方特點沒有抓著，套用外地篇目，或者脫離地方情況，空談篇目，就會使編出來的地方志，徒有形式而喪失活力與靈魂。當然，在修志初期，許多人新接觸方志工作，不知道什麼是篇目，篇目怎樣安排才趨於合理，由少數人敢當「教師爺」作些示範，離開內容談談篇目、研究篇目這是必要的。但必須說明，這只能起到一個演示的作用。均不可套用外地篇目。

篇目的問題，有科學性的一面，那就是，篇章結構要合乎邏輯，正如喬木先生說的：「不僅要門類設得比較合理，在門類的敘述上比較得當，而且要力求表達出多門類的相互關係」。「這種有系統、有組織的資料應是一個有機整體」。除了科學性的一面，篇目結構，配合與反映內容，也有藝術的另一面。在藝術性問題上，那就是「文無定則，文無定法」。只要不違反科學性原則，就應提倡「百花齊放」，使全國各地的地方志編纂產生出不同的流派，萬紫千紅，既科學又充實。

㈢提高志書質量，需全面研究方志史上的各種派別

　　兩千多年來地方志的繁榮，根源於各朝代政府的提倡，在學術上同時也產生了許多派別。如：地理、行政派；歷史、傳記派；簡體派、繁體派等。當前方志界研究、宣傳歷史、傳記派的學術觀點多，宣傳繁體派多，宣傳章學誠多，而對別的方志主張，則每多忽視。例如，兩年前我研究和宣傳了一下中國方志發展史上的主流派——行政、地理派的主張（簡稱「政地派」），被有的人誤認爲是我的「發明」，其實這正是反映他們只熟悉歷史、傳記派（簡稱「史傳派」）的觀點，對其他方志派別很少接觸。專門研究地方志，力主史志派觀點的劉光祿先生，也承認「行政派」「是過去舊方志中的主要的一個流派」（見《中國方志論叢》三〇九頁；商務1984年本）。在此之前，清末民初研究地理史、方志史的學者王庸就提出了「詳於當代政事、地理」與「詳於人物、瑣事」的兩種方志發展傾向（見王庸：《中國地理學史·地理史》，上海書店再版本，第二〇五頁）。

　　對史傳派的方志代表作，也宣傳贊揚多而忽視了後世方志學家對他們的批評。史傳派的方志著作「漢魏、六朝間地志不乏其例」，而流傳到現在，人們所能見到的著名代表作是北宋樂史的《太平寰宇記》二百卷，并目錄二卷。其浩繁的卷帙，並不以經濟實用爲目的。它資料詳實，受後人肯定，但「詳史料而輕地理」也頗受後代方志學家的批評。洪亮吉在《重刊太平寰宇記序》中批評這種傾向說：「至若地理之外，編入姓氏、人物、風俗門，因人物又詳及官爵及詩詞雜事……此其所短也」。

　　現在志書的份量太大，字數太多，一部縣志八九十萬字，上百萬字，壓不下來，一方面是志稿有水分，另一方面與我們這幾年過分宣傳史傳派、繁體派，對地方問題研究不多，而篇目求全至繁，全面研究方志史上的各種派別和理論主張不夠有關。方志

質量的提高，方志事業的繁榮，都需要學術觀點、派別在不違反四項基本原則的基礎上，「百家爭鳴，百花齊放」。表彰章學誠的功績也是應該的，但也還須研究下，他生於乾隆修志盛世，進士出身，畢生修志，爲什麼沒有被邀請到「一統志」館，反而邅邅然受冷落？而清代對地方志事業影響更大的衛周祚、賈漢復、戴震、方苞、劉繼莊、孫蘭、顧祖禹、洪亮吉等人，他們當中大多是政書、地理派，不少是中央一級的「一統志」館臣，其中有的人修出的志書被指令要全國效仿。他們的修志理論、修志成果，今天被我們相對宣傳、研究不多。總之，全面研究方志史上的各種流派，對提高今天志書的質量可以提供借鑑。

第十節　當代地方志編纂程序的新思考

最近我有機會接觸到一些省志辦的人，言談中了解到他們下到市縣裡，對當地的地、丁、錢、糧、山川風物、行政、民情以及古往今來的歷史變遷，一無所知，他們也無心去調查研究地方情況，就動手「幫助」地方上修定編目。他們還振振有辭地批評地方上的人草擬的篇目，這不合「邏輯」，那不合「義例」。他們也在方志刊物上發表研究方志篇目和方志體例的文章。這種脫離內容（地方情況），空談篇目（反映內容的形式）的風氣，在當今方志界的少數地方還很盛行。在評論一部新出版的志書時，也脫離地方上的地理背景、人口發展、經濟實體、行政特點及歷史人物事件。去抽象地議論「篇目的合理性」問題。

按照這些人的要求編寫出來的地方志，就只可能出現如下情況：橫排門類是整齊了，章節安排是理想了，但志書卻未能反映地方新鮮活潑的實際情況，不體現地方有生氣的個性與靈魂，它僅僅是一些分門別類的資料。編出的志書，也僅千篇一律、千人

一面。這樣的「篇目」甲地如此，乙地也可以如此，任何地方都可以依葫蘆畫瓢。這樣的篇目不可能「有的放矢」，它是一種脫離實際的形式主義的產物，因而按此篇目寫出的志書用處不大。這是當前方志界極其嚴重的傾向，是提高方志質量的大敵。

為了全面提高方志的質量，現在仍有必要來分析產生「空談篇目」的原因及其後果。

一、什麼樣的篇目合理

什麼樣的篇目合理？過去一些人僅僅從文字上來分析志書部類的歸屬。我們並不反對要研究篇目，只是反對空洞、抽象地研究篇目。什麼是空洞、抽象的篇目？那就是不研究地方情況、不反映地方特點的篇目。或者先擬定「篇目」，再把本地的資料往裡面填充。甚至資料的選裁、內容的詳略也依「篇目」為準繩。在修志的方法上是先有「篇目」（形式）後有內容，走的是一條形式決定內容的路線。

我們提倡內容決定形式，形式反映內容。因此，篇目的製定，首先的基礎工作是大量收集地方性的資料。在資料基本齊備的基礎上，要分析研究地方特點與地方情況，這當中應商之領導、議之長者，參之舊籍，廣泛徵求各方面的意見，找出現階段社會文化經濟發展的利弊得失，問題和原因之所在。在胸中有了地方情況的基礎上，再集思廣益討論入志的資料與內容。然後由入志內容的多少、資料的詳略來擬定篇目。研究篇目的篇、章、節結構，歸屬是否得當，把各部類的主從關係、類別劃分、取捨剪裁、文字精當雅典都需要精益求精。使篇目安排合乎社會知識、科學領域、行政部類之間的邏輯關係。這樣的篇目，才是本縣、本市、本省地方情況與地方問題的集中體現。只有由內容決定形式，形式體現與歸納內容，方志篇目才能克服模式化的傾向。篇目才能

豐富多彩、百花齊放。新志書也才能避免流蹈於千篇一律、千人一面，內容僵化，志書無用的形式主義泥潭。

也許有人會說，先有一個篇目，可以按篇目去搜集資料和匯編資料；可以避免漫無邊際和盲目地找尋資料。我們並不反對先擬定一個搜集資料的提綱。但這個提綱並不能成爲地方志的篇目。這個提綱框架的確定，也必須針對本地情況，儘量有的放矢，切不可套用外地以及全國的篇目。以避免反映與切中本地問題的資料遺漏，而不反映本地問題的資料又誤選。眞正方志篇目的確定，還需在地方資料、地方問題、地方情況了解深透之後。

當代多數方志工作者，一開始並不知道什麼是方志及如何修志，學習一些篇目的知識，研究一下外地以及全國的篇目，是應當的。參加一些篇目研討會也是可以的，但切不可以此作爲一種框框，以此作爲出發點，忽略了對本地問題的研究。因此，篇目是否妥當地體現與反映了本地區發展的環境條件、歷史過程和社會經濟結構的特點與切要問題，這是衡量篇目是否得當的重要標誌。在此基礎與前提之下，再去考慮篇目的歸屬問題、主次關係，力求內容與形狀的和諧統一。

在篇目形式的安排上，除了有科學性的一面，還有藝術性的另一面。各地對於篇目安排、語言精通的藝術鑑別、審美觀念，也不能強行一律。篇目安排的技巧並無定式可言，當提倡百花齊放。

二、地方志應當服務於社會現實

地方志是不是應當服務於社會現實？有人批評方志服務於現實是「急功近利」。這些人忘記了章學誠提出：「夫修志者，非示美觀，將求實用也。」壽鵬飛《方志通義》也說：「志實業、確登實況，勿爲鑿空之談」。志書是「修明政治之憑籍」。失去

了地方志的實用性，僅僅講求地方志篇目的美觀就會失去地方志的生命力。因此，我們在劃定篇目時，首要的問題，仍然是要使篇目急地方經濟、文化發展之利，近地方人民富裕，地方長治久安之功。離開了這一點「急功近利」，那裡還談得上對人民負責，方志事業也僅只是意義不大的文字遊戲了，失去了方志千秋大業的意義。所以，方志篇目的擬定，最重要的是反映地方發展的利弊得失，引導人們去因地制宜，因民善俗地發展本地的經濟文化建設。

方志還有另外一種看法，把方志編修的目的，直接服務的對象說成是全社會各階層的全體人民。不僅政府機構需要它、科學文化工作者需要它，廣大勞動人民需要它，甚至中小學生也可以閱讀它。作爲服務對象，這聽起來很迷惑人，其實多目的的本質是無目的。多中心的結果是無中心。他們把地方志說成是通俗的地方性「百科全書」，「包羅萬象」、包醫百病的東西。「多功能」說，忽略了地方志爲社會服務的主與次，把地方志引導到一種「無的放失」的軌道上，也同樣是把地方志編纂，說成是一種脫離地方實際的、在書齋裡就可以編出來文墨術書的工作。這實際上也是另一種「地方志無用」論的表現。其根本原因還是不研究與不反映地方上的活生生的情況與特點。

三、反映基本情況與突出地方特點

在空談篇目的人看來，反映基本情況與突出地方特點是矛盾的。他們反對依照地方特點在篇目安排中的「升格」現象。他們把反映基本情況理解爲「共性」，也即全國各地都有的一般情況。而把突出地方特點理解爲「個性」，即本地特有的情況。其實一個縣，一個市，一個省的「基本情況」是本地的情況，並非它地乃至全國的情況。地方情況是地方土地、人民、政事等的基礎資

料，其中就蘊藏著區別於它地的特點。地方特點是本地特有，外地沒有或不突出的東西，其基礎仍然是地方基本情況。因此，反映基本情況與突出地方特點是一對統一體。地方志，志地方。只有突出了地方特點，才能充分反映當地的基本情況。在指導思想上眞正明確了這一點，才能把編寫的過長篇幅和字數降下來，把抽象地反映全國狀況的材料刪除，做到「少而精」、「切實有用」。

四、方志學研究的對象是什麼

方志學研究的對象是什麼？一種意見認爲方志學「就是以方志爲研究對象的一門科學」。「方志學則是以古往今來的方志文獻爲研究對象的一門社會科學」。另一種意見是：「方志學研究的特殊領域是對地方情況的系統調查研究的認識活動，以及將認識的結果用『志體』表達出來的活動。」第一種看法把方志學研究的對象看成是地方志文獻。他們認爲方志學研究的項目是方志的起源、發展、性質、特徵……方志資料的搜集、整理、保存、利用等。雖然這些內容也是方志學應當研究的，但在他們的心目中地方志如何反映地方特點，研究與表現地方問題是沒有的。這樣，政府機構還有什麼必要在自己的領域裡建立「方志編纂委員會」？將之放到圖書館，文獻研究所裡去豈不更合適一些嗎？正如薛虹教授指出的那樣，舊志的總體設計是以統治、管理的職能來設計篇目的。輿地、食貨、倉儲、是戶部掌轄；禮儀、祀史、選舉、學校是禮部掌轄；刑獄是刑部掌轄……方志的內容是承奉中央政府的政策措施，通過吏、戶、禮、兵、刑、工各部職能機構，施布於所轄地區而無所不備。迨至清季，各地方政府增設了郵傳、商務（外貿）、警察、外交、實業等職能機構，方志也相應增加了這些篇目。所以說，方志是政書。明確了方志學研究的對象是地方，以及將地方研究的成果用志體表達出來的活動。那

麼，方志工作者才會明確自己的任務，篇目的擬定也才會擺脫形式主義的傾向。

第十一節　方志工作的性質

一、方志工作的性質

在中國漫長的歷史時期，社會的安定和進步要求發展生產力。要充分發展社會生產力，一靠行科學技術的進步、生產工具的改進；二靠行政管理工作的科學化。只有行政管理科學化，才可能使科學技術更好地轉變為生產力。政府對管轄地區內複雜的自然環境與社會狀況如果沒有科學的認識依據，政府何以治理地方，政府何以管理地區？對政區內各種複雜情況作系統認識，這對行政長官來說，既是他的行政工作，又是他必須鑽研的一門學問。明智的行政長官總是在當時的哲學觀、社會觀影響下，力圖把對自己管轄地區複雜情況的認識，與那個時代的認識發展的水平相適應。即把那一時代各門學科對地方政區研究的成果，應用於行政管理工作當中。方志編纂，起到政府研究它自己所管轄政區，系統認識地方的作用，方志也就應運而生。最初只偏重應用地理學研究地方的成果，來認識與管理地方。隨著時間的推移、科學的進步，地方事務越來越複雜，對地理環境的認識也越來越深入、細密，這就要求政府研究地方的內容，更加廣泛和豐富。政府官員為了鑽研「認識地方」的這門學問，就得組織「地方通」，系統收集資料，從人員和資料兩方面組成研究地方情況的學術「智囊」機構，以應用多學科：如地理學、歷史學、社會學、經濟學、民族學、民俗學等等研究地方的成果，來認識政區內的複雜情況，從而取得管理地方的科學依據。方志就是對地方各方面複雜狀況研究成果的重要表現形式之一。

　　我國的方志事業，作爲政府研究地方的一個認識系統，源遠流長、連綿不斷。這是歷代政府根據行政管理工作的需要，組織和推動的結果。縱觀二千多年來中國方志發展的歷史，每當行政職能健全，社會較爲安定的興盛時期，行政長官都比較注意發展和改善這一認識系統。方志編纂也就興旺發達。每當政局分裂動蕩，方志編纂也就蕭條、混亂。這是因爲在安定時期，行政長官方面有精力來研究複雜的地方問題。在政府機構中方志作爲認識系統，把研究地方情況的結果，爲治國興邦提供靈通而有效的信息，作爲行政管理與決策的依據。而在動亂分裂時期，這種需要就差得多了。中國方志事業的發展，是歷代政府重視研究地方，重視發展自己的認識系統這一工作的結果。西漢「文景之治」到武帝時期「計書既上太史，郡國地志，固亦在焉」（《隋書·經籍志》）。此期是西漢從安定轉向強盛的時期，也是方志的繁榮時期。隋大業初「普詔天下諸郡，條其風俗、物產、地圖，上於尙書，故隋代有《諸郡物產土俗記》一五〇卷；《區宇圖志》一二九卷；《諸州圖經》一〇〇卷。」（《隋書·經籍志》）這與當時加強中央集權，中央加強對地方的控制政務有關。唐代自「貞觀之治」的貞觀年間起，即重視地方志的編纂工作。完成的全國性的大型志書就有：貞觀年間的《括地志》；開元三年（西元715年）的《十道錄》；貞元十七年（西元801年）的《古今郡國縣道四夷述》；元和八年（西元813年）的《元和郡縣圖志》等。盛唐時期，中央政府專設主管地方志工作的官員和機構，「職方郎中員外郎各一人」（《新唐書·百官制》），規定地方政府修志的上報制度：「凡圖經非州縣增廢，五年乃修，歲與版籍偕上」（《新唐書·百官制》）。現存所能見到的最早地方志原件──《沙州都督府圖經》（殘卷），內容就有沿革、位置、山川、河湖、池沼、戶口、城鎮、風俗等五十多個項目。從此殘卷反映出

是按照中央政府下達的指令篇目，逐項填寫，刻印上報的。「本地所缺內容也須──注明，不得罅漏。」（見；李并成《唐代圖經蠡測》）

宋代是中國江南經濟的大發展時期，從此期開始，江南的經濟實力大大超過北方。宋初對各地圖經的編纂更爲重視。設「九域圖志局」主管方志工作。開寶四年（西元971年）下令「重修天下圖經」（《續資治通鑑長編》）八年（西元975年），又有宋準受詔修定圖經的記載（《宋史‧宋準傳》）。景德四年（西元1004年）「眞宗因覽西京圖經，有所未備，詔諸路州府軍監，以圖經校勘」（《玉海》）。元祐三年（西元1088年）朝廷又命諸路州編纂圖經上報中央。

元修《大元一統志》推動了元代全國地方志的編修，它就開始於元大一統的強盛時期。

明初，洪武三年（西元1370年）朱元璋下令修《大明志》。明成祖又下令用天下郡縣圖經，重修《大明志》。英宗天順五年（西元1461年）完成《大明一統志》。此後，嘉靖、萬曆兩朝也修了許多方志，大多是依據《大明一統志》體例完成的。

清初，康熙採納衛周祚提出方志用爲「天子明目達聰之助，以扶大一統之治」的建議，下令全國修地方志。康熙是一個有作爲、有影響的皇帝，正確認識了方志工作是行政管理工作的耳目系統，即認識系統，因而推動了清代方志事業的高漲。此後雍正七年（西元1728年）因爲要修《大清一統志》，下詔各省先修通志，限期完成。皇令嚴屬，疆吏多禮聘著名學者參修。各省因修省志，又命令各府、州、縣修志，以供採擇。於是清代各級地方政府，普遍修志。僅《大清一統志》就先後修了三次。初成於乾隆八年（西元1743年），三四二卷；次成於乾隆四十九年（西元1784年），共四二四卷；最後完成於道光二十二年（西元1824年）

共五六〇卷。記事斷限到嘉慶二十五年（西元1820年）為止。這就是現行《嘉慶重修一統志》的始末。此後，清朝政府日益衰敗，也就無法重視與無力再舉行全國一統志的纂修工作了。

章學誠是在清代修志浪潮中，一位有造詣的歷史學家。他把歷史學研究的一些方法，引進方志工作，這是他的貢獻。由於他的理論不符合衛周祚提出並被康熙採納的修志主流趨勢，他一生是不得志的。他雖「進士出身」，一生修志，也僅參加修過幾部縣志刊行。更高階層的修志工作，就因「意見不合」而被冷落了。

水有源而木有本，根據行政管理工作需要，研究地方，認識地方。因而由中央政府下令全國各地方政府普遍修志的事實，是推動中國方志事業興旺發達的根本原因。中央政府下達的每一次詔令，就體現了在當時知識水平之下，政府對各政區的自然環境、自然資源及其間的歷史、沿革、疆域、社會、經濟、民風、民力等的一次大調查和大認識。行政首腦不能沒有自己的「耳」、「目」；行政管理工作不能沒有自己的認識系統。方志工作作為行政管理工作認識系統的重要組成部分，受到歷代政府的重視，因而歷久不衰。這一事實，誰也否認不了。

方志不僅可以起到一般的「歷史借鑑」和「資治」作用，更為現實的是方志工作本身就是政府行政工作的一個組成部分。它由主要行政官員主持進行。志書是行政管理工作直接要用的書。這就是方志區別於其他任何學術著作的重要特點。

歷史上地方志記錄的人口、田畝、物產、經濟等清況，本身就是政府考核地方民力、財力的工作。它直接用於作為政府徵收賦稅、確定徭役的依據。

另外，方志記錄的內容，貫徹政府的意圖，方志裡的觀點，反映了政府的觀點。這是方志區別於其他資料書、工具書、史地書的又一特點。

今天修新方志，如果把方志工作獨立出政府行政工作之外，若政府機構不主持修志工作、不推動修志工作，新方志能修出來嗎？事情很明白，僅靠幾個修志人員，即便是有了經費，有了機構，就是志書中的幾個基本數據，確定起來也缺乏權威性。如政區的面積數、政區內的耕地數、爲區內的人口數以及各種基本經濟數據，任何非政府的學術團體或個人都無權、也無法去發表行政區的這些數據。如果沒有政府機構的認可，方志裡記載的事件與數據，如果不認眞追究起來，也許還可以馬馬虎虎敷衍了事。如果認眞追究起來，必然引起混亂和麻煩。這可能是一些朝代嚴禁私修地方志的原因之一。政區土地面積的數據，是各種數據當中最容易引起麻煩的一種。據蕭山縣費黑先生介紹，蕭山有來頭的縣境面積數字就有七個之多，眾說紛紜的討論也沒有權威性的結果，最後還是由縣政府下專門文件，才把它確定下來。

修志工作走在前的「武漢市志」辦公室副主任向順立先生說得好：

> 「只有當地行政長官主修，才可能貫徹地方當局修志的意圖，也才能體現志書的權威性。今天確定行政領導先生擔任主編，也算是繼承我國修志的這個傳統。」（見《武漢志通訊》1986.1）

修志要貫徹政府意圖，才能體現志書的權威性，領導人擔任主編，這是地方志工作的性質所決定的修志傳統。

第三章　新縣志地理篇芻議

　　目前修志的工作在全國已廣泛開展起來，陸續有許多縣志稿已編寫出來，還成百上千部縣志地理志在纂修之中。修志的實踐，緊迫地提出了許多新問題，就地理志而言，如何用「新的觀點、新的方法、新的材料」來纂修我們這一代的新縣志地理志？是需要從理論上、在實踐中不斷探索的。這次到黑龍江來，看到幾部縣志的地理志，他們在沒有新志可資借鑑的情況下，克服重重困難，編出了比較有新意的縣志地理志，是非常不容易的。

　　在修志的實踐中，提出了許多問題：什麼是地方志裡的地理志？地理學裡的區域地理與地方志中的地理志有何聯繫與區別？哪些內容應該入地理志？如何來編寫新地理志等等。現在我就將對地理志的粗淺認識，匯報如下：

第一節　地理學與地方志地理志的聯繫與區別

　　地理學研究的對象是地理環境。地理環境的涵義是人類在地球上生活的空間環境。地理學要研究與闡明各種地理現象，如山脈、平原、丘陵、河流、湖泊、氣溫、降水、土壤、植被、交通道路、人口、工業、農業等等在地球上分布的規律與空間關係。其中，人類社會和地理環境的關係，即「人地關係」是地理學研究的核心課題之一。「人地關係」就是要研究人類社會的生產活動，每日、每時，經常不斷地改變著地理環境。迄今為止，世界上已很難找到沒有人類活動作用過的「純粹」的自然界了。那麼，人類社會是以如何的強度、深度和方向來改變地理環境的呢？地

理環境是人類社會發展經常的、不可缺少的必須條件。人類社會一時一刻也不能離開自然環境與社會文化環境而生活在眞空之中。它提供了人類社會生存和發展所需的衣、食、住、行等各種條件與資源。因此，地理環境必然會影響、參與形成社會的一些特點。

新修地方志，是以現行行政區爲單位，記述其間環境與資源等基本情況，以及人類社會在行政部門的參與下，以現階段爲主體的利用環境、資源所進行的政治、經濟、文化、軍事等重要活動。地方志是在中國特定的社會歷史環境中，在行政管理工作推動下，形成的爲行政管理服務的，反映政區基本情況的綜合性著作。

從上述對地方志基本理論的認識，地方志要用歷史學、地理學、社會學、經濟學、以及民俗學、民族學等許多學科的現代研究成果，來反映現代行政管理的基本要求。因此，它是一門政治性、應用性很強的應用學科。

地方志裡地理志是其中記述行政區位置、面積、範圍、沿革等，以及作爲人類生活、社會發展條件的環境與資源的專篇。

地方志裡的地理志和地理學中的區域地理關係密切，但二者也是有區別的。

區域地理一方面要研究各種地理要素，如地質、地貌、土壤、植被、動物、河湖水系以及工業、農業、交通運輸業、人口、聚落、城鎮的分布及其規律性。另一方面也要研究各種地理要素（上述地質、地貌、土壤、植被……等）在同一區域內的相互影響、相互制約與共同作用。區域地理必須把兩者結合起來，以揭示區域特點、區域差異和區際聯繫。這就決定了區域地理不僅要描述地理事實，也必須要進行地理學的分析與論證。要作爲一種專門學問研究各種地理現象的成因。它是基礎科學，要進行基本理論研究。區域地理和地理學一樣是以空間關係爲座標的科學。

地方志中的地理志則是以現行政區爲對象分門別類記述其間的地理環境要素與資源分布狀況的專篇。寓分析、論證於記述的事實之中。

有些人認爲現代方志裡的地理志，如果不論證規律，不寫「爲什麼」，那麼，新修的地方志就不能達到現代的科學水平。

地方志裡一般不寫「爲什麼」，不討論學科的規律與原理，是由「志」書的體裁和志書的性質決定的。「志者志其績，記者記其事」。它只記是什麼。它和中國古代的另一類書籍和文章的體裁是不一樣，「說者則不然」，說這種體裁，則需「說其所以然，又說其所當然」，它是必須寫爲什麼，必須論證規律與原理的。地方志中的地理志，是屬於「志」的體裁。通過記述以展現區域特點，一般不進行分析論證。一般不研究各種地理現象在地區內的相互關係與相互作用、相互影響。不研究各種地理現象的成因，僅只是記錄地理事實，寓分析研究的成因、原理於記述的事實之中。這是因爲地理志和地方志一樣，是應用科學。它應突出政區內與生產建設、社會發展、行政管理有關的環境條件。地方志中的地理志，一般以政區內的行政類別爲記述的座標。地理志的這些特點，決定了它分門別類、以事類從的修纂方法。

地方志中的地理志與區域地理雖然有以上重要差別，二者也有著密切的聯繫。地方志中的地理志，受益於地理學研究的成果與知識。地理學的研究可以取材於地方志記述的資料。

第二節　新修地理志在地方志中的作用

地理志是地方志中的重要組成部分。傳統的地理志在地方志中起什麼作用呢？地方志中記載的人類社會活動，無一不在行政區內進行。政區內的人事活動，一般都具有連續性。修志工作對

人類活動的連續性，應詳今略古，以近代階段的現實狀況記述爲主體。爲了正確認識現狀就必須追述歷史過程，倘若不了解過去也就難於正確認識現在與指導將來。過去的事件發生在什麼地方呢？在過去幾千年中，我國封建王朝更替無間，歷代疆域時有消長，因而發生古今地名更易，城關都邑興衰，地方民族流動，河流水系變遷等等。如果不把這許多變化的地理沿革弄清楚，人類歷史上出現的一幕幕話劇，就無法落實到曾經演出它的舞臺上來，所以修志先賢把考定地理沿革稱爲「修志的先決問題」，甚至提出說：「地理沿革不明，則山川、人物無一不誤」（此戴震言，轉引於謝啓昆《廣西通志》序）。考定地理沿革的學問，古代一些學者稱之爲「沿革地理」、或「地理」。它向來受修志專家重視。任何一部地方志裡，幾乎都有「地理志」或「沿革地理」這一門類。

今天我們修纂新地方志裡的地理志，更是應該把它看做行政區內一切人事活動的基礎。地理志所記述的環境與資源是政區內人們從事政治、經濟、文化、軍事等活動的基礎與舞臺。一切人事活動都與這基礎和舞臺有關。它的地理條件和特點，往往影響並形成地方政區的一些特點。如重要的礦產資源、特殊的交通位置等，可能成爲行政區興衰、發展、變化的一個基礎，所以應該重視地理志的編纂。

第三節　地理環境是人類活動舞臺例舉

㈠我們偉大的國家，是幾千年的文明古國，國家的首都近三千年來，幾經變遷。各時代首都的選擇，都與那個時代首都所在的地理環境、地理位置，當時的政治、經濟活動的地理因素有關。先從西安、長安、豐京、鎬京談起，那裡曾作爲中國歷史的中心

舞臺，周、秦、漢、唐都在那裡建都，許多有聲有色的歷史劇就
在那裡演出。在那裡發生的一些歷史事件，常常牽動著全國。對
於這樣一個全國早期的政治心臟地區的選擇，也不是隨心所欲的，
而是由當時的地理原因、社會發展狀況所決定的。它位於「四塞
為固」、「兩關之間」，其中有「蕩蕩乎八川分流」的「沃野千
里」。農業生產的條件良好。地理位置上，它「南有巴蜀之饒，
北背胡、駱代馬之用」。楚漢相爭之時，韓生說項羽，論及關中
形勢，說「關中阻山帶河，四塞之地。地肥饒可以都、可以霸。」
婁敬說漢高祖，論及關中形勢，也說：「入關而都之，此蓋扼天
下之吭而撫其背也。」城又位於關中平原的中部，關中平原有四
塞之險，足以作為固守的屏障。交通也方便，進可以攻，退可以
守。這一美好的河山，經我們祖先辛勤培植，就成為歷史上最為
富饒的地區之一了。西漢偉大史學家司馬遷評論說：

> 「關中之地，於天下三分之一，百人眾不過什三，然其富，
> 什居其六。」

經濟的富榮，就可以有雄厚的物質基礎來孕育國家早期的燦
爛文化。從豐鎬到長安，這一首都的選擇，也就不是偶然的了。

到了唐代以後，日益龐大的政治、軍事開支已大大超過了關
中平原所能負擔的能力。漢唐之際，這裡的土地和森林已過度地
開墾與砍伐，而這裡豢養的官僚機構日益龐大，軍隊有增無已，
使人口過於稠密，超出了當時生產水平下土地所能負擔的飽和點。
於是秦、漢、隋、唐幾個王朝都先後由關東漕運糧食到關中。秦、
漢時期運糧的地方遠及山東半島的東海之濱，運數不過十萬石。
隋、唐時期更遠及長江以南，運數高達幾百萬石。晚唐以後，氣
候突變，漕運幹道黃河泥沙大增，漕運困難，而運數又猛增至每
年四百餘萬石。這樣就出現了政治中心區與經濟實力的不平衡與
嚴重失調。在漢初富冠海內的關中，到了晚唐氣候變旱農業欠收

不得不依靠江南的供應以維持官僚機構和軍隊的生存。在歉收之年，連皇帝也不得不到洛陽就食於江南漕運，這就意味著關中已逐漸失去作爲首都的經濟支撐力。

唐代中葉以後，過去默默無聞的幾個北方少數民族，先後崛起，而唐王朝更日趨腐朽，崛起的少數民族加強了對中原的入侵，連連扣打中國的門戶。自西元8世紀起，前後八百年間，他們勢入潮湧，前後相繼。在東北邊情急劇發展的形勢下，北京城在全國範圍內的重要意義，才日益增長起來。在這一過程中，北宋的都城開封，南京的都城臨安（今杭州），作爲全國的政治中心，曾先後和北宋形成了互相爭奪的局面，但都未能取得勝利。結果，北京終於取代長安，而成爲全國的政治中心。

其間，具有象徵意義的一件事，就是安祿山起兵薊城，打破長安。他身爲范陽（治所在今北京市西南）、平盧（今遼寧朝陽）、河東（今山西太原）節度使，手握重兵，驕恣日甚，終於天寶十四年（西元755年）起兵范陽，發所部十五萬人大舉西侵。連陷洛陽、潼關，終於天寶十五年（西元756年）攻入長安，大肆劫掠，將一片歌舞升平的繁華國都，從此炭塗而失去作爲首都的卓越地位。

㈡當今我偉大國家的首都──北京市。近一千年作爲遼、金、元、明、清五朝建都之地，也不是偶然的選擇。而是與當時社會政治、經濟歷史背景下的地理環境與地理位置息息相關的。北京城位於華北平原北端與山地高原交匯的要衝。它的地理位置繫維著我國三大地理單元；東北大平原、華北大平原與內蒙古高原，成爲樞紐地帶。這裡也是我國三級地勢階段梯中第一級和第二級階梯的過渡地帶，即高原與平原的過渡地帶。歷史上，內蒙古高原以游牧業爲主的經濟文化、華北大平原以種植業爲主的中原經濟文化和東北大平原的北方型經濟文化的交匯處。北京小平原就處在這近千年來在中國歷史發展中有著舉足輕重地位的三大經濟

文化單元融合、交流的樞紐地帶。當著這三大地理單元的經濟、文化實力足以和關中區、關東區的實力相抗衡時，其政治中心舞臺的地位從關中的長安、咸陽、關東的洛陽、開封進一步東遷北京，就成為歷史發展的必然了。

㈢河北的承德則是一個以風景名勝為發展動因的城市。城市的出現較晚，二百多年前還是一個「名號不掌於職方，形勝無聞於地志」的小山村。西元1702年，康熙皇帝出古北口到圍場巡行過此。只不過是十多戶人家。因為這裡「土肥水甘，泉清峰秀」又有層層重疊的萬壑松林，以及「荷花仲秋見，惟此應熱泉」的溫泉。於是就在這裡興建「避暑山莊」。幾年之後已「聚至萬家」了。幾十年間已「海陸百貨無所不聚」的繁華城市了。

㈣四川省的渡口市則是因為有鐵礦石，近二十年來，由一個小山村，一躍而成為幾十萬人口的鋼鐵工業城市。

以上所舉是地理位置、地理環境和資源在地方社會發展中的作用。由此我們可以看出認識地方的地理特點是我們認識地方、建設地方的基礎。地理志是地方志中必不可缺少的基本篇章。

第四節　新修地理志應該包括哪些內容

人們都很關心地理志的篇目問題。這是歷代方志學家很重視的問題。地理志的篇目應該由地理志的內容來決定。地理志的內容應反映地方的「基本情況」和「突出地方特點」。所以我主張全國、全省可以有一個不缺項、不傍侵的大體統一的篇目。但各地可以根據本區的具體情況和特點有所增補和側重，不能過分強求統一。

任何時代的地理志，都受那個時代的地理學思想影響與制約，在一定程度上與那個時代的地理科學水平相適應。今天的地理志，

也應該具有現代的地理學思想與內容，反映今天的地理科學水平。與此同時，傳統的「沿革地理」，仍然是不可缺少的，它仍然作爲「修志的先決問題」必須解決。但是，傳統的「沿革地理」僅是新地理志的初步，它不能占主導地位。也不是最終目的。現代地理學的發展。已逐漸突破把地理學局限於靜態的現狀描述。許多地理學家越來越認識到，僅進行現狀描述。比較地域分異特點，還不能把握地理環境演變的實質。只有當深入探索地理環境演化的歷史過程，從中透視和認識現狀，才能深入而全面地認識當今地理環境的形成和特點。所以，注重歷史地理，是現代地理學發展的趨勢之一。爲此，新地理志的編修，大體可以分爲歷史地理類、自然地理類和經濟地理類三大部分的內容。

什麼是歷史地理呢？

舊方志裡的歷史地理，僅僅只有「建置沿革」的內容。新地理志的「歷史地理類」應該記錄行政區內歷史時期地理環境演變的重要事實與過程。歷史地理研究，應貫穿國內由侯仁之教授倡導的「不僅須『復原』過去時代的地理景觀，而且還須找尋其發展演變的規律，以闡明當前地理景觀的形成和特點」。一個地區的地理環境的演變過程，往往和當地的經濟發過程緊密相關。

例如，北京地區原生的地理環境是，山區以針葉林、混交林、落葉闊葉林爲主。唐宋時期，還「山中虛老喬松」，「樹珍禽異」。遼代皇帝在北京昌平附近的黃花鎮打獵，一日之內，就獲熊三十六。金章宗時期，老虎跑到金中都的「陽春門」來了。北京西山，飛泉噴灑，瀑布常見。山區與平原交匯的地方，泉眼眾多，常有水自地下湧出，老鄉稱之爲「滿井」。平原深處，森林草原其間湖泊眾多，一群群麋鹿（四不像）悠游其間。天鵝、野雁陣陣成群，生息繁衍。這裡「水甘土厚」，是遼代農業與糧食基地。漢、魏時期，森林茂密，今天的永定河被稱爲「清泉河」。遼金時期，

森林有了初步的砍伐，土壤腐植層受到沖刷，河水變黑，今永定河叫做「盧溝河」爲什麼會叫「盧溝」呢？當時的遼人「呼黑爲盧」。遼、金之前灌溉航運之利，史不絕書。僅有兩次水災記錄。到了元代，「漕西山木石」興建大都城，西山兀，大都出。由於西山森林的大規模砍伐，使盧溝河進一步變成「渾河」、「小黃河」，這就是元代永定河的名稱。元代平均七年泛決一次。明末清初，隨著北京地區的這一步墾殖，「渾河」又變成了「無定河」，這是因其經常泛濫、改道，已經沒有固定河床的緣故，清代平均約三年半泛決一次。清康熙年間，康熙皇帝親自坐鎮督修永定河，在河道兩岸築起了高堤，並以天子的身份，命令它爲「永定河」，希望它從此安定下來。可是過了沒有多少年，「永定河」仍然頻繁泛濫。

　　隨著森林植被的破壞，山區瀑布大爲減少了，泉眼乾涸了，地下水位下降了，水質變壞了。清代城區的井水，又苦又澀，不堪入口。旅京官員，不怕薪貴，就怕水貴。

　　一個地區的地理環境演變過程，記錄在地方志裡，就可以爲建設地方、治理地方，提供基礎資料。

　　地方志裡的歷史地理，是否可以反映以下內容：（請注意，這僅是一般的內容和範圍，並不就是篇目、篇目應根據各地的實際情況和篇章結構來設計）

　　石器時代的遺址及其分布；

　　最早聚落的起源；

　　最早城市的出現；

　　歷代行政建置的沿革；

　　歷代行政區劃的變遷；

　　治所的變遷；

　　區內經濟開發的重要事件（要著重反映對地理環境和社會發

展的影響）；

交通道路網形成的歷史過程（這一部分內容也可以放到交通志裡去寫）；

城址選擇、轉移與城市面貌的形成。

地方志裡的自然地理內容，應該包括自然地理的各要素。它應較全面地反映行政區內作為人類社會生存和發展的環境與條件，供行政機構查詢，發揮地方優勢。其內容如下：

地質：地層、時代，突出岩石的種類及分布。突出礦產的種類、分布。在有條件的縣，可以寫地質發展簡史。

地貌：地貌類型，以當地主要作物生長的臨界條件為指標的海拔高度，劃分當地面積比例。地貌發展簡史，主要地貌形態的經濟利用潛力。

氣候：氣候類型在區內的分布。

氣溫：年平均氣溫，七月份平均氣溫，一月份平均氣溫。主要作物生長期的氣溫評價。日較差、年較差、絕對最高氣溫，絕對低溫。積溫；霜期。

降水：多年平均降水，最高降水年的水量，最低年降水量，降水的年內分配，年雨日，暴雨情況，降水的年變率。行政區內的產水量與總水帳。

風向：常年風向、風的季節變動，最大風力。

災害性天氣與農業氣象諺語。

水文：

河流：名稱，分布，長度，支流情況，流量及季節變動，河流特徵，河網密度，瀑布，河流蘊藏能量，河流利用情況。

湖泊：名稱、面積，形狀，水位，總水量及季節變動、年度變動，水生生物資源狀況，改造利用狀況。

地下水：出露狀況和名稱，蓄量，埋藏深度。

土壤：類型和分布，肥沃狀況，改造利用狀況。

植物：植物種屬（以野生植物和本區特有的栽培植物爲主）；植被類型，分布，面積，特有樹種，經濟林木狀況。

動物：野生動物種類，分布及數量估計。

自然保護區：風景名勝地的自然環境狀況，分布、面積、特色，意義和價值。

地理志中經濟地理的內容

許多經濟地理的內容，如工業、農業、交通、商業、水利等都可以抽出來另立專志撰寫。而一般對土地利用、人口等內容不另列專志仍放在地理志中來寫，所以這裡著重介紹這兩項的內容。

土地利用：行政區的總面積，其中耕地面積多少？在耕地面積中，又有水田、旱地多少？水田中有旱澇保收的面積多少？雷響田多少？旱地中有水澆地多少？墾殖指數？荒山荒地多少？工業用地、居民用地、道路用地各多少？最好能繪出土地利用圖。

人口可以立專志，也可以放在地理志中來寫。表示總人口數以及各種人口構成，如年齡構成、文化構成、職業構成、民族構成；各年齡組的性別構成等等。區內歷史上人口發展的變動情況，人口遷徙情況，出生率、死亡率等。特殊技藝的工匠。

除經濟地理內容之外的人文地理內容，如民族風俗可以放到民族風俗志或社會志中去寫。

以上講的是地理志的基本內容，它綜合反映政區內地理環境的基本面貌，它是地理志的基礎。

第五節　地方志中的地理志如何突出地方特點

地理志中的地方特點是指那些對地方社會發展與地方經濟發展有重要影響的地方因素。這是因地而異、千差萬別的地方個性。

反映出了地方特點，地方志就有了活的靈魂。反映地方特點的一些項目和內容還會給地方的生產建設帶來直接的經濟利益。突出地方特點，爲的是發揮地方優勢。發揮地方優勢的概念是在生產過程中密集使用和合理組合該地區最豐富的生產要素。以最少的生產要素（基本的生產要素是土地、資源；勞動力的數量、技術和管理設備、資金和協作條件三項），獲得儘可能多的使用價值。即在同樣的經濟效益下，使成本最低；而在成本相同的條件下，使經濟效益最高。爲的是揚長、避短，使領導者不失時機地做那些他應該做的事情。

例如北京市在交通位置上地位十分優越，可是它是一個缺水、缺糧的城市，過去的一段時期，片面強調社會主義國家的首都，工人階級人口比例要占絕對優勢，過多地集中了重工業工廠於北京，更造成了交通運輸和水資源的緊張。北京是有三千年歷史的古城，遼、金、元、明、清五代建都之地，文化遺存極爲豐富，雖一磚一瓦之細亦都渲染著濃厚的歷史色彩，僅明代皇帝題匾加封的寺廟就有六百三十座。現在，北京仍占有全國最大的文化優勢，有眾多的科研所、高等院校、文藝團集、新聞出版機構及圖書館、博物館等文化單位。北京是中國的文化中心，有著它歷史發展的必然性，元、明、清以來，許多文人學士，多抱負經典、雲集京師。如何發揮首都的文化優勢，爲創建新時代中華民族的新文化作出貢獻，這一點中央書記處關於首都建設的四點指示作了明確的規定。這就是把握住了北京的優勢與不足。

上海市是我國最大的工商業城市，它有沿海運輸中心點及長江作爲聯繫中國內陸腹地的優越地位，高技術、高效率良好基礎。但是現在的上海交通擁擠、馬路窄狹、通訊不靈，排污不暢。加強和改造城市的基礎設施，是能否振興上海的一重要問題。五十年代見縫插針到處建工廠，八十年代見縫插針到處蓋樓房、賓館，

將成為阻礙上海發展的因素。

安徽的蕪湖，地方的地理特點是便利的水上運輸。聚落的出現、城市的起源、城址的轉移、城市面貌的形成和發展，都是環繞著水上運輸來發展的。早期運輸能力低，城址在青弋江畔，後來逐漸轉移到清弋江與長江交匯處的雞毛山：「五口通商」後，城市沿著長江邊上進一步發展起來。它通過兩條江的水上道路與它周圍的經濟腹地及長江沿岸相聯繫。歷史上它曾經歷了幾次慘重的兵革之災。如1130年前後，繁華的蕪湖城，曾一度變成廢墟瓦礫，「舊存城壘」「悉毀於兵」。1355年，它再次受戰爭毀滅性的破壞，變成「荊棒瓦礫之墟」，「遺黎民八十有三」，縣太爺也只好「僦民居為公署」。每當戰亂結束，稍有安定，周圍的經濟腹地經濟實力加強，它一次又一次復興崛起。因此，蕪湖市發展生命活力，在於便利的水上運輸。認識了這一點，發揮地方優勢，對蕪湖以至安徽的發展，都有關係。

雲南的昆明市，其地方特點是它作為西南邊疆，雲南高原上的最大湖盆地，又是周圍湖盆群的中心。這就決定了它必然發展成為雲南政治、經濟、文化中心的優越地位。今後若能進一步發揮湖山勝地的風景與氣候優勢，其區際意義將更加擴張。

安康是位於陝西省南部，漢水邊上的一個十萬人口的城市。由於它處在扇形水系的匯水處，歷史上經常發生大水。1983年8月，這個城市遭到特大洪水的襲擊。舊的縣志中曾記錄了以下一些重要信息。

(一)發水規律

自明代中葉以來，好幾次發生每六十年左右發生一次大水沖毀縣城的事。例如萬曆十一年（1583）、康熙四十五（1706）、乾隆三十五年（1770）等。此後，氣候轉旱、轉暖，大水災的記載也不多見了。從大水入侵，淹沒縣城到大水自己退去，一般約

三天時間。

(二)發水時的狀況

起初「漂風烈烈，急雨翻盆」，繼而聽見「霄聲裂帛」，不多久即「逐見百川聚水驚濤，萬馬陷磯飛駭浪」。瞬時之間，「崩牆、破壁、雷殷山震」。人們只好「抱柱、拯船，甚於千金」。

縣志也記錄了當地防水的經驗，即把城牆高築，作爲堤，用以防洪。必要時遷城到地勢高馬的新城址。總之，安康的幾部縣志，以較多的篇幅記錄當地的水災狀況，這就突出了地方特點，爲後世留下了極其寶貴的資料。

另外，以工業發展爲主的城市和以農業發展爲主的縣，其地理志的內容，也應有所不同。

例如，安陽市是河南省的三大工業城市之一，在河南省它的工業總產值僅次於鄭州和洛陽，是一個輕重工業兼有，部門比較齊全的綜合性工業城市。1984年鋼產53.84萬噸，生鐵 63.30萬噸，鋼材38.10萬噸。計劃幾年後，鋼產量還要猛增。另外，由於河南是全國五大產棉區之一，棉田占全國的1／8，棉花總產量占全國的15％左右，安陽市也是一個棉紡中心，1984年棉紡工業產值占全市產值的20％左右。自行車以質優見長，1984年已產90.09萬輛，連續六年以50％左右的遞增速度發展。醫藥工業是河南省的第二大基地。安陽的電力、機械工業的實力也很雄厚。

在寫安陽市的地理志時，除一般的地理內容外，就應該引入工業地理的方法和成果。從地理環境的角度，探尋其工業發展的地理條件的優勢與不足。探尋資料的目光可以擴大一點，考慮到原料與產品的產、運、銷問題，考慮到它的原料產地和市場的區際聯繫以及考慮到城市建設中的城市平面布局問題。哪裡應該是工廠區？哪裡應該是居民區？哪些地方應該是文化保護區？現在的工廠分布、城市面貌有哪些優點與缺點等等。反映城市的發展、

城市的規劃布局和城市管理所需要的地理內容。

安陽又是中華民族的發祥地之一，小南海的原始人洞穴遺址，後崗仰韶文化遺址，龍山文化的村落遺址，殷墟商代帝都遺址，在國內外享有盛名。周、秦、漢、唐留下了豐富文物古迹。這裡可以稱得上是「文物之邦」，雖一瓦一磚之細，亦多渲染著深厚的歷史色彩。由於以上兩方面的特點，這個城市已定為歷史文化名城和以輕紡、鋼鐵為主的工業城市，它是豫北的政治、經濟、文化中心。地理志就應該反映那些突出城市性質、特點的地理內容。安陽地理志可以加重城市歷史地理部分。反映這個城市面貌形成過程中的地理因素，反映其主要發展階段的城市平面布局，這對保護文化古迹、城市管理、建設等都有現實意義。

湯陰是一個以農業生產為主的縣。寫湯陰縣的地理志，除了一般綜合反映湯陰縣的地理環境各要素，就要從發展農業生產的角度，引入農業地理的內容。如地質、地貌的農業評價，農業氣候特點，農業災害性天氣及其預防、土地利用潛力（反映今後農業發展的方向是以增加耕地面積為主，還是以提高單位面積產量為主的發展農業方向）。從農業發展的角度，反映農業地理的條件。

具體說來，「兩崗」、「六泊」的治理就成了歷屆縣領導人行政工作中的主要事務。六泊主要是水澇問題，從地理志的角度，近三十年來每五年左右有一年受水災為害，其受災面積多大？分布在哪些地方？應用地圖來表示。一般在一個雨期中連續有多少降水會成災？把許多事實精確地反映在地圖上，或許可以找到一些防治的方法。兩崗的問題是乾旱，現在由於修了水庫，五里崗的乾旱問題基本解決了。火龍崗發展水澆地的可能性很小。全縣的糧食產量已達3.4億斤，人均占有糧食達一千多斤、較為充裕。而境內森林覆蓋率奇低，僅有3%左右。縣內農業生產部門的經營

項目比較單一。如何改善這裡的地理環境，增加森林面積恐怕是一項急切而緊迫的任務。火龍崗可否改變經營方向，可否試行綠化承包，改種耐旱的油料作物和經濟林木？

糧食多了，怎麼進一步發展經濟？縣長、書記已找到方向，年產400萬隻肉雞的合同已簽好。

湯陰也是文化、歷史、古迹名勝很多的縣，歷史地理的內容，在地理志中也應該著重反映。

總之，地理位置、河道運輸、風景名勝古迹，地形、礦產、文化傳統、民族等等都可能成爲一個地方的特點。有的縣、市也許不止一個特點，而由幾項特點共同組成。每個地方總有自己的地方特點可以突出。編纂地方志，抓著地方特點、突出地方特點，以期發揮地方優勢，揚長避短。

編寫地理志應規定一些基本內容，有一個大體上統一的篇目以反映地方基本狀況，各地也可以根據本地特點對篇目增刪改動，主編和執筆人應有剪裁安排的主動權。在科學性的基礎上，寫作藝術應該百花齊放。

第六節　有關地理志的幾點正名

名不正則言不順，地理志立目，一定要準確、符合科學性。近年來看到與聽到一些不科學、不準確的立目，特正名於下：

一、「自然」不能立志

「自然」是對之於社會，內涵極廣泛的名詞。將它用於不同的場合，其內涵的意義可以有廣、有窄。若立目「自然志」則應包括了它全部的內涵詞意，也即包括了人類社會之外的一切事物與現象。宏大至天體宇宙，……微大著分子、原子……。只有自

然中的區域環境與資源，即地理部分，如山脈、河流、動物、植物、氣候、土壤等，具有區域性特點，在行政區內可以立目作志。所以「自然志」應正名爲「地理志」中的「自然地理目」。歷代的地方志，並沒有「自然志」這一篇，只有「地理志」，並不是沒有道理的。

二、「氣象」不能立志

「氣象是專門論述有關於地球大氣中的物理現象和物理過程的科學」。它探論大氣中的物理現象包括大氣的範圍、結構、成分、密態等等。它不帶有任何行政區域性，因此不能立志。

三、「天氣」不能立志

今見有修志欄目中，也將「天氣」立志目。什麼是天氣呢？「某一瞬間大氣的狀態和大氣中現象的綜合稱爲天氣」。「氣候學便是研究氣候的形成過程及記載各個不同地區的氣候條件和解釋這些地區的氣候特徵的一門科學」。所以，「天氣」不能立志，而「氣候」因其是記載各地區的氣候條件而帶有地區性，它必須入志。

四、「天文」不必立專志

天體與地方行政區有關係的是經、緯度。我國唐代已能測量各地的緯度，元初已有初步的經度概念，古方志中有用恆星星座來確定各地的天體位星，這一想法應予肯定。但有的古方志中，這一說加上許多迷信成分。今天，各地已能從地圖上準確地查明自己所在地方的經緯度。各地所見特殊天文現象爲日、月蝕、奇異流星等，可以在「附記」等欄目中記載。除此而外的天文現象，一般不具有地方性，所以不必立專志。

五、微生物不必立志

微生物是病毒、細菌等等，它不帶有區域性特徵，因此不必立志。

總之，凡是與行政疆域無關的東西，不帶有地域分異的現象，都不必立爲專目入志。

第七節　有關地理志編寫的一些問題

一、地理志中的重複問題如何處理

地理志中有許多內容可能會重複，如礦產在「自然資源」欄目和「地質」欄目中都可能出現。水庫在「水利志」和「水文」欄目中可能重複。

地方志中應該盡量減少重複。遇有可能重複的地方，兩執筆人應該協商解決；解決不了請主編裁決。如礦產，可以放到「資源」目中去寫，也可以放到「地質」目中來寫，只要反映這方面內容了，即可。也可以兩邊都寫，各有側重。「地質志」只記礦產種類和大概分布範圍。「資源志」中則記述其貯量、經濟價值、品位等內容。又如水庫在地理志中反映它在地理環境作用，反映它面積的大小及政區中的位置。在水利志中反映它的經濟效益、工程特點、配套系統等內容，從水利的角度來反映。總之，地理志的編纂以內容爲主，篇目、安排等形式服從於內容。只要不出科學性的錯誤，就要鼓勵百花齊放。各專志間，有不同的安排，應商量解決，沒有必要強求一律。

二、地理志中的圖表

地理志中，應該儘量做到「文圖並茂」。圖是表達地理內容

的最好形式。它利用形象的、科學的符號，集中反映地理因素的相對位置、相互關係、數量計量等。因此，若能很好地利用地圖與圖表於地理志中，將大大豐富地理志的內容與提高其表達效果。地圖、圖表在地理志編纂中，是一個值得高度重視的問題。

　　一部縣志的地理志，必須具備那些地圖呢？

　　政區圖、地形圖（以等高線法或是暈滃法、暈渲法的形象圖）、河流水系圖、土壤分布圖、氣溫雨量圖表、森林植被圖、交通道路圖、市鎮分布圖、土地利用圖等是不可缺少的。

　　考慮地理志中圖使用可以多一些，只要應用得當，配合內容緊密，大小插圖、照片都可以使用。沒有地圖，不能叫做「地理志」。中國地方志的早期，就是以圖為主的志書。文字僅是圖的說明。有了圖，行政長官按圖來任命官員、徵收貢賦、派遣勞役等等。圖上的村莊，在出土戰國時期馬王堆的地圖上，標有戶口數字。新的地理志中的地圖，更應為區域規劃進行生產建設所用。

三、希望用統一地理學的觀點來編修新地理志

　　我主張編寫自然與人文統一的地理志，以謀求自然與人文的和諧，因為現今的「自然環境」已經沒有未經人類活動作用過的「純粹」的自然環境了。現今作為人類生活的自然界已成為社會化了的自然界、人化了的自然環境了。我們生活的周圍空間，無不打上人類經營、締造的烙印。

　　我國過去的一些年月裡，照抄蘇聯三〇年代的做法，把自然地理和經濟地理截然分開，並以經濟地理代替人文地理。自六〇年代以後，在地理學的理論方面，自然與人文的統一性已在全世界得到確認。所以，在編寫地方志的地理志時，僅有「自然地理志」是不夠的。「沿革建置制」僅是歷史地理的初步，它不是歷史地理研究的最終目的，也不能反映現代地理學研究的成果。歷

史地理的內容，也即地理環境（包括社會文化環境和自然環境）變遷的內容應該在新修地方志的地理志中有所反映。

四、縣志地理志的資料問題

縣志地理志的資料主要來自本縣的行政檔案資料以及採訪調查資料，同時，也可以利用本縣的地理各要素調查資料，如土壤普查資料、文物普查資料、人口普查資料等。基本資料之中，圖的資料之中，1／5萬的地形圖一般是不可缺少的。這種圖基本上全國各地區都有，各縣可以通過省志辦到各省的測繪局要到。有了這種地形圖，用求積儀即可比較準確地算出本縣的土地面積和不同高度的土地面積。以它爲基礎也可以塡入許多本縣的地理要素，而突出本縣的地理特徵。參考資料中，還有由中國科學院自然區劃工作委員會編的《中國綜合自然區劃》、《中國氣候區劃》、《中國地貌區劃》、《中國河流區劃》、《中國植被區劃》、《中國土壤區劃》等自然區劃的全國性書籍。

除此之外，有一些省區還編寫過《農業地理》、做過《農業區劃》工作，其成果都可以作爲「地理志」編寫的參考資料。

五、地理志編寫中的一些技術問題

自然地理各要素之間的安排，一般是把「地質」放在前面，尤其是將之放到「地貌」的前面。因爲「地質」是「地貌」的基礎。不同的岩石種類的分布，往往會影響地貌的類型。地貌項目之下，是「山脈」、「平原」、「地貌類型」等項。「山脈」之下，是「高山」、「低山」、「中山」及「丘陵」。一般不能把「山脈」提升一格與「地貌」平行。

「氣候」一般放到「河流」、「植被」、「土壤」之前。因爲「氣候」的類型和特徵，往往影響或決定了「河流」、「植被」、「

土壤」的特徵或類型。

在編寫地理志時，要應用地理學當中的專門術語，不要自己創造一些學術界不通用的術語，如「水流」，應該是「河流」；「氣候區系」，應該是「氣候分區」。「土特山產」應是「土特產」。

使用統計數字，應該完整、統一，其百分比總數之和只能是100％，不能多也不要少。

引用書名，應寫全稱，注明版本與印刷時間。提及人名，不能以簡稱或代稱來代表。

表格當中列出的內容和數字，不必在文字中又從頭到尾再敘述一遍，只把那些帶有結論性的、表明特徵的數據提出來用簡明文字點出它的突出點。

第八節　有關地理志問題的回顧與反思

一、近年來編寫地理志過程的回顧

1984年以前，發到全國的縣志篇目建議，未設地理志。從當時成書的如東、呼瑪、臺安、萬年、本溪等縣志中也反映出沒有地理志。有關地理志的若干內容，僅放到《概述》篇中附帶提及。這種沒有地理志的地方志篇目設計，不能適應今天社會經濟發展的需要，也不符合地方志兩千多年來發展的主流趨勢。

注視史傳、輕視地理，是方志發展史上的一個流派，又稱史傳派或繁體派。從現存的古方志資料來看，此流派可以追溯到北宋樂史的《太平寰宇記》二百卷，並目錄二卷。此派並不以經濟實用為目的，頗受後代方志學家批評，人們說它「末大於本，輿圖反若附錄」「殆鮮當代事迹，而多採自舊籍」「寧略建置沿革，而人物鎖事必登不遺」等。

　　1984年夏，在北京香山會議上我對北宋樂史以來的重視史傳、輕視地理傾向是持批評意見的。在到會的領導和許多人支持下，我作了《新地理志芻議》的發言，曾提出：「地方志是以現行行政區劃爲單位，記述其間環境、資源等基本情況，以及人類社會在這環境、資源基礎上政治、經濟、文化、軍事等各項活動的著作。地理志是其中說明行政區位置、面積、範圍以及作爲人類生活、社會發展條件的地理環境資源的專篇。」並就地理志在地方志中的作用和重要性，地理志的流源以及地理志應包涵的內容等等作了發言。此會議的《紀要》中基本肯定了發言的內容，說：「出席會議的同志，基本同意地理學者的建議」。

　　此後，曾在雲南省、河南省、山東省、黑龍江省的地理志學術研討會上，我就「地理學與地方志地理志的聯繫與區別」、「新地理志在地方志中的作用」、「地理環境是人類社會活動舞臺例舉」、「地方志地理志如何突出地方特點」、「地理志中的重複問題如何處理」、「地理志中的圖表問題」等等發表了一家之言的探索性意見。所有的公開發言中，都沒有涉及到地理志的篇目問題。爲什麼沒有提出一個有關地理志的篇目建議來呢？這是因爲考慮到，我國是一個960萬平方公里的大國，其自然條件、人文經濟環境發展極不平衡，爲了充分反映各政區地理的基本情況與地方特點，不可能、也不應該提出一個全國各地普遍適用的地理志篇目。篇目設計，應該因地制宜。比如說吧，以工業、商業、交通運輸業發展爲主的城市地理志，和以農業發展爲主的縣的地理志，篇目以及地理志的內容必然會有很大的不同。以畜牧業爲主的縣地理志和以糧食種植業爲主的縣地理志，其內容與篇目也不會相同。同樣，以林業生產爲主、以城市郊區蔬菜業爲主的地理志，也應該各具自己的特色。因此，僅原則地提出：地理志的內容決定形式（包括篇目）；形式（包括篇目）反映內容。篇目

的問題，有科學的一面，也有藝術性的另一面。要給主編有很大的自主權，志書在藝術性問題上，提倡「百花齊放」。在科學性的問題上地理志要符合地理學的法則與規律，要合乎地方志的志體，要充分反映政區地理特點。

1986年初第二次香山會議，曾就如東縣地理志的研究，提出衡量當今基本符合要求的地理志的四項標準。即：㈠政區地理環境與資源的基本情況是否系統反映出來了？㈡地理環境在人類活動作用下不斷發展、變化的狀況，是否反映出來了？特別是近幾十年來地理環境的變化是否反映出來了？㈢地方性的地理特點是否突出出來了？㈣歸根結蒂，所記述的地理環境與資源的優勢與不足，是否有助於生產、行政的領導者和建設者系統了解地方發展的利弊、得失？在地方的行政與建設決策中，是否提供了較爲系統的基礎信息？是否有助於興利除弊、揚長避短的行政決策？這四條標準，可以歸納爲兩句話：反映政區基本地理面貌；突出地方地理特點的優勢與不足。這個標準是把對地方的經濟建設與行政管理的現實實用性放到第一位來考慮的。

經修志第一線的人這一段時間的摸索，縣志的篇目結構出現了以下兩種趨勢。

㈠**大篇目結構**：也即《如東縣志》所採取的《地理篇》、《經濟篇》、《政治篇》、《軍事篇》、《文化篇》、《人物篇》共六大篇。以社會活動類別的大部類爲篇目設計的框架結構。地理篇與其他同等地位篇相當。然後在《地理篇》中分五章反映歷史地理（突出疆域與行政區劃）、自然地理（突出反映自然環境與資源狀況）、人文地理（集中於人口與民族的少數內容），基本上把經濟地理的內容，分散到《經濟篇》中反映。

㈡**小篇目結構**：亦即以《蕭山縣志》爲代表的篇目結構。由概述、大事記、專業志各編、人物、附錄五大部分。其中專業志

共23編。歷史地理的內容，僅反映「建置」一篇，另有「自然地理」一篇，人文地理突出集中於「人口」一篇。經濟地理的內容分散於「農業」、「水利」、「工業」、「圍墾」、「交通郵電」等各篇之中。這樣，把地理內容分爲集中的三個篇，地位相當。也另有分散的經濟地理部分。

應該說，以上兩種有關地理志的篇目，項目基本齊全，綱目清楚，內容歸屬得當，都是可以的。

當前地理志編寫，雖然取得了一些進展，隨著工作的深入，又提出了值得深入研究的問題。

二、地理志編寫的指導思想問題

《蕭山縣志》的自然地理篇是搞地質與自然地理專業的人寫的。從地質科學、自然地理學的角度來看，自然地理的過程、自然地理諸因素的現象分布、編目安排、專業術語應用都基本符合地學的科學性。它可以作爲一部反映蕭山的鄉土教材。但是，有的領導以及非地學專業的人看後，反映專業術語很多，看不懂也用不上。也許有人會說：地方志是資料書，以保存科學資料爲目的，爲什麼一定要領導人讀懂呢？只要搞自然地理專業的同志認可即行了。可是，一般縣的自然地理志在當代專門研究地理學的人看來，內容似乎又太簡單了一點。需要從縣的自然地理志來研究與探尋地理學規律性的科學工作者，似乎也不多。於是又有人提出把自然地理志儘量寫通俗一點，寫成科普性讀物，凡是專有名詞出現時，就加予解釋等。從這個過程中發人深省，當代自然地理志修出來，供什麼人來使用它？其主要功用是什麼？這些指導思想不明確，即便有了專業素養，編寫了合乎志體的篇目，地理志的根本問題還是沒有解決。

讓我們再來看一下河南省的湯陰縣的地理志。其指導思想是，

打倒「四人幫」後，百廢待興，要振興湯陰，就要充分發展社會
生產力。怎樣才能較快地發展社會主義生產力呢？一靠科學技術
在本縣的普及、推廣和應用，把科學技術轉化爲生產力。二靠行
政管理工作的科學化。只有行政管理工作科學化了，才能更好地
使人民群眾建設社會主義的積極性調動起來，使科學技術轉化爲
生產力。要使行政管理工作科學化，其中重要的一項，就是要改
善和加強行政管理工作的調查、認識系統。其中包括要全面、準
確、系統地認識湯陰縣地理環境和自然資源的優勢與不足。這一
系統的、科學的調查認識工作，是黨政部門和業務部門不失時機
地進行正確決策的先導工作。有了明確的指導思想，《地理志》
編纂過程中，對氣候資源、水資源、土地（包合地貌）資源、生
物資源、地源資源，都從本縣人民生產的經濟福利角度加予選裁、
取捨。使自然地理七大要素：地質、地貌、水系、氣候、土壤、
動植物的狀況及分布與本縣人民的社會經濟生活緊密聯繫起來。
看了湯陰縣地理志，通過事實材料，使我得到這樣一個印象：

> 全縣地形由丘陵和平原兩部分組成。總土地面積約97萬畝，
> 其中耕地面積約64萬畝，平原地區耕地40多萬畝，崗地丘
> 陵耕地20多萬畝。年平均氣溫13.4℃，無霜期206天，能滿
> 足小麥、玉米兩熟制對氣溫的要求。年平均降水量爲582毫
> 米左右，農業生產對此降水資源的需求，在當地氣溫條件
> 下已微感不足，因此反映在歷史災情上，常有十年九旱的
> 威脅。且降水年變率很大，多雨年份，降水達1200多毫米，
> 少雨年份僅200多毫米，因此，湯陰縣歷史上水旱災相當頻
> 繁。農業生產具有很大的不穩定性。土壤是黃土或黃土沖
> 積物，只要土壤水份充足，原有自肥作用。經常期在施肥
> 不足的情況下耕種，現在肥力多保持中等。因此，從地理
> 條件來說，灌漑是湯陰縣發展農業生產的關鍵，也是本縣

長治久安必須解決的重大問題之一。

好在湯陰縣位於太行山東麓的沖積扇上，地下水資源豐富。一九四九年以來，湯陰縣最主要的改造地理環境成就是打機井4237眼，配套3497眼，灌溉32萬餘畝。又修了兩個大水庫，總庫容達7千多萬立方米。其中湯河水庫灌溉8萬多畝，琵琶寺水庫灌溉4萬多畝。這樣，水澆地面積共44萬餘畝。現還有旱地20萬畝左右，其中13萬畝左右分布於火龍崗，水利灌溉前景困難。另外7萬畝左右實現水利化是有希望的。目前全縣約有36萬人口，平均每人占有水澆地1.2畝多，占有耕地約1.8畝，這就為人均占有千斤畝奠定了基礎。但長期以來，受「左」傾錯誤影響，農業生產的基礎設施並沒有發揮應有的效益。黨的三中全會後，真正實現了「耕者用其田」，農業生產才有了明顯發展。1984年糧食總產量達到3.6億斤，實現了每人千斤糧。當前在保證糧食種植面積不減少，只要肥料跟上去，預計還可以大幅度增產。當前的行政決策是努力調整農村產業結構，使多餘的糧食轉化為蛋、乳、禽。這是目前振興湯陰經濟，使廣大群眾富裕起來的關鍵措施。

湯陰縣地理志的著眼點是圍繞著本地人民國計民生的、在一定的時間條件下能產生經濟價值的、關係當前和未來福利的自然環境諸因素來寫。這樣的地理志，領導和非專業的本地人非但不會看不懂，反而會覺得親切和印象深刻。只要真正發揮了地方志「地近易核，事近易真」的作用，本地人讀後就會覺得似乎原先都明白，寫的是關係自己切身利害的事情，但原先沒有想得那麼深入，經讀地理志後，許多實際問題似乎找到內部聯繫了，許多科學道理清楚了。那有看不懂之理。

本地人看不懂用不上的自然地理志，是把普通地質學、普通

自然地理學的體系生硬地搬到地方志地理志當中來了。把地理志誤認爲是地理科學「存史」的資料書、教科書。忘記了地理志的古代傳統「輿地」、「食貨」門類，是屬於政府部門，由戶部掌轄的職能系統，「地者，政之本也，辨於土而民可富」。

從這一著眼點來看，如東縣的地理志，還應該突出反映1985年全縣出口創匯3067萬美元， 1986年上半年又創匯1800萬美元，生產出口產品成鰻、文蛤、鯧鯿魚、皮棉等的海涂資源。如東縣的海涂資源在全國有重要的地理特色，爲當前以及今後如東經濟的發展，有著深遠的重大潛力。志書中對此地理環境、條件反映失之簡略。

三、從中央首長的講話，展望未來地理志應研究的問題

近來，萬里副總理在接見全國地方志第一次工作會議代表時指示：地方志很重要，各級政府都要把它管起來。又指示了地方志要反映人文地理的內容。喬木先生在報告中也談到地方志要反映人文地理（廣義的人文地理包涵了經濟地理的內容）、歷史地理、自然地理的內容。這標志著在地方志工作中，要加強地理志的研究與加強地理內容的反映。

什麼是人文地理呢？人文地理是研究人類文化的空間差異與移動的科學。它探討各種人文現象的分布。變化、擴散以及人類社會活動的空間結構。人地關係是其研究的核心。文化，是在一定的經濟基礎上人們的知識、道德、信仰、歷史、法律、習俗等等的綜合體。它是一群人經過長期形成的意識、行爲規範和觀念的綜合體。人文地理學即研究其空間的分布與差異。人文地理學研究的內容包括了人口、民族、人種、語言、宗教、聚落（鄉村、城市）工業、農業、商業、交通、政治與歷史等的組合、成因、分布等。

　　原先，人文地理的若干內容在地方志中，並沒有集中起來寫，不少人文地理的內容是分散到了各專業志中反映了。分散了的人文地理內容，有的是自覺或不自覺地符合了人文地理學的法則與學科原理的。總的來說方志機構和刊物還需系統地研究地方志如何反映人文地理內容的問題。

　　歷史地理的內容，許多人都認為應該反映，但也有一些人認為反映起來困難，所以僅反映歷史地理中的「建置沿革」內容。而一些縣的地理志、地方志又從設立縣的建置之前寫起，乃至於從石器時代遺址寫起，這就遠不是一個「建置沿革」所能包含得了。所以這個問題，還需要研究。

　　關於地理志與其他專志交叉重複問題，我曾經提出地方志要反映歷史學、地理學、經濟學、社會學、民族民俗學等研究地方的成果。有關內容要符合這些學科的內部法則和科學性要求。但各專業志不能因此就只強調自己學科在地方志裡的整體完備性。如果把各學科都把自己學科的整體完備的體系搬到地方志中來，那麼地方志的總體結構就成了各獨立學科的複合體，而最終喪失了地方志內部的有機統一性。所以與各門學科有關的專業志必須服從地方志的總體系。以地理志而言，有一些大的部類必須集中起來寫，另一些部類可能要分散到其他專業志中去寫。現在，集中起來寫的「建置沿革」、「自然地理」研究得多一些，而對於分散的「經濟地理」、「人文地理」研究得少一些。分散寫的部分，也有地理性的問題，值得研究。還有各類大城市的地理志應該如何寫？省區的地理如何寫？都也是亟待研究的課題。

第九節　地方志與人文地理學

　　地方志編纂要重視反映地方上的人文地理內容，這是近年來

就提出來需要探索的課題。

一、問題的提出

1986年12月23日，萬里副總理在接見全國第一次地方志工作會議的代表時說：「地方志工作很重要，各級政府都要把它管起來。要動員一些專家學者參加這項工作。」又說：「地方志嘛，人文地理學嘛！它是一項很重要的文化建設」（未經本人審閱）。

第二天，胡喬木先生在閉幕會上，作了長篇報告。他說：「為了研究地方志各門類之間的相互關係，這裡面涉及到許多學科，從歷史學、各種專門的史學、史料編纂學、自然地理學、歷史地理學到人文地理學、經濟地理學（也可以作為人文地理學一部分）、社會統計學、社會學、民俗學等等。這裡面，最重要、最關鍵的也許是人文地理學。有關專著聽說正在出版當中，這對方志學的建設會有很大的幫助。」

什麼是人文地理？人文地理與地方志的關係如何？這確實是方志界應該加強研究的新課題。

二、人文地理學簡介

㈠地理及地理學

要弄清什麼是人文地理學，我們先從「地理」介紹起：

地理學是世界上最古老的知識部門之一。西方自古希臘、羅馬，中國自仰韶文化的黃帝時代起，就有了地理知識的萌芽，這門古老的知識，起碼有六千年的歷史了。長期以來，地理作為認識周圍世界，選擇地理環境（中國古代稱為選擇風水寶地）的有力工具，也是人們基礎知識及教育的必要課目。近年來它已發展成為現代科學技術體系中的基礎科學之一，並朝著運用方面發展，從勘測、規劃設計到國民經濟決策的工作中，都離不開地理知識。

地理知識同地理學密切不可分割，但它們二者之間在概念的範疇上，又有著區別。前者是人們在生產、生活活動中，產生和積累起來對周圍環境的認識。後者是將認識的材料加以概念化，理論化的過程。

「地理」一詞，古希臘的意思是geography，意思是「地球表面的描述；地理環境的描述與記敘」。我國最早出現「地理」一詞，見之於《周易·繫辭》；原文爲「故能彌天地之道，仰以觀於天文，俯以察於地理，是故知幽明之故」。什麼叫「天文」、「地理」呢？「天有懸象而成文章，故稱文也；地有山川、原隰，各有條理，故稱理也。」以此看來，「地理」不僅要弄清地表的形態，而且還需進一步了解這些形態的分布及相互關係，闡明隱藏在事實後面的原因和道理。

什麼是地理學呢？一般來說，地理學研究的對象是地球表面人們生活的地理環境，這個地理環境，就是人類生活的家鄉，地理學要研究地球表面的自然現象與人文現象的空間分布及兩者之間（即自然與人文之間）的關係。因此，地理學總是分成自然地理與人文地理兩大密切相關的分支學科。

關於自然地理與地方志的關係，關於自然地理入志的內容，我在1984年香山「五部縣志稿評議會」上曾提出過討論。此後又在雲南、河南、山東、黑龍江的地理志討論會上發過言，這裡不講了。

今天集中討論的是人文地理與地方志的內容。

㈡近三十年來人文地理在中國的發展狀況

什麼是人文地理學？這對中國學術界是很陌生的，地理界對人文地理也不熟悉。這是因爲近三十年來，人文地理學，在我國受到了不公正的待遇，曾經被批判爲「資產階級人文地理學」被取消了。有的著名的人文地理學家，如李旭旦教授，因此被批判，

被錯劃成「右派」。這也跟五十年代起，盲目學習蘇聯，照抄蘇聯，把地理學分裂成自然地理與經濟地理兩門獨立的學科有關。這不但割裂了自然現象與人文現象的客觀聯繫，還把人文現象的研究，僅局限在經濟的生產配置這一狹小的範圍之內。六十年代起，赫魯曉夫批判了斯大林，蘇聯的地理學界也爆發了一場激烈的論戰，提出了統一地理學的新觀點。統一地理學觀點認為，世界上不存在未經人類活動影響過、作用過、干預過的「純粹」的自然環境，只有人文化了的自然環境。也就是說，今天我們見到的自然界，河流、湖泊、沼澤、土壤、地形，乃至於氣侯，都是受人類社會長期活動的干擾、作用後才形成今天這個面貌的。未經人作用過的純粹的自然界，是找不到的。作為人類生活環境的自然界已成為社會化了的自然界，人化了的自然界。同樣，人類社會也是自然化了的社會，它離不開自然環境，不能生活在無自然環境的「純粹」的社會當中。因此，提出了「統一地理學」的新觀點。認為自然環境和社會環境，總是互相滲透著、互相影響著形成一個統一體。

從六十年代起，蘇聯地理學界已經認識到了忽視人文地理的錯誤。而我國直到1980年以後，多數地理學者才發出了要大力開展人文地理研究的呼籲，要求加強這門長期被忽視、大部分還是十分薄弱，甚至空白的學科。

㈢什麼是人文地理學

人文地理學（Humen Geography）又稱人生地理學，是以人地關係的理論為基礎，探討各種人文現象的分布、變化和擴散以及人類社會活動的空間結構的一門科學。簡言之，人文地理學是研究人類文化的空間結構、空間差異的科學。人文是文化的近義詞，「人文」涵意包括了人群的知識、道德、信仰、歷史發展的過程與特點，以及法律、習俗、宗教等等，人文或文化是一個綜合體，

它是一群人經過長期形成的行為、觀念、意識、風俗習慣、生活習慣的綜合體。其外部的形式表現為民居、住宅的形式、城市、鄉村的布局與結構；其內部表現形式是風俗、禮儀、道德、信仰、宗教等。人文地理就是描述與研究它們之間的空間差異的一門科學。

(四)人文地理學的理論基礎──人地關係

「人地關係」指的就是人類社會和地理環境之間的關係。

人們對於「人地關係」的認識，是隨著人類社會的進化而不斷變化的。因此，有必要介紹一些曾經有很大影響的「人地關係」的理論。

1.地理環境決定論

起源於歐洲，盛行於十八～二○世紀初，本世紀二○～四○年代在我國流傳。

這一理論的核心，用中國話來說就是「天定勝人」。這種理論認為社會的進步狀況、歷史的發展都是由地理環境決定的，甚至民族的風俗、民族服飾特徵等也是由地理環境決定的。如德國F. Ratzal（拉采爾，1844—1904）說人和所有的生物一樣，人的活動、發展分布受環境嚴格限制。環境「以盲目的殘酷性統治著人類的命運。」

例如，「五四」前後的「地文教科書」說：「各種族之盛衰興展，視其分布地之氣候物產以為進退。因之生活程度之高低，亦若天實限之，而不能強同者。寒熱帶之人，為天然力所束縛，或昏怠馳緩，或畏瑣困陋，皆不免長為野蠻。亞熱帶則生物以時，得天頗優，常為開化之先導。亞寒帶則生物鮮少，人尚武健，在中古時常足以戰勝他族。然發達競爭，要以溫帶之地為高尚人種之鍛煉場，故今世富強文明諸國，莫非溫帶之民族所創建也」。

這種理論把氣候帶（環境）作為社會、歷史發展主要動因（

原動力）。熱帶、寒帶貧窮、落後是由於天氣決定的，不是因為生產關係，階級關係決定的。亞熱帶是文明先導，亞寒帶（北溫帶）人尚武健，決定了他們是征服者。溫帶富強、文明。這一些都由地理環境來決定，似乎與生產關係，階級關係無關。

又如，1926年翻譯出版亨丁頓的《人生地理學》，在其「天然環境與人文反應」一章中以日本為例，來說明地理境與人文關係：

∵位於北緯40°附近──∴多風暴──∴氣候善變→
{ ∴人民長於機變
  ∴人民精悍活潑

∵山明水秀，群花燦爛，──∴人民愛好美術／∴手藝精巧。

∵島國土地狹小──∴人民規模狹小→∴無獨創之文化─∴善於模仿。

∴偏隘善疑──∴感化他族之力甚弱。

∵位於地殼最大裂罅處──∴多大山多地震，──∴人民多慷慨悲歌之士。

地理環境決定論的觀點，不僅過去有，現在也是有的。五月二十三日《參考消息》上刊登了《戈爾巴喬夫是怎樣崛起的》一文，說：戈爾巴喬夫當史塔洛波地區的黨委書記，這個地區有兩處聞名全蘇的溫泉。經常有莫斯科高級官員前往療養，身為地方黨部的負責人，戈爾巴喬夫有機會接待這些高級官員，所以有機會得到竄升。得出結論說：「地理位置對戈爾巴喬夫崛起，大有幫助。」西德名記者兼傳記作家霍爾指出：如果戈爾巴喬夫是其他地區黨委書記，如蘇聯北方的摩爾曼斯克，那麼他永遠也當不上蘇共總書記。

上述「地理環境決定論」都是誇大了客觀條件在社會歷史發展中的作用。我們認為：地理環境、客觀條件僅只是事物發展的

條件。僅有客觀條件，就是溫度條件再好，也不能把石頭孵化成小雞。另一方面，僅有主觀的內在因素，有了雞蛋，但是沒有地理環境，沒有客觀條件，沒有溫度，雞蛋也永遠變不成小雞。

總之，天定勝人的思想，就是聽命於天的思想，反映在人地關係上也就是地理環境決定論，它使人們無所作為。

在環境決定論中，總是將人的作用附屬於環境，強調環境是塑造人們生活的力量，認為自然（特別是氣候和地貌）影響和控制人的行為和文化。人並不是一個自由的因素，而是跟在自然所確定的方向後邊走。

2.「人定勝天」的思想

與地理環境決定論相反，中國古代，荀況提出了「人定勝天」的思想，過去幾十年又提倡「愚公移山」。這種思想到了中國「大躍進」時期，曾達到了登峰造極的地步。當時曾流傳著受許多報刊大肆加以宣傳的詩歌，說：「人有多大膽，地有多高產。」「天下沒有玉皇，水中沒有龍王，我來了，喝令三山五岳開道，我要把山河大地重新安排！」

這種思想就是：人是自然的主宰者、統治者，人是自然的主人。自然是可以由人的意志來支配、來擺弄的。地理環境可以隨少數人的意志去擺布，人的意志可以決定一切。這種思想認為，一切客觀的地理條件，都可以由人來創造、由人來塑造、由人來安排。

在這種人地關係思想的指導下，1958年，1959年砍光森林、大煉鋼鐵的苦果，至今使許多山區，還在吃著返銷糧。

今舉一個卡斯特羅把社會主義的古巴，變成撒哈拉的例子。

二十五年之前，卡斯特羅政府投資3000萬美元去實現「薩帕塔沼澤乾涸的計劃」，改變了河流的流程，希望能出現大片水稻田。「結果是使地下水層迅速鹽鹼化造成一場持久的旱災。大片

大片的森林曾經是古巴島的肺葉，但是作爲古巴卡斯特羅一項『宏偉計劃』的一部分它被砍伐掉改種潘戈拉草。卡斯特羅希望通過這個計劃使古巴超過美國成爲畜牧業大國。這些年來，由於森林消失和缺少流向海洋的河流，古巴島的生態環境出現近幾個世紀以來最爲嚴重的變化……，首都南部的一些水井已經停止使用，一些城市的用水也限量供應……現在是用運水車給10萬多居民拉水」，「災難是長期的，但是人民現在」不得不忍受它的惡果。」

眾所周知，世界上一切大型的「改造自然」的宏偉工程，包括埃及的阿斯旺水壩在內，都相應地給人們帶來了災難，阿斯旺水壩也確實給埃及帶來了灌溉和航運的巨大利益，但利弊相較，弊多利少。而中國1985年「大躍進」給不少山區帶來的，無利可言；其災難苦深，可能持續幾千年幾百年。

這種人地關係的思想，過分強調人的主觀意志，忽視了自然界的客觀規律，忽視了自然界是一個有機統一整體，近些年來對中國人民的危害很大。

近些年來，建設中的破壞，看起來是在建設，實際是破壞，如無錫古典園林蠡園在湖光山色、亭臺樓閣之中，突然出現一個現代水泥的塔樓，使古典園林風光，弄得不倫不類。

沒有周密的調查、規劃，大興土木，濫用農藥，濫用劣質化肥、毀林開荒、陡坡開荒等等許許多多破壞客觀世界內部規律，不尊重自然的行動，看起來是建設，實際是在破壞。

3. 人和環竟相互協調的人地關係思想

在中國古代有一種人和地理環境互相協調的人地關係思想。

其一，周代由於農業生產的飛速發展，已經注意到發展生產與保護、協調環境的關係。當時人們把自然環境當作是由金、木、水、火、土五種物質元素組成。它們之間互相制約形成一個統一整體。周文王提出「天具有五材，將用之。力盡而敝之，是以無

極」。如果不愛惜自然資源，終有一天自然資源會枯絕。「能協天地之勝，是以長久。」生產發展要與自然環境的基本性質相協調，社會才能長治久安。基於這種保護各種動植物資源，是保護人類生存、社會發展的基本認識，相傳周文王曾在鎬京，召見太子發（後爲周武王），諄諄告誡說：「嗚呼！我身老矣。吾語汝，我所得與我所守，傳之子孫。……山林非時不升斤斧，以成草木之長；川澤非時不網罟，以成龜鱉之長；不卵不䐻，以成鳥獸之長；畋獵唯時，不殺童羊，不夭胎，童牛不服，童馬不馳，不使天下失其時。」這遺囑當中包涵了保護草木、鳥獸、魚鱉等自然生物繁衍的遠見卓識。周文王把畢生對於人類社會與地理環境的認識，歸結爲反對掠奪式開發，反對開發性破壞的明智思想。提出在利用自然資源時，要按照自然規律辦事，使之「不失其時，不失其性」。要根據不同地區的自然地理條件，分別種植樹木，藤本、竹子、蘆葦、水草等。這些思想，作爲先王之法，要求對自然資源合理利用，以圖取之不盡、用之不竭，達到自然環境與社會發展的協調。這些思想，作爲「先王之法」對後世有著深刻的影響。

其二，發源於我國，對東亞文化發展有著深刻影響的風水地理，是中國古代有關自然環境的獨特和綜合性的概念系統。它通過人們選擇和建立吉利而和諧的環境來調節人類生態。中國的風水地理與西方的環境決定論都同樣重視環境的評價，重視環境對人類活動的影響。風水說比西方的環境決定論要複雜得多。風水說不僅有占卜、迷信，而且其中也有科學。它是一種複雜的準科學。風水思想追求的目標是自然界本身的和諧，人和自然關係的和諧和人類社會環境的和諧。選擇、保護這種和諧、協調的關係就會給人們帶來吉利、昌盛的鴻運。反之，破壞了這種和諧協調的關係，就會給人帶來災難。風水地理實際上是東方的文化生態

地理。風水思想最忌諱人們去打破這種陰、陽和諧的關係。無論是自然界本身的運動變化，如泥石流、山崩、地震、強烈侵蝕作用或者是因人類活動的強裂干擾，而使大自然長期已達到的平衡、協調狀況受到破壞，都會產生不吉利的後果。按照風水觀點看來，人作用於環境，要因勢利導，使後來的、人爲地加之於客觀環境的地物，與原來的環境達到新的平衡，這樣才會產生吉利的後果。所以說風水思想是有著某些科學原理的。因此它引起歐美、日本、朝鮮、臺灣的地理、建築規劃學者的極大興趣。

　　我們說地理環境是人類社會發展中經常的、不少缺少的因素，是人類社會賴以生存、發展的必不可少的條件。人類社會一時一刻也不能離開環境生活在眞空之中。因而在不同地區、不同環境的條件下，是可以影響著人群的一些特點，參與形成社會的一些特點，但是決定人類社會進步的根本原因，不是地理環境，而是人類社會本身。內因是變化的根據，外因是變化的條件。由於地理環境是人們生活中不可缺少的自然和社會的有機統一體，其中任何一個因素的變化都會影響著其他因素的變化。因此，當著人們要進行重大的作用於地理環境的活動時，都必須要全面、系統地進行調查研究，要了解自然、尊重自然，要因勢利導，決不可以蠻幹。

三、經濟地理與《經濟志》

　　經濟地理學研究生產、交換和消費活動的地區結構，各種經濟現象的形成和原因，研究經濟現象和自然環境之間的關係，研究經濟現象和人口、民族、文化、技術之間的關係。

　　六十年代以來，發達國家經濟工業化和社會城市化的趨勢急劇發展，強大的社會生產力的增長和技術的應用，人民生活水平提高，迅速改變著原有的社會經濟結構和生活環境，在經濟活動

所創造的地區布局方面和人類活動與地理環境的關係方面，都出現了一些全球性與地區性日益尖銳的矛盾，如資源，特別是能源與糧食的供求不平衡與開發利用不合理，產業和交通的高度集中，城市過於臃腫，住房短缺，環境污染等等。這種形勢對經濟地理學提出了迫切的重大任務。如水、土、能源的合理利用與平衡，國土整治，環境保護、進行區域與城市規劃等等。

經濟地理學研究的經濟活動的地域體系，具有自然——社會經濟——技術相結合的特點。

經濟地理	普通經濟地理 區域經濟地理 部門經濟地理	農業地理 工業地理 運輸地理 商業地理 城市聚落地理等

區域經濟地理：

研究一省、一市、一縣生產交換、消費的經濟結構。這一經濟結構與環境、資源、人力、技術的關係，爲區域經濟發展揚長避短，發揮優勢服務。

有人將一個地區的經發展模式，分成以下五個階段。

1. 封閉式自給自足經濟，應用技術有限，城鎮不發達。

2. 工業、農業、運輸業發展，第一產業專門化，從而開展對外貿易。

3. 由資源加工向第二產業發展，轉向高水平的生產。新產品有區外競爭力。經濟起飛，城市化開始發展。

4. 生產產量超過本區的人口增長，城市化高度發展，生活水平提高。

5. 高度消費，經濟活動由生產生產資料轉向消費資料服務性行業。第三產業高水平發展，向外輸出資金、人才。

目前，地方志地理志的編寫，有集中起來反映的自然地理，歷史地理（特別是其中的建置沿革），也有分散到其他專業志中反映的人文地理中的許多內容。近年來對集中反映的「自然地理」、「建置沿革」有不少文章反映了研究成果。今僅就屬於人文地理當中的一部分經濟地理內容，如何在《經濟志》中有所反映，發表一點粗淺意見。

(一)經濟地理的內容應在經濟諸志中有所反映

經濟地理研究的對象是地方的經濟結構和布局體系，一個地方（主要表現形式是政區）的經濟結構包括了它地面所具有的實體布局，也包括了使這個實體布局運轉起來的各種生產和消費關係。對經濟地理問題，不僅地理學者要研究它，並認為它是地理學的一個組成部成；經濟學者也要研究它，經濟學者則認為它是屬於經濟學的不可缺少的一個組成部分。所以，經濟地理的內容可以分散到各經濟志中反映（我也不反對有的志書把經濟地理內容適當集中反映）。那麼，各經濟志中應該反映哪些經濟地理內容呢？

總體上來講應反映地方（主要表現形式是政區）的經濟建設條件、資源情況，以及利用這些資源、條件發展經濟的基本設施，經濟結構和空間布局狀況。要反映它們的發展歷史和現實情況，並最好從歷史與現實狀況的資料中，展示出近期發展的前景與潛力，也即要反映地方（主要表現形式是政區）的各主要生產部門的基本設施、結構、規模和在本政區的分布，並從這些歷史的和現實的資料中，使人們看出其中成功的經驗與失敗的教訓，展示出今後改進的努力方向。也從中展示出每一所反映部門的社會發展的客觀需要與內在潛力。即把《經濟志》是編纂成客觀的樸實無華的資料書，但它又不無的放矢的經濟資料類編。下面就農業、工業和交通運輸業三個方面的經濟專志，談一點具體意見。

1.《農業志》中應反映哪些農業地理內容。

農業是自然再生產過程和經濟再生產過程相交錯的範疇。它是按照社會的需要，在人類勞動的定向調節和干預下進行生物再生產的過程。自然條件是農業生產的基礎，技術是發展農業的手段，而社會經濟條件則對農業生產起著定向性的作用。

農業地理僅是《農業志》中的一部分。這一部分的內容在《農業志》中應反映：

(1)土地利用是農業活動地域差異最明顯的反映。地方志應記述土地利用現狀形成的過程。土地利用的程度、潛力和分類。

(2)反映各種農產品的總量及農業發展水平。

從發展區內農業的需求，反映農業生產的自然條件及社會經濟條件。也即反映農業氣候，農業地貌，農業地表水，地下水及農用礦產的條件（這一部分，可以放到自然地理部分集中寫，也可以在《農業志》中有適當反映，但要與自然地理相協調，有關內容應各有側重）。反映農業勞動力，農業技術狀況及本區的農業市場，社會對本區農業品的需求等。

(3)農業構成的現狀，以及現狀形成發展的主要過程，展示今後合理調整農業結構的方向。

(4)反映區內土地類型結構及分布的現狀及發展過程。展示合理調整本區土地結構的前景。反映本區土地、水、氣候、生物勞動力資源的配合狀況，及調整配合提高生產率的可能性與潛力。

(5)反映本區糧食生產的自給程度及發展過程。一般以農業生產作為主要生產部門的地區，糧食基本自給，或自給有餘是發展具有區際意義的經濟作物的保障。遠距離的糧食調撥和運輸將大大增加農業生產的成本，因而是不經濟、不合算的。從歷史和現狀的資料中，展示增加糧食產量的經驗和前景。

(6)反映經濟作物的現狀和發展過程並從中展示發展前景。

(7)反映各主要農產品在區內的分布狀況，展示合理調整農業布局前景。

2.《工業志》中應反映的工業地理內容。

(1)工業地理要反映發展的自然條件，如地質、地理基礎、風向、地震裂度對工業布局的影響，及礦產、水資源等條件，以及社會經濟、技術條件。反映本地工業區形成和發展的過程。也要注意風景區和自然保護區嚴禁設置工業，某些污染性企業的設置要考慮環境容量，使三廢排放與周圍環境的自淨能力相適應。電子、手錶等高級、精密工業要求周圍有良好的環境。農業的發達程度對工業也有影響，周圍糧食、蔬菜、副食品的供應也影響著工業的設置。在勞動力充裕的地區需要發展一些勞動密集型的工業，以增加就業的機會。在新開發的人口稀疏地區則要注意生活設施、商業網點的配套，以刺激人口的機械增長。還要注意反映各工業部門在區內的歷史傳統以及產品再加工過程的協作條件等這些工業發展的社會經濟條件。反映調整工業布局，使資源得到充分利用，各經濟部門能有效協作的方向與可能。

(2)要反映各重工業產品的總量和工業構成，如：國營、集體、公私合營、個體、中外合資；中央部屬，地方工業，重工業（能源、林業、建材、冶金、機械、化工、電力等）和輕工業（紡織、食品）以及大型、中型、小型企業的構成現狀和這一現狀形成的歷史過程。展示調整工業結構的方向。

(3)工業地理要重點反映區內工業分布的狀況，展示合理調整工業布局的方向。

3.交通運輸地理與《交通志》

人類社會的運輸活動是與生產活動同時開始的。生產工具、勞動產品以及勞動者本身的空間位置移動，是社會生產、再生產以及社會生活必備的條件。同時，交通運輸業又是一項獨立的生

產部門。它是聯繫生產和消費的重要動力。它包括了企業內部技術分工為基礎的廠內運輸和農業運輸，也包括以社會勞動地域分工為基礎的公用運輸。作為獨立的生產部門，是生產過程在流通中的延續。另外，公共客運也作為一種服務性經濟部門而存在。

交通運輸業只能造成貨物或旅客的空間位置的移動，從而增加產品的最終價值，它不能生產出新的物質產品。全部交通運輸方式都是噸公里、人公里的產品形式。交通運輸必須與工、農業生產及社會消費相適應、相銜接，被輸送的產品不能儲存，但可儲存多餘的運力以滿足運量增長的需求。在地區經濟發展中，交通運輸工作必須先行。運力，如車、船、飛機的班次雖可以調遣，但運輸的線路、車站、航道等建築無法移動，因此運力在區內的布局必須同生產布局協調配合。

研究交通運輸地理的目的是提高經濟效益，使交通運輸合理布局，使生產過程在流通中耗費最小，經濟效益合理。

地方志中應反映的交通地理內容是：

(1)行政區的交通運輸的結構，也即鐵路、公路、水運、管道、航空的運輸結構。公路、鐵路、航路、航線、車站、碼頭、機場，重要橋樑、渡口的布局現狀，及其形成的主要過程。

(2)反映客流、貨流的時、空演變趨勢。反映其客流、貨流的流量、流向、距離、構成、密度的現狀，年度變化，及形成的主要歷史過程。現有問題，展示今後發展方向。

(3)區域交通運輸地理內容的記述，要從部門著手，區域著眼，反映政區內運輸網的狀況：幹線、支線、平行線、分流線、經直線和聯路線等結構的空間聯繫。城市交通運輸地理不僅要對城市幹道網和客貨流與車流的狀況有所反映，還要記述城市對外交通運輸線和場、站、港空間布局的現狀，並適當追敘形成現狀布局的歷史過程。展示合理調整布局的方向。

總之，《經濟志》反映經濟地理內容時，要突出經濟結構和地理布局。有些經濟結構和地理布局是在過去的一些政治、經濟條件下形成的，在今天看來其中有些是不合理的，它也不適應現在以及今後經濟發展的要求了，應該從歷史的經驗中吸取教訓，展示合理調整結構和布局的方向。

㈡《經濟志》反映經濟地理內容應注意的問題

上面所提到的內容，不是有關經濟諸志的全部內容，它僅是方志中應該反映的有關部分經濟地理的內容。這「內容」，並不是篇目。我歷來主張，篇目應根據各地實際情況和主編的修纂意圖來擬定。因此，上述內容的考慮，可以在方志篇目中有各種剪裁與安排的方法。甚至有關經濟地理的自然資源評價等也可以放到其他非經濟類的篇章之中。

方志以資料見長，用樸實無華的資料來為決策服務，但它不是以保存資料為目的的圖書館裡的資料類編。要解決實踐問題，就要急社會主義經濟發展之功，近地方人民繁榮富裕之利，就要有的放矢地反映對地方經濟問題研究的成果。其中包括經濟地理學對地方問題研究的成果。

但是，如果要求修志機構裡的修志人員成為許多學科的研究者，或者要求修志機構和修志人員去全面深刻地從事專題研究，那是不切實際的，是不合理也是辦不到的，當然，也並不排除，為了弄清地方發展的某個重大而又敏感問題，修志機構和政府計劃部門，經濟研究部門協作，選擇一、兩個課題，作一些深入研究。一般來說，不能要求修志機構去從事專題研究。但經濟諸志要求志書要反映經濟工作者、地理工作者已有了對地方問題專題研究的成果。以經濟地理的內容來說，現在全國已普遍進行過自然資源綜合考察、土地利用、宜農荒地和熱帶作物宜林地資源調查，主要工業區區域規劃，經濟規劃，全國省區和農業地理，縣

級農業或農業區劃、城市規劃、地區工業布局、綜合運輸網規劃、旅遊業發展規劃和國土整治等多方面的研究。如果在地方志的有關部類中對已有的成果缺乏反映，那麼，這樣的志書，能否在時代性、科學性上符合要求呢？我看是有欠缺的。

商業地理要反映各省、市、縣物產分布，集散、貿易聯繫，貨運情況。反映市場物資的集散範圍、商業的地域組織、商業中心和腹地的經濟聯繫，商業活動的季節變化等。

同時也要反映消費與市場的分布，市場影響的地域範圍。使生產和消費平衡。生產和消費脫節，就造成一方面有的貨物大量積壓，另一方面人民需要的產品又買不到。

第十節　地方志人口志

「人口志」是地方志的傳統篇目之一。它是反映一個政區內一切社會活動的出發點和歸宿。舊方志把「人口」當做行政區內的一項資源。新志不僅要把「人口」看做是世間一切財富的創造者，而且還應該把「人口」當做地方（政區）內最崇高的服務對象。從政區居民的衣、食、住、行，教育培養、醫療衛生、公共設施、體育運動、園林娛樂場所、商業網點等多方面考慮居民的切身利益。因此，地方志中的「人口志」如何編寫，是應該認真研究的問題。

一、人口問題在地方政區中的重要性

人口是組成地方政區的細胞，是地方政區的主宰者，是財富與文明的創造者，是促使政區的地理環境發生變化的最活躍的因素。政區的各種經濟生活，從根本上說，受人口數量與質量的制約。許多地區的歷史上，耕作的精、粗與人口分布的密、疏有一

定關係。一般說來，在相同的生產力發展水平上，人口分布密集則一般能夠精耕細作，相應的物質文化技術水平較高；人口分布稀疏，則耕作一般較爲粗放，物質文化技術水平較低。在人類社會發展的早期階段，政區（地方）的自然環境與社會變動是制約人口增減的主導因素。當灌溉系統興建起來，住房、貯糧等條件改善，人們的基本生活有了技術與物質的保障之後，戰爭和瘟疫就成了引起人口大規模增減的主導因素了。而在一般情況下，人口增加往往是社會經濟繁榮的標志。也即社會經濟繁榮會促使人口增加；人口增加又反轉過來促進社會經濟的更加繁榮。但人口增加超過一定的生產力水平之下的土地負載能力，則會造成人口與耕地比例的失調，引起人口過剩、流徙，以及一系列社會問題與政治問題。還有人認爲，單位面積上同一種語種的人口增加，會促使語言進步。人口密度增加會使語言中名詞與動詞的數量增加，語言概念清晰。相反，人口分布過稀，則語言會趨於貧乏，概念籠統，人們的心理較趨於迷信。

　　總之，人口變遷是一切社會變遷的樞紐。歷代地方志中，把人口作爲整個地方政區賦稅、力役、兵員以及政教設施分配的重要問題來考慮，因而人口志是最基本的部分。地方志中最簡單的體裁稱爲「三寶體」，春秋、戰國時期地方志尙處於萌芽，土地、人民、政事是諸侯的「三寶」，缺一不可。方志是方國之志，因此其內容僅記「三寶」。自此後歷代方志以此三項爲基礎，其它項目是逐漸衍生出來的。在今天看來，人口問題仍然是地方政區內社會問題的重要根源。人口數量、質量、組合、分布及變遷都與地方政區的社會、經濟問題密切相關。所以了解地方政區內的地理、歷史、社會、經濟、教育、語言、政治、民族、環境、資源的保護、利用、開發等問題，都必須涉及到人口問題。因此，人口作爲地方政區的主體，是地方志必須重點反映的項目。

二、人口志及其源流

我國的人口統計，古文獻推論，始於夏而備於周。據《文獻通考》記載：「禹平水土，定九州，撫民13553935人」。周初統一各部後，設比、呂、族、黨、州、鄉、縣之制，這時戶口統計才有可能萌芽。歷史上一些學者，把方志的起源定爲《周禮》。據《周禮》記載：

「司民掌登萬民之數，自生齒以上，皆書於版。辨其國中，興其都鄙，及其郊野，異其男女，歲登下其死生，及三年，大比，以萬民之數詔司寇，司寇……獻其數於王，王拜受之，登於天府。」「職方氏掌天下之圖，以掌天下之地，辨其邦國、都鄙、四夷、八蠻、七閩、九貉、五戎六狄之人民……。」

可見我國在周代已有系統的戶口統計了。項目有年齡、性別、民族、城市人口（都鄙）或鄉村人口（郊野）等。戶口統計結果層層上報。

秦漢劃郡縣，開始出現了以政區爲記述對象的地方著作，並以此爲基礎出現了全國範圍內的總地志。《漢書·地理志》就是代表作。《漢書·地理志》記述了當時全國各行政區的戶口數字，也就是當時的全國戶口數據，爲此後的歷代史志提供了榜樣。此後的地方志裡，「人口」成了不可缺少的基本篇目。

唐代杜佑《通典》記錄了封建朝廷進行戶口審計的原因和作用：

「古之爲理也，在於周知人數，乃均其事役，則庶功以興，國富家足，教從化被，風齊俗和，然後災沴不生，悖亂不起。所以《周官》有此……遂之制，維持其政，綱紀其人。孟多司徒獻民數於王，王拜而受之，其敬之守之如此之重也。」（見杜佑《通典》食貨七）

　　歷朝舉行戶口調查，目的在於確定賦稅、兵役、兵員的分配，這成為地方政區的定制。其統計的結果記錄在地方志裡。宋代王存《元豐九域志》說，地方志是圖、志、籍三者的結合體。「籍」就是戶籍，指的是人口統計，「比生齒則有籍」。元、明、清三代，幾乎沒有一部地方志（山志等除外）不設「人口」志的。

　　總之，人口問題是歷代方志編輯中的重要內容，也是歷代方志學家關心的問題。

三、編修人口志應注意的問題

㈠要充分應用人口普查資料

　　人口普查是以人口為中心對國情（省情、市情、縣情）基本狀況的普遍調查。其普查資料是政區進行行政管理和指導經濟發展的基礎。我國在1952、1964和1982年共進行過三次人口普查，特別是第三次人口普查以1982年7月1日零點為標準時間，進行準確審計。普查的項目除了姓名、年齡、性別、民族、文化程度等項之外，還增加了行業、職業、不在業人口狀況（如上學、家務、退休等）、婚姻、生育等總共19個項目。其中按人登記的13項，按戶登記的6項。這些數據經電子計算機處理加工匯總出幾十種、上百種重要統計資料。新編地方志的人口志，應該在人口普查資料的基礎上編寫，才有科學基礎。

㈡要將死材料變成活材料，將靜態的數字變成動態的圖表

　　編修人口志會涉及到一大堆人口統計數字。如果這些數字之間沒有可比性，就將是一些死材料。所以從發展、變化中來記錄人口數字；從人口與住房、交通、教育、就業、衛生、體育、旅行、娛樂等的結合來記錄數字，就會使這些數字復活。例如，反映人口與經濟水平、人口與資金積累、人口與勞動生產率、人口與消費水平、人口與就業、人口與旅行、人口與各級各類教育、

人口與生產資料占有（如人口與耕地、人口與機床、人口與公共
設施等），把人口數和經濟問題、社會問題結合在一起，就會使
死的人口數字，變成反映地方特點的活材料。在表現方法上，也
儘量用形象的圖表，如發展曲線圖、柱狀圖、比例圖、分布圖等
來表示，使之形象、直觀。

　　地方志人口志中應反映政區內總的人口數量及其歷史發展過
程；人口分布及密度、人口遷移（遷移原因、規模、強度、方向、
距離等）、人口的季節流動；人口的自然增長與機械增長；人口
結構，其中包括性別結構、各年齡組的結構、文化結構（文盲、
半文盲、小學肄業、小學畢業、初中、高中、各類技校、大學畢
業生、碩士生、博士生等）；民族構成、宗教構成、職業構成、
行業構成以及婚姻、家庭狀況等。這些人口的基本狀況可以和人
口與資金、人口與生產率、人口與教育狀況等結合，並盡可能用
圖表表示。在此基礎上，反映人口結構與生產力的關係。人口總
數量中，勞動適齡人口的比例反映從事勞動生產的人口狀況。其
比率高，反映出本區的勞力充足。進入勞動年齡人口的性別結構，
反映區內發展重工業或者是輕工業的勞力潛力。還應該反映人口
結構與生產方式的關係；人口結構與產業結構的關係；人口結構
與消費結構的關係等。

㈢編寫人口志通常出現的錯誤

　　人口統計數與行政區脫節，是現今出版的新人口志中易出現
的錯誤。如，一部有名的新志載掘港鎮民國二年的人口數為：
71589人；到1983年又載掘港鎮人口為24076人。這使讀者以為掘
港鎮現在人口還沒有歷史上多。但事實是當時行政區比今天大得
多。所以使用人口數時，如果與反映此人口數的行政區劃脫節，
就會出現錯誤。

　　另外，不少志書利用舊志人口數時，也忽略了古今行政區劃

的變化，因而產生錯誤。

㈣人口的文化素質是地方生產力發展的重要因素

加強人口文化素質的反映，對地方經濟發展有重要意義。社會生產力的決定因素是掌握生產知識與技能的勞動者。現代化的工業和農業需要能掌握和改進勞動工具的科學技術人才以及善於組織和管理生產的人才。因此，勞動人口的文化素質是影響社會生產力發展的重要因素之一。不少國家或地區的經濟增長，主要靠現代技術及勞動生產率的提高，其根源都在於國民教育水平和教育普及的高度和程度。地方志裡突出這一部分內容，就能體現出地方志的時代性。

總之，加強人口志的研究，加重人口志在地方志中的地位，改變一部上百萬字的志書中「人口」部分的字數只有3—4千字、萬把字的比例，是時代的需要。一部人口志寫活了、寫透了、寫好了，整部地方志反映的基本面貌就能很好地反映出來。人口志寫不好，是很難看出地方特點來的。

第十一節　地方志與北京市的
古代歷史人口狀況

北京市是人類遠古文明的發祥地之一。這裡有文字記載的歷史已經三千多年了。在春秋戰國時期，為燕國國都薊城所在地。兩漢至隋唐為北方軍事重鎮；且長期為幽州治所。五代十國時期的後晉石敬塘割燕雲十六州賂契丹，遼朝會同元年（938年）升幽州為陪都，號南京，又稱燕京。西元1122年，金人滅遼，1153年，金海陵王遷都於燕京、改號中都。元、明、清三代，北京均為全國國都。其歷代人口發展狀況，與城市發展的歷史息息相關。因此認識北京市人口增長的歷史過程和特點，對考察當前北京市人

口的發展與特點，有著重要的意義。

一、古代人口的發展

㈠遠古至戰國時期

北京地區是人類遠祖的故鄉之一，大約距今四〇至六〇萬年之前，就有人類生息活動的蹤迹。據考古學家在北京西南周口店龍骨山發現的「北京人」遺骨化石分析，他們，分屬四〇多個男、女、老、幼個體。其中成年人的腦容量只有現代人的2／3，即約1000餘毫升。平均壽命很短，其中死於14歲以下的15人，活到50歲以上的僅有一人①。

此外還分別發現了約爲十萬年，五萬年，一萬年和六七千年前的人類骨骼或活動，居住的遺迹，證明了人類在北京地區生活的連續性。

新、舊石器時代的遺址，分布在今房山縣的周口店、羊頭崗；門頭溝區的靈岳寺、大東宮、東胡林；昌平縣的雪山村、南口鎮、馬坊村、林場、燕丹村、曹碾村、龍母莊；海淀區的清河鎮；密雲縣的燕樂寨；平谷縣的劉家河、上宅村等。從石器時代聚落遺址的密集分布，可以窺測當時人口分布之一斑。

在今北京市內，出現的最早城市至今已有三千多年的歷史了。西元前1066年周武王滅商，封帝堯之後於薊（在今廣安門一帶），這是北京地區最早出現的古代封國的都城。

春秋戰國時，今北京地區屬於燕國。戰國時期（西元前475—221年），薊城作爲七雄之一的燕國都城，它已發展成爲「天下名都」之一。由於留存至今的古代文獻稀少，北京地區那時的人口規模已很難確定。今僅據片斷記載分析。西元前251年（燕喜王四年）燕趙戰爭，使燕60萬大軍覆滅。今北京地區是燕國人口稠密的政治經濟中心區，這60萬大軍之中，應有相當部分出於北京地

區境內。燕又強迫人們修築北起造陽（今河北懷來）東到襄平（今遼寧遼陽）的千里長城。這樣浩大的工程都需要動用數以幾十萬計的巨大人力，可見，當時北京地區人口之多。

㈡秦漢至唐代

西元前221年秦統一六國時，戰禍四起，本地區人口減少。秦亡之後，楚、漢相爭，戰禍連年，到漢初「大城名都，人民散亡，戶口可得而數，十才二、三。」②這時期薊城人口的減少，是不可避免的了。

西漢時今北京市分屬廣陽國、涿郡、漁陽郡、上谷郡。據《漢書・地理志》載，西漢末平帝元始二年（西元2年），今北京範圍內有7.8萬多戶，29萬多人③。這是北京地區最早的人口統計數字。

從西漢末年到東漢中期，今境戶口數總的趨勢是成倍增長。其間僅於西漢末年王莽篡政的二十多年戰亂，造成了「百姓虛耗，十有二存」④的人口減少悲劇。到東漢初年，這裡的地方長官實行「三十稅一」，放免奴婢，人民有了較為安定的生活。漁陽太守郭伋（西元29年前後）在職五年，「養民訓兵，匈奴遠迹」，出現「戶口倍增」⑤的局面。西元39年張堪任漁陽太守「賞罰必信」，又在狐奴（今順義縣牛欄山附近）開闢稻田八千餘頓，勸民耕種。又從青、冀等州「徙貧人不能自立者」⑥於幽州。從而促進了今北京境內人口的增長。東漢和帝劉肇永元二年（西元90年）今境戶口達到10萬餘戶，人口66萬人⑦。

當時全國人口因戰亂，滅災而驟減，但地處國境東北的幽州，政治比較安定，生產有所發展，因而人口反而大增。本區比西漢末的29萬人增長了1.3倍。

自東漢末經三國到西晉，北京地區的人口曾經歷了很大的波動。東漢末年先是黃巾起義，豪強地主大肆屠殺起義軍和人民，

致使人口減少。劉虞為幽州牧，他罷省屯兵，「勸督農植，開上穀〔今延慶屬之〕朝市之利，通漁陽〔治所在今密雲黎園莊〕鹽鐵之饒，青、徐士庶避難歸虞者百萬餘口。」⑧後公孫瓚和袁紹相繼割據幽州，烏桓、鮮卑兵湧入，特別是蹋頓經常騷擾薊城一帶，使人口因流散、死亡而急劇減少。據《晉書・地理志》載，西晉太康元年（西元280年）今境戶下降到不足2.4萬，人口不足16萬⑨。

北魏正光年年間（西元520─525年），今北京市境內由於戰爭、災荒不斷，人民的生命財產沒有保障，各族征服者又輪番從這裡掠走或屠殺大批人口，致使人口繼續大幅度下降。據《魏書・地形志》載，至武定年間（543─550年）今境內僅有8500多戶，34700多口⑩⑪，僅及東漢人口高峰時期的1／19。

自北魏孝明帝孝昌元年（西元525年）至隋煬帝大業二年（西元606年）間，今北京地區戶口迅速回升。特別是楊堅執政及隋統一天下之初，「躬履節儉」，「寓兵於農」，又「大索貌閱」，清查出許多隱漏的戶口，並採取「凡是軍人，可悉屬州縣，墾田籍帳，一與民同」⑫的措施，使生產發展，戶口急劇增加。隋煬帝大業二年（西元606年）今境約有47000餘戶，241000多人⑬。

圖2-1　唐朝北京地區行政區劃

隋末戰亂，本區人口減少，唐初以後又逐漸恢復。特別是遷入了許多少數民族，他們的戶口，原沒有納入州郡的統計之中。今據《新唐書·地理志》載，唐天寶元年（西元724年），北京地區包括幽州一部分和檀州及嬀州和饒樂都督府的一部分（圖2-1⑭），其人口及遷入的少數民族人口，合計51099戶，258931口⑮、較隋初略有增長，這與全國人口發展趨勢是一致的。

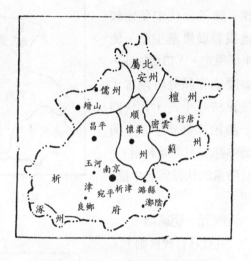

圖2-2　遼代北京地區行政區劃

㈢遼、金時期

遼金兩代是北京從北方軍事重鎮發展為北方政治中心的時期。隨著城市地位的提高，人口也在迅速增長。

遼代北京地區包括析津府的大部分和順州、儒州、檀州的全部以及薊州、涿州的部分地區（圖2-2）。興宗時期（西元1032年前後），人口達到65.8萬⑯，遠超過隋唐時期的人口規模，已與東漢時人口相等。其中遼陪都南京（即燕京）「大內壯麗，城北有市。陸海百貨，聚於其中。僧尼佛寺冠於北方。錦綉組綺，精絕天下。⑰城區人口估計30多萬人⑱。

金代，北京地區包括中都路大興府、通州、涿州的一部分和順州以及西京路、北京路的一小部分（圖2-3）。金代戶數比遼代

大增。金代中期（西元
1161年前後）北京地區
人口大約增至82萬餘人
⑲。除了金代中葉比較
重視發展農業生產，使
生活穩定，人口增加外，
海陵王完顏亮時期曾「
役民伕八十萬，兵伕四
十萬治作數年」⑳，興
築中都城，可能有相
當數量的伕役留居中都附
近。

圖2-3　金代北京地區行政區劃

㈣元、明時期

　　元代在行政區劃上，
北京地區包括大都路的
一部分和上都路的一小
部分（圖2-4），十三世
紀初，蒙古兵圍攻金中
都，此後長達五十多年
的動亂，本區人口大幅
度下降。直到元世祖忽
必烈取得政權之後，才
稍有安定和恢復。十三
世紀中葉，忽必烈改中
都爲大都，並在此建都，
從此北京由遼金時期的

圖2—4　元朝北京地區行政區劃

北方政治中心，成爲全國政治中心，本區人口也有很大增長。到

元代中期（西元13世紀後期），今北京地區人口發展到85萬人㉑。
其中約60萬人住在大都城內與近城關廂㉒。元大都的人口大多是
四方的移民，有幾十萬來自各地的工匠，數萬人來自西北和中亞
的回回商人，數千人來自歐洲等地的基督教教徒和景教徒，還有
不少俘掠於高麗的婦女。

明代北京地區包括
順天府的11個州縣和延
慶州及朵顏部的一部分
（圖2-5）。

元末（約十四世紀
中），戰亂、飢荒、瘟
疫不斷，人口大批死亡、
逃散，至西元1369年（
明洪武二年）北平府（
較永樂年間的順天府範
圍略小）人口還不到5萬
人。

圖2-5　明朝北京地區行政區劃

明初，太祖朱元璋為恢復已被嚴重破壞的社會經濟，實行了
一些恢復和發展社會生產的有力措施，推動了社會經濟的發展，
同時從外地大量移民於北平府。其中，洪武四年（西元1371年）
徐達從山後（今河北北部內蒙東南部）移民32860戶㉓，安置於北
京地區者約22044戶。「靖難」之後，明成祖朱棣建都北京，將36
萬官兵分置78衛安排在順天府屯田㉔。若以在今境的州、縣比例
計算，則共14.7萬人。永樂初年（西元1401—1407年）又從山西
等地移民於今北京地區。由於北京繼續作為全國首都，社會較為
安定，生產得到一定的恢復和發展，人口有所增長，加以大規模
人口遷入，到萬曆年間（西元1573—1619年），今北京地區的人

口已發展至約90萬㉕。

㈣清初至鴉片戰爭前夕人口的發展

明末清初的戰亂、災疫，特別是滿族統治者定都北京之後實行了圈地圈房等一系列侵害漢人的政策，使世居京師和近畿州縣的人口大批破產流亡、死於非命。當時的京畿一帶，「一望極目，田地荒涼，四顧郊原，社灶煙冷」，一片悲愴情景。

同時，清政府將包括八旗兵丁戶口在內的東來軍事移民安置於北京內城、城屬及北京地區各州縣，從而彌補了北京地區的人口損失，奠定了本地區人口日後發展的基礎，使北京地區的人口增長進入了新階段。

1.人口數量的增長

根據清代人口編審制度，清代北京地區的人口應由京師人口和州縣人口組成。當時的京師包括內城、外城和城屬，州縣包括大興、宛平等十幾個州縣（圖2-6）。

⑴京師人口，包括八旗人口㉖及漢人等。

清初，政府圈占內城㉗之後，北京內城遂成為八旗人口盤據260餘年的大本營㉘。乾隆之後，主要是光緒變法之後，漢人移居京師者才逐漸增加㉙。據《八旗通志》載，清軍入關時，共有佐領（包括內管領在內）659個，兵丁約計16萬人。除當時攜眷駐防的旗兵人口及出師中原各地的旗兵外，居京師內城者約計32萬人。同時將旗下奴僕安置於圈占的土地上耕種，故當時的京畿一帶出現了「旗莊錯布」㉚，「土著者寡而戶口稀」㉛的局面。至乾隆四十六年（1781年），京師八旗佐領（包括管領）增編至1364個㉜，人丁約計15萬人，人口約計54萬人，其中居於城屬者約計9萬人。

除八旗人口外，聚居外城的漢官、漢民及商人，以及居住城屬之漢人等，根據有關資料㉝推算，清初約計23萬人，乾隆四十六年約計33萬人。

圖2-6　北京地區清代行政區劃

據此，京師人口在清初約爲55萬人，乾隆四十六年約爲87萬人。

(2)州縣人口。

根據《畿輔條鞭賦役全書》所載各時期人丁統計及乾隆四十六年州縣人口統計，作回測計算，清初州縣人口約計爲64萬（其中包括與漢人雜居的旗莊人口）。乾隆四十六年北京地區各州縣戶口統計如表2-1。

(3)綠營兵（包括京師巡捕營兵）。

清代，北京地區除衆多的八旗禁軍之外，尙有招募漢人組成的綠營兵㉞。其名額代有增益。清初約計1.3萬人，乾隆四十六年約二萬人㉟。

表2—1　清乾隆四十六年北京地區州縣人口統計

州　縣　別	口　　數	州　縣　別	口　　數
大　興　縣	153450	延　慶　州	66006
宛　平　縣	159856	灤　平　縣	9244
通　　　州	258284	獨石口廳	3998
良　鄉　縣	33796	三　河　縣	42593
順　義　縣	81113	固　安　縣	7421
房　山　縣	64189	涞　水　縣	1962
昌　平　州	100433	薊　　　州	4945
平　谷　縣	29441	東　安　縣	9787
懷　柔　縣	82914	合　　計	1184353
密　雲　縣	72221		

資料來源：(1)乾隆四十六年人口數見《日下舊聞考》卷145。
　　　　　(2)延慶州戶口數見光緒《延慶州志》卷三賦役志；灤平縣乾
　　　　　　隆戶口見欽定《熱河通志》卷九十一，〈食貨〉；獨石口
　　　　　　廳口數（乾隆四十六年）根據《口北三廳志》卷五廳內戶
　　　　　　口記錄推算。
　　　　　(3)志書所不載者，根據前後已知戶口數，以人口回測法推算。
　　　　　(4)灤平縣以下諸州縣戶口數僅是屬於北京今市城的部分區域
　　　　　　上的戶口數。

　　綜上所述，清代前、中期，北京地區人口組成與變遷情形如
下表（表2—2）。

表2—2　清代北京地區人口統計

項目＼人口（萬人）＼年份	清　　初	乾隆四十六年
京師人口①	55.3	88
州縣人口②	65	119.5
合　　計	120.3	207.5
其中旗下人口③	32	54
所占百分比	26.6	26.0

注：①包括內城、外城、城屬人口及巡捕營兵；②包括各州縣旗
　　莊戶口及駐扎綠營兵；③不包括屯居州縣的旗下人口。

　　清代前、中期，北京地區人口的演變過程表明，清初的軍事移民大量遷入北京內城、城郊和州縣，成爲本地區人口的重要組成部分。這不僅使地區人口的數量大幅度增長，並一直影響著地區人口發展的歷史進程和規模，而且增加了滿族、蒙古、朝鮮、俄羅斯等兄弟民族人口，大大改變了北京地區人口的民族構成，促進了民族的融合和文化交流。

　　2.人口增長的特點

　　從整體看，這一時期北京地區人口增長率僅爲3.1‰左右，屬於人口的低增長型。而當時全國人口平均增長率是13.4‰㊱。這是有一定原因的。

　　(1)八旗人口的增長特點、問題及對策。京師八旗人口由清初的32萬增長到清代中期的54萬人，增長率僅爲3.9‰。康熙三十年（1691年）之前，清朝統治者爲了達到長期統治中國的目的，進行了長期的戰爭，致使旗下兵丁消耗嚴重㊲，自然增長率低，只好移取各地兵丁於京師，以彌補戰爭的損失㊳。康熙三十年之後，國家長期處於相對穩定與和平時期，雖也有局部戰爭發生，但八旗禁旅直接大規模參戰的機會相對減少，這就爲八旗人口提供了良好的休養生息的機會。環境安定，生活優裕，人口的自然增長率提高是必然的。同時，清政府特別注意八旗兵丁婚姻，有時實行怨女曠夫宜加優恤的政策，對家計貧乏，力不能嫁娶者，賞以銀兩，以完其婚嫁之事㊴。同時又打破了八旗男女與內務府三旗、下五旗包衣通婚的禁例，「則婚嫁以時，庶不致有怨女曠夫」㊵。特別是「在京旗人之女，不准嫁與民人爲妻」㊶的單方面限制性限定，更有利於旗下兵丁的婚配。

　　在上述諸因素的共同作用下，八旗人口迅速增長起來。到乾隆四十六年京師八旗人口約達 54萬人。清代中期京師八旗人口的迅速增長，給政府帶來了沉重的經濟壓力。於是清政府不得不採

取多種措施，諸如派遣旗兵駐防各地、遷移兵丁屯墾東北，漢軍兵丁出旗爲民占籍州縣等，以疏散京師旗下兵士、閑散及其眷屬於京郊、畿輔、東北與東南、西北各省區，從而有效地阻滯了京師八旗人口的增長。

(2)京師漢人增長的特點。乾隆以前京師漢人增長緩慢。主要原因是清政府限制流民，致任官員及胥吏占籍京師的政策㊷，成功地阻滯了京師漢人的遷移增長。直省民人不得占籍京師，便滯留、占籍於大、宛二縣㊸。因此，這一時期京師漢人的增長僅僅依賴於很低的自然增長。至乾隆初年這一限制政策才稍有鬆動㊹，遷入京師外城的人口才逐漸增加起來。

(3)州縣人口的增長特點及原因。這一時期，州縣人口平均增長率爲4.6‰，略高於同時期全地區的人口增長率4.1‰。

明末清初的戰亂，尤其是開始於順治元年（1644）的大規模圈地㊺，至順治四年進行了三次，使京畿諸州縣土地被圈殆盡。清初，北京地區各州縣被圈土地達到93％以上㊻。其結果是：第一，迫使漢人大批流離失所㊼；第二，圈地廣闊，沃土荒蕪，農業經濟受到嚴重破壞。加以京師附近，供役紛繁，征呼絡繹，民不堪命。直至民國初年，民困未甦㊽。可見清初的圈地影響深遠，危害嚴重。同時，投充及逃人之法㊾，更使社會長期處於動蕩和不安之中。據《畿輔條鞭賦役全書》記錄統計，順義一縣自康熙六十年（1721）至乾隆三十六年（1771）逃亡人丁即達639人。在盛世滋丁，永不加賦，攤丁入廟、下丁弗擾的情況下，州縣人民續有逃亡的事實，更證明了圈地之後人生無資，京師附近役重差繁是州縣人口增長緩慢的根本原因。

3.人口的分布

北京地區馬蹄形展布的山地丘陵及其環抱的平原，提供給人們不同的生聚條件，使人口在平原分布稠密，在山區分布稀疏。

而軍事移民和經濟條件，生產分布是區域人口分布的決定因素。
它們綜合作用，使北京地區的人口分布形成了以城區為中心，由
密變疏，依次外延的不規則環狀和半環狀特點（圖2-7）。清代，

人口密度（人/KM²）

15以下
15—40
40—100
100—200
200—400
400—1000
1000—10000
10000以上

圖2—7
清乾隆四十六年北京地區人口密度

作為政治中心、文化中心的北京，內城是滿州貴族及八旗禁旅的
大本營，集中了幾十萬人口，形成了人口分布最密集的中心。至
乾隆四十六年，人口約計45萬，平均人口密度每平方公里達12000
餘人。外城為京師漢官、漢民、商人的集中聚居區，故人口分布
也相當密集。乾隆四十六年，平均人口密度每平方公里在7500人
左右⑩。若除去外城南部廣闊空地，則前三門一帶人口密度每平
方里在2萬人以上。城市的消費性質，使周圍地區出現了生產的地
域性分工。近郊區是以生產蔬菜為主的園藝農業區。加以分布有

皇族與達官貴人的館邸庭園，人口相對密集，人口密度每平方公里約550餘人。距城漸遠，是由園藝農業向旱地農業過渡的區域。大興縣人口密度爲每平方公里206人，通縣爲每平方公里260人。再向外延就是平原旱地農作區，人口分布漸稀。良鄉、順義、懷柔等縣人口密度均在每平方公里100到160人之間。最外圍是平原旱地農業向山地旱地農業及果木林業的過渡地帶。房山、昌平、延慶、密雲、平谷等縣，人口密度爲每平方公里40—100人，作爲封建帝王遊獵場所的南苑和個別山區。

【附　註】：

① 賈蘭坡：《周口店》，北京出版社，1979年。

② 杜佑：《通典》、《食貨》七。

③ 各代人口統計，是按當時行政區劃進行的，爲了取得歷代人口的可比性，必須將各代人口統計按現行行政區劃進行調整。調整原則；凡是某代縣治在今天北京市範圍的，其縣戶、口數即爲今北京市戶、口數，其計算法：

$$今境戶、口數 = \frac{今境縣（區）數}{某代縣數} \times 某代各縣總戶、口數。下同。$$

按上述原則方法，漢平帝元始二年，廣陽國四縣20745戶、70658口，在今境的縣有薊、廣陽、陰鄉三縣，合15353戶、52994口；涿郡29縣125607戶、732764口，在今境有良鄉、陰鄉二侯國，合13590戶、53984口；漁陽郡12縣63202戶、264116口，在今境是漁陽、狐奴、潞、平谷、安樂、奚、獷平7縣，合40134戶、154036口；上谷郡15縣62802戶、117762口，在今境爲夷輿、居庸、軍都、昌平4縣，合9602戶、31404口；以上總計在今境爲78081戶、292450口。

④ 杜佑：《通典》「食貨」七。

⑤⑥⑦ 《後漢書》卷引，列傳21。

⑧ 據《後漢書‧郡國志》：廣陽郡五縣44550戶、20060012；在今境有

蓟、廣陽、昌平、軍都四縣，合35640戶、224490口；上谷郡八縣
10352戶、51204口，在今境有居庸縣，合1294戶、6401口；漁陽郡九
縣68456戶、435740口，在今境有漁陽、狐奴、潞、平谷、虒奚、獷
平、安樂七縣，合53424戶、338908口；涿郡七縣102218戶、633754口，
在今境有良鄉縣，合14602戶、90536口；以上總計今境104780戶、
660325口。

⑨　《後漢書·劉虞傳》。

⑩　幽州燕國10縣29000戶，在今境爲蓟、昌平、狐奴、軍都、廣陽、潞、
安樂七縣，合　20300戶；上谷郡二縣4070戶，在今境有居庸縣，合
2035戶；范陽國八縣11000戶，在今境爲良鄉縣，合1375戶；以上總
計今境23710戶，按當時全國戶口比6.6計，有人口156586人。

⑪　幽州燕郡五縣5748戶、22559口，在今境有蓟、廣陽、良鄉、軍都四
縣，合4590戶、　13048口；漁陽郡六縣6934戶、29670口，在今境有潞、
漁陽二縣，合2320戶、9390口；燕州上谷郡二縣942戶、3093口，在今
境有居庸縣，合471戶、1547口；安樂郡二縣1166戶、　5219口，在今
境爲土壤、安市二縣，合1166戶、5219口；以上總計今境8563戶，
34704口。

⑫　《隋書·高祖紀》。

⑬　據《隋書·地理志》：涿郡九縣84059戶，在今境者蓟、良鄉、洛、
昌平四縣，合　37360戶；安樂郡二縣7590戶，在今境爲燕樂、密雲二
縣，合7590戶；漁陽郡領一縣3925戶，在今境約1308戶；溪部在今境
約1000戶；以上總計在今境爲47256戶，按戶口比率5.1計，共計
241016人。

⑭　圖2-1至圖2-6，圖2-8，選自侯仁之主編《北京歷史地圖集》。

⑮　此62597戶、246261口是由三部分戶口組成：㈠《新唐書·地理志》
所載州郡戶口：幽州九縣67242戶、371312口，在今境有蓟、昌平、
潞、良鄉四縣，合29384戶、165020口；檀州二縣6064戶、30246口，

在今境有密雲、燕樂二縣，合6064戶，30246口，嬀州在今境有2263戶、11504口；饒樂都督府在今境200戶，716口；以上合計38411戶、207574口。㈡《舊唐書》卷三九：安置於今境的少數民族有：順州1064戶、5157口，歸順州1037戶、 4469口，燕州2045戶、11603口；威州611戶、1896口，夷賓州130戶、648口，瑞州195戶、 624口、黎州569戶、1991口，帶州569戶、1990口，鎮州250戶、984口，師州314戶、3215口，歸義州195戶、624口，以上合計6979戶、33201口。㈢散居今境「高麗降戶」5710戶、18156口。

⑯ 據《遼史‧地理志》載，今北京地區戶口有宛平縣2.2萬戶；析津縣2萬戶；良鄉縣 7000戶；潞縣5000戶；昌平縣7000戶；潞縣6000戶；玉河縣1000戶；儒州縉山縣5000戶；順州懷柔縣5000戶；檀州密雲縣5000戶；行唐縣3000戶，薊州漁陽的一半2000戶；涿州范陽縣1／3約3333戶；以上合計91333戶。以每戶平均6口計，總共547998人。另據《遼史‧道宗紀》、《契丹史略》、《遼史‧太宗紀》所稱，遼中葉以後隱戶現象嚴重，宮衛戶與僧尼也不入戶籍，估計這部分人口約為上述人口的1／5，即109600人。兩者合計為657598人。

⑰ （宋）葉隆禮《契丹國志》卷二二。

⑱ 南京城區人口，由宛平縣和析津縣人口的大部分組成。此兩縣《遼史》統計共4.4萬戶，約26.4萬人，若再加1／5的「宮衛戶、隱戶」及其他人口，則城區人口略超過30萬。

⑲ 此數來自兩部分：㈠據《金史‧地理志》載：大興府十縣225592戶，在今境為大興、宛平、昌平、良鄉、潞陰五縣，合112796戶；通州二縣35099戶，在今境有通州一縣，合 17549戶；順州二縣33433戶，全在今境；涿州五縣114912戶，在今境有奉先縣，合 22932戶；西京路德興府六縣30868戶，在今境有縉山縣，合13478戶；以上總計今境200239戶，以每戶4口計，合計800956口。㈡《金史‧世宗紀》載：大定二十三年（1183年）中都城「宗室、將軍有戶170，口28790」。

⑳　（宋）范成大《攬轡錄》。

㉑　此85萬人由六部分組成：第一，賦役人口約7萬餘戶、20萬人：據《元史・地理志》載，元至元七年（西元1270年），大都路「領院二，縣六、州十，州領縣十六」，戶147590，口401350，其中在今境有左、右警巡院、大興、宛平、良鄉、昌平、房山、潞縣、平谷、漷州、順州、檀州、龍慶州，合68423戶、186342口；另在今境的還有屬於上都路所轄一部分區域，估計戶數約4000、人口約2萬。第二，匠戶35萬人，此數是參考周繼中《元大都人口考》文中匠戶估計數，再加大都附近治鐵戶數估算的。第三，軍戶10萬人：據《元史・兵制》載，大都在今境待衛軍加上其中後衛軍家屬奧魯屯所人口的軍戶，常年 5萬餘人；據《元史・世祖紀》載，西元1269年在境設立的六個千戶所，共1萬多人，屯戶連同家屬約5萬餘人。第四，商人5萬人：據《元史・世祖紀》載樂戶2290戶，（元）王惲《秋澗集》卷八八稱，回回商人2953戶，二者合計5000餘戶，以每戶3人計，加上其他商人，共約5萬人。第五皇族、官員7萬人：據《元史・文宗紀》，皇室及宮庭的宮女、太監等媵臣、怯憐口共萬人；在大都的官員3000戶左右，每戶以20人計，共6萬人左右。第六，職業教徒8萬人：在大都的僧尼，據《元史・成宗本紀》：「大聖壽萬安寺一次飯僧七萬」，該寺田產大都分在大都路，估計今境的職業佛教徒達4、5萬人；景教徒在元大都超過 3萬人，基督教徒約6000人（其中大部分非職業教徒。見周良霄《元和元以前的中國基督教》）。

㉒　在總人口85萬人中，賦役人口主要是農業人口及軍戶中的家屬共約25萬人左右，住在州縣，其餘約60萬人住在城內及近城關廂。

㉓　《明實錄・太祖洪武實錄》卷六六。

㉔　《春明夢餘錄》卷三六。

㉕　㈠《明史・地理志》載：「順天府……領州五、縣二十二。……萬曆六年戶101134、口706361。」其中在今境有大興、宛平、良鄉、通州、

潞縣、房山、昌平、順義、懷柔、密雲、平谷等11州縣及延慶州人口等，合計43961戶、307357口。㈡據（明）沈榜《宛署雜記》，在萬曆年間，對北京城商人「定下三則34377戶免稅，上六則5425戶徵銀。」此下三則以每戶5.5口計，為189074人，上六則以每戶8口計為43792人，共計城內商戶人口332866人。㈢據《天府廣記》卷十九，官軍約計10萬人。㈣軍屯人口至萬曆年間約18萬人。㈤再加皇室人口，總計約90萬人。

㉖ 八旗人口中包括宗室人口。清代宗室，包括覺羅人口亦實行編設佐領的制度，目的在於「承辦宗室事務」。據光緒《大清會典事例》載宗室佐領共有15個、覺羅佐領共有23個。故宗室、覺羅人口凡隸佐領者均已計入八旗人口之中。

㉗ 《清世祖實錄》卷四〇。

㉘ 《清史稿》卷五四。

㉙ 林傳甲：《大中華京師地理志》。

㉚ 乾隆《通州志》補刻通州志序。

㉛ 康熙《大興縣志》卷三。

㉜ 此統計數中包括領管。管領隸內務府者稱內管領，屬王府者稱管領或者分管。在《八旗通志》旗分志中，一般與包衣佐領並列於參領之下，且又有若干個旗下佐領直接改為管領的實例。據此推斷，管領所編北丁數與佐領是相同的，故此處將管領與佐領一例統計。

㉝ 根據《大中華京師地理志》、梁方仲《中國歷代戶口、田地、田賦統計》甲表86，所載資料，並參考該區域內人口增長率計算。

㉞ 乾隆《大清會典》卷六七。

㉟ 據《畿輔通志》、《順天府志》、《大清會典》、《皇朝通典》等史料統計。

㊱ 據《清高宗實錄》卷一一四七所載乾隆四十六年人口數為279016070及倪江林用回測法所得順治八年（1651）人口數49137346計算。

㉛　昭槤：《嘯亭續錄》，卷一。

㊳　欽定《大清會典事例》，卷一一二八。

㊴　《清高宗實錄》卷三七。

㊵　《清高宗實錄》卷四〇。

㊶　《戶部則例》卷一。

㊷　欽定《大清會典事例》，卷一〇三八。

㊸　《清高宗實錄》卷一〇三七。

㊹　王氏《東華錄》，乾隆十三年五月。

㊺　《清世祖實錄》，卷十二。

㊻　根據光緒《畿輔通志》卷九四統計計算。

㊼　《清聖祖實錄》卷三一。

㊽　周志中《良鄉縣志》，陳序及卷三。

㊾　《清世祖實錄》，卷十五。

㊿　乾隆四十六年北京地區人口密度據表2-1及前述北京人口數和以方格法量得的各州縣面積計算而得。

第十二節　地方志加強災害問題記載研究

　　我國是一個季風氣候國家，幾千年來災荒之多，世界罕匹。據鄧雲特《中國救荒史》統計，自西元前18世紀至西元20世紀的三千多年間，幾乎是無年不災。另據原中國科學院副院長竺可楨教授統計，自西元1世紀至19世紀，我國共發生較大的水災658次，較大的旱災1013次。其餘還有地震、霜雪、瘟疫、冰雹、蝗蟲、海嘯、泥石流、山崩、地陷、乾熱風等等多種災害，危害著農業生產和社會安定。天災是無法抗拒的，但人們對它加強研究、加強認識，並採取科學的防禦措施，就可能減輕災害的危害程度，使人民的生命財產減少損失。所以舊志中說：「人事補救，始足

以上回天心，而下全民命」。

　　自1990年起，國際開展「十年減災」活動，中國參加了這一活動。我們方志工作者，應繼承傳統，力圖創新，加強對災害問題的認識。去年夏天，我國安徽、江蘇、河南等八省大水，怵目驚心，更引起人們對災害問題的重視。

　　在我國歷代的地方志中，有無比豐富的災害實況觀察記錄，也有許多防災、救災的經驗總結。這是前人耗費了大量人力、物力，有過無數犧牲的教訓，積累起來的珍貴信息。我們今天所修地方志，在對自然災害的記述中如何繼承和創新？今結合已出版的一批新志書，特提出以下幾點意見。

一、自然災害的分類

　　新出版的不少志書，比較重視水、旱災害的記述（這是很好的，因爲水、旱災害對農業生產影響最普遍、最廣泛，也是我國重要的災害），而對其他自然災害，往往重視不夠，甚或缺載。我建議按照自然災害的成因分類，全面記述。

　　1.天文災害：應記述古今本地所見的隕石、星體碰撞、太陽耀斑爆發、星體異常等。

　　2.氣象災害：記錄乾旱、洪澇、異常的冰雪低溫、熱風熱害、異常的雷電、雨土、颱風、潮災、大風、冰雹、暴雨、霜凍等。

　　3.地質災害：地震、火山、地殼升降變形等。

　　4.生物災害：蟲災、鼠害、森林火災，惡性雜草等。

　　5.複合災害：「滑坡、泥石流、水土流失、地面沉降、地面塌陷、地裂、海嘯、雪崩、沙漠化、土壤鹽漬化、特異地方病等。

二、建立本地「災害大事年表」

　　地方志反映地情貴在入志資料的眞實與系統。在類編災情資

料時，新出版的許多縣志，都實錄每一次重大災情發生的時間、地點、過程及其影響，有的縣志還分門別類的建立起一個本縣的「災害歷史年表」或稱為「歷史災害系列」。有了這樣一個系列，本縣各類災害的全貌就容易看清楚了。

　　建立一個本地的「災害歷史年表」是十分有用的。例如，從浙江省新出版的幾部志書中可以發現，浙江1892—1893年寒冬是近七、八百年來極為罕見的冷冬。錢塘江封凍，江蘇濱海結有一望無際的海冰，可以在堅冰上行走。許多浙江南部的縣都「大雪嚴寒，雪積深尺餘」（見《浦江縣志》）。據舊志《大田縣志》載，1893年1月14日大雨雪。「三日堆三尺許」。《長汀縣志》、《連城縣志》、《永福縣志》等都記載此年大雪平地積三尺多。甚至金門、廈門也大雪盈尺。廣東的梅縣此年十一月「山中積雪二、三尺」。此年大雪時福建、廣東、廣西「山樹俱白雪，稻盡萎、大樹多枯死」。將許多亞熱帶木本作物凍死，造成巨大損失。也凍死了河魚、家畜和鳥獸。

　　另外，據地理志、地方志等也可以查得河北易縣、固安至北京一帶在西元922年春正月，曾「大雪彌旬，平地五丈」「人馬死者相屬」。西元366年渤海灣結冰，從河北昌黎到遼寧營口連續三年因結冰而可以通行上千的軍隊和車馬物資等。在西元1653年1月13日前後「黔中初冬至今，不見日色，下雪40餘日，雪深至馬腹，樹頭皆劍戟」。像這樣的大雪奇寒還有1453—1545年太湖、淮東冰凍，舟不通楫，海水凍40餘里。西元1493—1494年，「蘇北大雪60日，大寒凝海，沿海冰堅」。地方志所記載的這些大雪寒凍的記錄是研究世界氣候變遷的最寶貴的資料。已故的竺可楨教授僅利用了其中的一小部分撰寫成《中國五千年雪氣候變遷研究》，令世界科學界所矚目。目前新出版的不少地方志，對大雪、奇寒的記載還重視不夠。一些志書僅記錄了本地的旱澇災害和地震災

害，其它災害就不記了，這樣門類不全，這是應當引起注意的。

　　在中國歷史上危害最大、死人最多的是旱災。如西元1876年至1879年間「此三年山西、河南及山東一部分毫無雨水」，「此空前巨災的時期中，因受飢餓、疾病及強暴之侵迫而犧牲者，約900萬至1300多萬人」（見鄧雲特：《中國救荒史》）。又如1928年至 1929年西北大旱災，「有五千餘萬人遭受凍與餓的侵襲，數千萬人流落於他省」。西元 1359年（元至正十八年）「西河民流入京師，重以飢疫死者枕籍，……請市地收葬之，前後凡二十餘萬人」。這是元代一次旱災在今北京收葬的屍骨。因為水旱災害還會引起流民的問題，如東漢末年，「飢旱」「流民入關者數十萬人」。「建安初」（西元196年前後）關中百姓流入荊州者十餘萬家」。「同光三年（西元925年）西河大水，戶口流亡者十、四五」，「流民轉徙東下者六、七十萬人」。其實每至水、旱大災暴發，流民遷移的常常是幾十萬、百餘萬。如西元1928年至1930年時，陝西省三十七縣的婦女於災荒之中離村者達百餘萬，被販賣者達30餘萬（據鄧雲特：《中國救荒史》），引起了極大的社會問題。所以對水旱災害的過程和影響也應加強記載。

　　地方志重視歷代災荒的過程、強度、時間、危害程度的記載，建立本地區各種災害的大事年表，有利於客觀地認識本地地情。

　　當前不少新編地方志，沒有專列災情大事年表，只有一個簡單的災害統計、研究的結果，所統計、分析的災情狀況，也僅是某些項目，歷史的第一手觀察資料沒有入志，使今天以至後來的研究者對於災害的真實情況以及災害的起因、過程、危害程度、受災範圍都無法了解。今後出版的方志，這一方面應大力改進。

三、對災害的記載盡可能通貫古今

　　方志記述災情的資料，貴在觀察細密、記錄詳實。單一的普

通資料，或階段性的資料就沒有系統資料價值高，簡言之，其可貴之處在於系統化的災情資料。而今天各地所修的地方志，往往是斷限、斷代的方志。許多志書上限年代為1840年，因而在災情記載時，1840年以前的舊志資料都不入新志了。有的新方志只反映近、現代，此前的災情資料也不入志。我認為這兩者都不可取，它反映不出歷史災害的全貌。

　　自然界的災情記載，不應當受志書斷限年代的限制。如湖北《應山縣志》，上限斷至1840年，而在大事記中蝗蟲災害的記載，就上推至西元784年，水旱災也從有資料的北宋初記起。陝西的《安康縣志》「上限起事物發端，下迄縣置改市的1988年」，在記各種災害時，有規律性的總結，此用於近現代設立氣象站之後的年代；有災情分類，如：春旱、秋旱、夏旱、冬旱的分類；又挑選出七次重大伏旱，列出「伏旱強度表」，再列「丘陵地區乾旱時段統計表」及「旱災歷史情況統計表」。其中最為可貴的是歷史時期乾旱、飢饉年序集錄。從西元379年（晉太元四年）始，至1988年止。此志書在「雨澇及暴雨」部分，列了「連陰雨」、「暴雨」兩節。其資料之詳細，為諸志之冠。歷史上暴雨規律「自1472年至以後的516年中」，暴雨發生在1472—1583；平均十一年發生暴雨一次，和太陽黑子週期相一致。1583—1647年間64年中無一次暴雨。1647—1770年間，也是平均十一年發生暴雨一次。1771—1828年間，沒有暴雨。1828—1988年，平均十二年暴雨一遇。在詳鑿的事實基礎上，其規律昭昭然，清楚明白。

　　四川《崇慶縣志》記述了「蟲害、鼠害」為其他志書所缺。河南《濮陽縣志》「上限斷而不死」「追溯到事物的發端」，因列「歷年自然災害一覽表」，從西元前98年記起。河南《陝縣志》「上限不等高」，「力求貫通古今」所列「陝縣歷代自然災害年表」分類列旱災、澇災、雹災、霜災和蝗災以及地震各類表格，

都歷歷可考。

四、注意一些特殊災害的記載

我國沿海地區，海嘯是一種危害極大的可怕的災害。它常伴隨著大風、地震乃至地陷。中國歷史上最大的海侵發生在東、西漢之交。《漢書·溝洫志》載：「大司空椽王橫言：河入渤海……往者，天嘗連雨，海水溢，西南出，浸數百里，九河之地，已為海所漸矣」。北魏酈道元，常旅行於山東、河南間，他說：「王橫之言，信而有徵」。今著名歷史地理學家譚其驤教授經多年研究，也同意那時發生了一次大海侵。

1854年7月29日，浙江黃岩、溫嶺間，一次海嘯，「斃命者五萬餘人，傷者倍之，乏棲息衣者四十餘萬」。西元1357年7月間，溫州樂清一帶，「颶風挾雨，海潮漲溢，居民漂盡，溺死者萬數」。西元1390年8月13日，江蘇松江、海鹽、海門、崇明、太倉一帶海溢，死亡總數在四、五萬人以上。西元1522年8月16日江蘇靖江、南通一帶「江海暴溢」「死者數萬」。據李灼華先生統計「蘇滬浙沿海歷史上共有29次死亡萬人以上的大海嘯」。新出版的《蕭山縣志》、《黃驊縣志》、《象山縣志》、《如東縣志》、《威海市志》、《金山縣志》、《浦江縣志》、《奉賢縣志》都已注意到有關海嘯的歷史記載。如果在歷史資料的基礎上再查清海嘯災害波及的地區、範圍，繪製成圖，更具有實用價值。

生物聚集也是一種特殊的自然現象。歷史上的舊志中常有記載。如西元前154年11月白頭烏與黑烏群鬥於楚國呂縣，「死者數千」。1985年5月2日至7日四川巴中王家灣有數十萬隻蟾蜍列隊爬上550米的高山。西元1351年湖南岳陽群鼠銜尾渡江入蜀。西元1614年安徽貴池有鼠數百萬隻銜尾渡江。西元1616年7月鎮淮揚諸郡土鼠千萬成群，夜銜尾渡江，絡繹不絕，一月方止。西元1671

年5月南京有鼠萬餘銜尾渡江。而這樣異常規模的生物聚集，是地理環境突發生變異的一種表現。地方志應如實記載。

五、記述自然災害可以適當打破政區界線

地方志記載的內容應以本縣為主，鄰縣及其他政區的內容，一般是不入志的。這是由地方志，志地方，為其性質所決定。但是，在記錄自然災害時，自然災害不會按照政區範圍來分布。各縣、市如果只記錄本政區的災情，不照顧到那次害情在其他地方的狀況，就無法真正、全面地反映災情。所以新修地方志在記錄本地區的災情時，也要照顧及鄰區。只是以本區為重點、主體，對於鄰區的同次災情也以適當反映。

六、突出記載重大災情，典型解剖重大災情

一些志書，不分主次用數學回歸法統計災害次數，他們把災害抽象成一些數據，把一般災害與重大災害混為一體，這實際上未能反映客觀實況。《安康縣志》設「1983年特大洪災紀實」一節。這次洪災發生於7月31日，可是「紀實」從5月1日起成立防汛指揮部寫起，寫了7月上旬陝南普降大雨的詳情，各級政府搶險、防災的準備工作及7月下旬的天氣現象，冷鋒過境時的雨量，寫至7月31日。其詳細程度到每一個小時的災情變化和人為措施。並繪製了《83.7.31漢江安康大洪水概況圖》、《83.7.31特大洪水決堤毀城示意圖》。通過解剖一次特大洪水，展示安康災害的特點及程度。

七、注意天象變化的記載

我國方志中有世界上最悠久、最豐富和最系統的天文現象觀察記載。它們大多集中於志書中的「災異」之中。如日月食、日

珥、日冕、太陽黑子、慧星、客星等。舊志中對流星（又稱奔星、長星、天狗星、飛星等）也有許多記載。如光緒《平度縣志》說：「明嘉靖十二年十月初十日夜星隕如雨，有火光著門戶，焰焰如灼」。這是一次較大的隕星雨的記載。清同治《即墨縣志》載：「明正德元年七月壬戌火光墜民家，化爲綠石，圓高尺餘」光緒《雲南通志》載：「元英宗至治元年雨鐵，民舍山石皆穿，人物值及多斃」。西元前1806年「帝癸十年，五星錯行，夜中隕星如雨」。

極光也是方志中常常記錄的一種天象，如光緒《定安縣志》記載：「明崇禎十一年十一月初九日天將曉，有紅光一團，大如斗，掛於半天，北流而南，散爲長芒者三炬，光影射如洪濤」。

八、注意記載古代防災、減災的歷史經驗

千百年來各地人民因地制宜積累了各種防災減災的豐富經驗。新修地方志應注意加以總結、歸納入志之中。例如：長江中下游的城市，因江河航運之利而興起。城址的選擇常常與江河主航道息息相關。也即在江、河合口之處，城市出現、發展起來。江、河匯合之處給城市居民帶來無窮無盡的經濟利益。但歷史上城址選擇在沙灘上被大水沖毀，造成城毀人亡的慘劇，也層出不窮。如宋代的安慶城一度建在羅刹洲、楊槎洲上，都沒有占住腳。安徽樅陽城在1954年也因百年未遇的大水所迫，不得不遷往今樅陽鎮。

什麼樣的地方選擇江河邊的城址爲好？地方志總結說：湖北黃石市「外靠大江內抱湖」「城之兩端各有山」此城內有時家湖、南湖，城市中心區的兩面有西塞山和青山。江西九江市內有甘棠湖、南門湖，外有長江，東有菱角湖，南有虎山、岷年山等。安徽的蕪湖城地處青弋江與長江的合口、後有團塘、官塘和陶塘三

個湖，南有赤鑄山、火爐山、赭山相依峙，北有長江環繞，也是背山面湖、靠江的地理形勢。安慶市地處皖河入江口，志書上說：「其城北負大龍山、東阻湖、西限河，南瞰大江」。城市的選址位置是千百年來避災、減災的經驗總結。

陝西的安康縣地處漢水之濱，深得舟輯之利，但此地位於扇形水系的匯合口，歷史上多次發生洪水浸城。每當暴雨來臨，「大小河渠」就會同時泛濫，千川百河的洪水一齊湧入這一喇叭口，造成巨災。《安康縣志》記錄洪災說：「初漂漂烈烈，急雨翻盆」，繼而「霄聲裂帛」有巨響。不多久「遂見百川聚水立驚濤，萬馬陷磯下駭浪」。瞬間「崩牆、破壁、雷殷山震」，人們只好「搶柱、拯船甚於千金」。為防洪水，一市兩城，江邊為舊城，山上為新城。舊城之外有新堤、萬春堤、登春堤、萬柳堤、長春堤、慶春堤、惠春堤等，都是防洪、減洪的堤壩。往往城牆也就是堤壩。這些辦法都是安康人民減災、防災的經驗與措施。

總之，中國方志歷來有重視災害記載的傳統，今天我們要繼承這一優良傳統，並進而進行用地圖分布法、科學成因分析法、科學原理解釋法等等加深對災害問題的認識。

第十三節　地方志與中國地理環境
突發變異的初步研究

在人類歷史時期，特別是有文字記載的近幾年來地理環境有沒有變化？有多大變化、是怎樣變化的？這是人們普遍關心的問題，也是學術界長期爭論不休的問題之一。

以氣候變遷而言，古代歐洲亞里士多德相信寒冷而多雨的氣候是周期循環的①。此後從十九世紀至二十世紀初，德國的漢恩（J. Hann）和法國的阿拉哥（Algue）為代表，倡導氣候不變論

占了統治地位②。直到本世紀七十年代，把地理環境的變化僅誤認爲是一種單純的「緩慢的漸進作用」③。甚至認爲不因人的活動，自然（地理）環境的變化是非常微小的④。

事實上，近幾千年來人類生活的地理環境，不僅有其相對緩慢變化的平靜時期，也有其激烈的動蕩突變時期。近百年來，國內外地質學者，對地質歷史時期的環境演化作了許多研究。自本世紀六十年的代以後，逐漸認識到「災變」與「漸變」在地球演化中具有同樣重要的意義。

本文試就人類文明出現之後的近幾千年來，從岩石圈、水圈、高山冰雪及冬季大雪、奇寒，生物聚集變異等，諸因素的突變對人類文化圈的影響，從而提出地理環境突變與漸變相結合的理論問題，初步探討如下。

一、地理環境「突變」與「漸變」的關係

地理環境中自然災異的群發性與集中突發性形成了地理環境的突變。「災」是有害於人類社會經濟利益和生命安全的自然現象。如火山噴發、地震山崩、大雨洪水、江河泛濫、乾旱螟蝗、大雪奇寒等等。「異」是世人鮮聞少見的怪事，如生物聚集、生物變異、生物大規模遷徙以及一些奇特的天文現象等。這樣一些災異在人類歷史的近幾千年來，有時出現較少，這時地理環境相對地趨於均衡的漸變時期；有時出現的多而集中，對地理環境產生了急劇而明顯的影響，是相對的突變時期，所以，地理環境的「突變」是通過自然災群的突發性與群發性來實現的。

許許多多不同種類的災異，當它們各自單個地發生時，似乎只是一種令人難於琢磨的偶然性。但積累一段時期，眾多的災異反映在時間的軌迹上，它們並不是一條直線。其中有災變的高潮，它們往往由許多至大、至重之災，至異之事畢集於一時，匯集而

成，並由此而產生了地理環境的突變。因此，災異偶發性的聚集就形成了災異的必然性。地理環境的突變寓於地理環境的漸變之中。在地理環境的非突變平靜時期，也不是完全沒有災異發生，只不過這時的災異，出現相對較輕、較少，頻率不大。這時是地理環境的漸變占主異地位的時期。

二、突變在地表及地層裡的印記

地表與地層不僅記錄了地質的演化歷史，也記錄下了近幾千年來地理環境變遷的歷史。地理環境的突變在地表有如下一些印記：

㈠我國沿海北起遼東半島，南至長江口一帶，是以沙岸爲主的海岸線。此線附近普遍發現近幾千年來形成的貝殼堤或沙堤。各堤因所處的微地貌不同、近河口的情況不同，其形成的狀況有一些微小的差異。總體上說，沙堤和貝殼堤反映了海岸線在近幾千年來有過的幾次相對穩定的階段。在相對穩定的海平面與海浪作用下從而形成目前普遍分布的數條貝殼堤、濱岸沙礫堤、堆積階地、連島壩和砂嘴等古堆積地形。此後。海平面突然漲退，使這些古堆積物遠離海岸。新的海岸線又穩定在第二次海平面相對穩定的地方，經過一段時間的海浪作用，形成第二道砂礫堤或貝殼堤等。如果海平面僅只是漸進地、緩慢地漲退，那麼它形成的就不會是一道又一道的堤，而是一個面，一個沉積的砂礫面或貝殼面。因此，貝殼堤、砂礫堤等是海平面沉積環境，普遍有過突發變異的印證。

㈡我們在若干地方找到了夾有人類文化遺物而又自然沉積的地層。這些地層是近幾千年來形成的。其地層剖面上也普遍和地質歷史時期形成的地層一樣，即有整合、假整合和不整合三種情況。不整合、假整合的地層關係本身就足以說明當時地理環境的

突發變異。即便在整合的關係中，其地層的層次之間從色澤、沉積物顆粒的大小、性狀等也完全不同。常發現地層層次之間有絕對分明的界線。這都證實了人類歷史的近幾千年來，形成這些地層的地理環境有過突然的變化。

㈢在我國黃土地區的馬蘭黃土之上，亦即在全新世及近幾千年以來的人類歷史時期，普遍可以找到數級河流階地。這反映了近幾千年以來，河流切割河床，河流的流量、侵蝕切割的能力等有過數次相對穩定與突然變化相間的流水環境。這些，都是近幾千年來地理環境突發變異留在地層裡的普遍證據。

那麼，有文字記載的四千年來地理環境有那些次數「突變」，其每一次突變的具體情況又如何呢？茲以中國古代文獻的記錄，並適當結合國外的狀況探討如下。

三、大約距今4000年前的洪水災變

在中國、歐洲和中近東的許多民族如巴比倫、波斯、印度等，都廣泛地有「洪水」災變的記載和傳說。在中國古代《尚書》中的《堯典》首記其事說：「湯湯懷山襄陵，浩浩滔天」。《孟子·滕文公上》記錄說：「昔堯之時，天下猶未平、洪水橫流、氾濫於天下，草木暢茂、禽獸繁殖、五穀不登、禽獸逼人，禽蹄鳥迹交於中國」，「禹疏九河，淪濟漯而注諸海；決汝、漢，排淮泗而注之江；然後中國可得而食也」《孟子·滕文公下》也說：「當堯之時，洪水橫流，泛濫於中國，蛇龍居之，民無定所，下者為巢，上者營窟。」司馬遷的《史記·夏本紀》也記錄說：「當堯之時，鴻水滔天……」。此外《淮南子》中的「天文訓」，「覽冥訓」等篇也說「往古之時，四極廢；九州裂，天不兼復，地不周載，火炎而不滅，水浩洋而不息。猛獸食顓民，鷙鳥啄老弱……」。《本經訓》說：「共工振滔洪水，以薄空桑，龍門未

開，呂梁未發；江淮通流，四海溟洋。民皆上丘陵、赴樹木。」
《墨子‧非攻》說：「昔三苗大亂，天命殛之。日妖宵出，雨血
三朝，龍生於廟，大哭於市，夏冰。地坼（《太平御覽》引爲：
地震坼泉湧）及泉。五穀變化，民乃大震。」《列子‧湯問》說：
「天地亦物也。物有不足，……百水漻歸焉」，以及一些少數民
族的文獻與傳說中皆有相似的記錄。這些記錄與當今的考古發掘
事實相吻合，距今4000年前後，黃河下游曾發生大改道。洪水發
生的地域，正是《禹貢》九州中的兗州，豫州和徐州。證明這些
記載或傳說是有根據的。考古學家俞偉超教授研究說：中國北方
的龍山文化和江浙一帶的良渚文化一度都達到了相當高度的文明。
「距今4000年之時，情況忽然大變。龍山文化突變爲岳石文化，
良渚文化也突然爲馬橋、湖熟等文化。……時代雖然前後相接，
文化面貌卻缺乏緊密的承襲關係。……岳石與馬橋、湖熟諸文化
遺址分布密度、居址的面積、乃至文化本身的生產、生活水平，
又皆遠遠底於龍山、良渚文化。」他推斷說：「這是因爲生產、
生活環境發生」了巨大變化，族群人口大爲減少，文化處於低落
時期的遺存。」據此，他斷定說：「2000年來的史學記錄，則明
確說堯、舜之時是『鴻水滔天』。4000多年以前我國曾發生一次
延續了若干年的特大洪水災難，應該是歷史事實。⑤山東龍山文
化和江南良渚文化與它們的後續者岳石文化馬橋文化及湖熟文化
之間的突變現象。根源於4000年前後，我國確實曾發生了一次大
洪水，摧毀了原有的文化基礎。

　　這一段時期是一災變期。除洪水之外也多地震。《竹書紀年》
載：「帝發七年（西元前1831年）泰山震。」帝癸十年（前1809）
五星錯行，夜中隕星如雨。地震。伊、洛竭。」「帝癸十五年（
前1794）夜中星隕如雨。地震，伊、洛竭。」此時，中國的氣候
處於寒冷期，海平面比現在低。非洲撒哈拉處於由大草原突變爲

沙漠區的時段、希臘。埃及和印度都發生過嚴重的破壞性大地震。

四、西元前十世紀至前七世紀的災變

商末和商周之交在氣候上曾出現一個冷期，發生過長江特大洪水和渭河流域特大地震。地殼也曾發生巨大變動。《竹書紀年》載周孝王時漢水曾於西元前903年和前897年兩次結冰⑥。至厲王二十一年至二十六年（前858─前853年）連續發生六年大旱。鄧雲特《中國救荒史》稱此為「誠曠古未有的第一次大旱。」《詩經、小雅》中也記述此空前旱災為：「浩浩昊天，降喪飢饉，斬伐四國。」自宣王末年（前803）至幽王初年（前780後）大旱災、大地震相繼不絕，使得西周的統治加速趨於覆亡⑦。《國語·周語》記載：「幽王二年（前780年）三川震、岐山崩」。西元前602年發生了有文字記載以來的第一次黃河大道。《漢書·溝洫志》和《水經·河水注》都轉引《周譜》說「定王五年河徙，則今所行非禹之所穿也。」大西洋海平面較低，撒哈拉地區也十分乾旱。

五、西元初至五世紀的突變時期

距今2100多年前，我國逐步進入一個災變變期。其高潮是西元5年至57年間。

四元前132年（元光三年）黃河在觀縣（今山東清豐）決堤，「泛十六郡」，「東南注巨野，通於淮泗，」「人相食，方1─2千里」。歷時二十餘年，直到四元前109年（元封二年）才將決口堵住。西元前三十九年（永元五年）黃河又在靈縣（今山東高唐）決口，出現一條鳴犢河漢道。

西元1─5世紀就是一次多火山地震，大雨洪水、江河泛濫，旱螟蝗頻繁，大雪奇寒嚴重，冷暖變遷劇烈，生物變異。由此引發社會動蕩、人口遷徙與大量死亡。因此，地理環境的突變對人

類歷史演化有過重要的影響。

西漢末年曾發生了渤海灣西岸的大海浸。《漢書、溝洫志》記載王莽時（九—二十四年）徵能治河者。「大司空椽王橫言：河入勃海……往者天嘗連雨，東北風，海水溢西南出，浸數百里，九河之地已爲海所漸矣」。酈道元（465—527年）的《水經注》認爲此次海浸「信而有徵」。宋代的經學家更認爲自竭石以西現今整個渤海灣在此之前全是陸地。譚其驤教授反覆研究，認爲：「其海侵範圍爲今渤海灣四米等高線以下」⑧。今天津、黃驊、寧海一帶有幾十處古文化遺址。它不是東周、西漢時期，就是隋唐時期。其間獨缺失東魏晉南北朝時期的文化遺址。在武清縣雍奴故城遺址之上有海相地層。在西漢泉州故城遺址之上已湮沒有「二米深的淤泥」⑨，當時確有大海浸。海浸之前此地有許多村落、城市。之後，海相地層壓置在文化地層上。至西元6世紀海水退出，又才有新的村落與文化地層、當中獨缺失了西元1—5世紀的人類活動遺迹。

《漢書、五行志》載：「漢成帝和平元年（前二十八年）三月己未（十四日）日出黃，有黑氣大如錢，居日中央」。這條記載是世界科學界公認的太陽黑子活動的最早記錄。此黑子之大，爲後世罕見。

西元11年黃河在今河北大名決口泛濫。禍及清河以東數郡，這是黃河第二次大改道。這次水災延續了六十年。至西元70年才由王景領導數10萬民工治好，同時。此期內西元167年、172年和516年多次渤海海浸，曾有「城戍村落10餘萬口皆漂沒於海」⑩的記錄。水災也多而重，如106年、107年都大水漂沒39郡國和41郡國⑪。

西元2年全國人口5900多萬，至西元57年全國人口僅有2100多萬，減少了3800多萬。這除了東、西漢之交社會戰亂的原因之外，

其主要原因不能不考慮這半個多世紀頻繁的災荒旱災、蝗災、地震、疾疫交作。據鄧雲特統計，共發生9次蝗災、8次水災、3次疾疫之災，另外還有地震、風災霜雪之災，共計36次大災。除了西元11年黃河在今河北大名決口釀成冀魯等地大水災之外，西元22年大蝗災，引起「天下大飢」。直到西元26年關中仍「人相食」。黃河中下游，連年久旱，死者十之八、九。西元37年徐、楊等郡大瘟疫流行。西元38年會稽大疫，死亡的人數雖史無明載，但其數量極其可觀。西元46年洛陽及90多個郡國大蝗災；42郡國大地震。西元50年七個郡國大疫。西元52年80多個郡國又大蝗災。西元53年今甘肅、山東、河北、陝西等地又大蝗災。其間八次大旱災接連不斷。史書記為：「連年久旱……人相食……死者十七八」。這樣至大至重之災，畢集於此半個多世紀，同時也發生了社會的大動盪與改朝換代，王莽政權覆亡。

這時國內外的火山地震十分嚴重。如過去一向認為是「死火山」的維蘇威火山於西元63年開始地震，至西元79年8月24日突然大爆發將龐貝城和赫克蘭尼城淹沒。此後西元207年、305年、427年、512年、536年多次噴發。我國長白山天池也有噴發的記載。在中國於西元46年大地震禍及42郡國，以南陽尤甚。西元119年也大震禍及京師和42郡國。

這時流星隕石雨也較多。為西元34年「流星如月」「有聲如雷」。西元59年「有流星大如瓜」「聲如雷聲」⑫。

這時候暖寒突變，幅度較大。溫暖的時候大群大群的孔雀北飛至泰山、濟南、新豐、濟陰和新城。這是中國歷史上孔雀分布的最北界線。如桓帝元年（146）、延光三年（124）、光和四年（181）等都有「五色大鳥」、「鳳凰」成群出現的記錄。東漢南陽、山東、江蘇一帶出土的漢畫像石也形像逼真地反映了這一狀況。不多久轉入寒冷，曹丕於西元225年到淮河邊廣陵（今淮陰）

視察10萬多土兵演習。由於淮河凍結，演習不得不停止。西元366
年渤海灣結冰，可通行上千的隊伍和車馬。西元5世紀南京可以建
立天然冰房。

此間，生物聚集和變異的記錄很多。如中平三年（186）有萬
餘隻鳥「因亂鬥相殺，皆斷頭，懸著樹枝枳棘」[13]。北魏時期五
色狗、九尾狐、白狐、一角鹿、一角獸、三足鳥、四足鳥等等史
不絕書。羊羔一頭二身，三耳八足。牛、豬等也一頭二面、八足
的記錄也多起來[14]。

這一地理環境突變的現象，我國古代史學早有觀察記錄，如
鄭樵在《通志略》一書中記錄說：「舉春秋地震5，漢和平中積21
日地124動。舉春秋山傾者2，漢文帝時一年之間，齊楚山29所同
日圮。舉春秋大水者8，後漢延平中，一月之間郡國36大水。其它
小災異則240年之事不及後世一年也。如李梅冬實，異鳥來巢之類，在
在後世不勝書……以春秋視後世，必爲亂世何也哉？」

此期也是我國政局動蕩、人口銳減的時期。東漢人口高峰時
期全國人口5.6千萬。東晉太康二年（西元280年）全國人口降爲1.
6千萬。宋大明三年（西元464年）全國僅700多萬。

六、西元9—12世紀的寒冷災變期

原先中國赫連勃勃的夏國首都，統萬城（今陝西橫山西北）
是一片「臨廣澤而帶清流」的美麗環境。至西元882年，統萬城已
「堆沙高及城堞」。又過了100年，它已「深在沙漠」之中了。從
西元9世紀以來，中國又進入一個突變期了。

據《全唐文》載梁蕭《吳縣令廳壁記》說：「同光三年（925）
是時兩河大水，戶口流亡者十之四、五」。「天福三年（938），
定州旱，民多流散」。「天福八年（943）春夏旱，秋多水，蝗大
起，東自海濱，西距隴坻，南逾江淮，北抵幽冀，原野山谷，城

廊廬舍皆滿，竹木俱盡，……民餒死者數十萬口，流亡不可勝數。」

南宋朱熹在《通鑑綱目》中指出：「有史以來黃河大決共16次，其中五代短短的半個世紀內，就占了9次，至北宋尤甚」。西元1048黃河決於今河南濮陽。從此黃河進入到一個變遷紊亂的時代。這也是有文字記載以來黃河第三次巨大改道。並由此結束了黃河安流800年的局面。西元1117年，黃河堤潰決，一次淹死上百萬的人。西元1128年又改道奪淮入海，此後或決或塞，遷徙不定。渤海灣也形成一條西元1000年前後的貝殼，⑯表明此時海水有突然的升降。

西元982年、西元1064年山西河曲火山可能噴發過。國外維蘇威火山於1036年有過7次噴發。西元1049年、1138年至1139年出噴發過。此期大地震頻繁，如西元1057年雄州以北幽州地震，據王嘉蔭教授「最保守的估計」死亡「不下一百萬人」⑮。

宋代名臣蘇轍：《上皇帝書》中說當時：「災變橫生，川原震裂，江河湧沸，人民流離。災火繼作，歷月移時，而其變不止。」

這是一相當寒冷的時期。西元922年正月今北京以南至涿州間「大雪彌旬」「平地五尺」。當時南北交戰，契丹兵「人馬斃踣道累累不絕」「人馬死者相屬」⑰。12世紀太湖多天結冰，可以通行車馬。范成大於西元1170年到北京，「西望諸山皆縞」。時當重陽節，他寫下了「雪滿西山把菊看」的詩句。西元1110年和1178年漳州的荔枝兩次被凍死。此期也是金人南侵，中國處於戰亂、人口大量南遷的時期。

此時，也有氣候的突然轉暖生物的遷徙與變異。《遼史》載：遼於濟河之南，置郭陰縣（今北京興東南）。乾統四年（1104）「鳳凰見於郭陰」。這是另地次孔雀北飛的最北界線。

據沈括《夢溪筆談》卷21載：「至和中（1054—1055）交趾獻鹿麟，如牛而大鱗，首有一角。」他詳細考察，犀牛不會有鱗，

這是一種獨特的奇異動物，東漢靈帝中平三年（186），曾鑄過此種動物。名叫「天祿」。可見在地理環境突變時期，珍稀動物的絕滅，新種的出現和生物奇異的遷徙都是可能的。

現在，在南美洲的墨西哥、洪都拉斯、危地馬拉和薩爾瓦多分布著古代神奇的瑪雅文明的遺迹。古代的瑪雅人有修建得極其精美的石頭建築。他們創製了文字，有文學和曆法，並精通天文。他們修建了錯綜複雜的水渠灌溉系統。其中一個瑪雅城市就有六個能容二億升水的儲水池。他們建造了摩天大樓式的建築，並建有宏偉的金字塔。在金字塔周圍除巨大的建築之外，還有一些村莊。其40平方公里的總面積裡有宮殿、市場、寺廟和住宅，足以容納10萬人。在納克貝——這是今危地馬拉瑪雅文化的古老中心，其叢林之中也發現了一些金字塔，其中最高的達45米。我們在這裡找到有6.5萬件泥人和動物塑像，還有貝殼製品和石製工具。附近的米拉多出發現兩個金字塔，其中一座占地5.8萬平方米，塔基就有1.8萬平方米，塔高55米，共18層。所有的建築材料超過了25萬立方米。

對輝煌，燦爛的瑪雅文化研究表明，它並沒有受到過洗劫。它是西元8世紀開始衰落，至 9—10世紀前後一個又一個文明中心墜入荒廢，並由此毀滅的悲劇。爲什麼瑪雅文化會毀滅？有的科學家認爲突然的氣候下降，持續了若干年，使整個生態發生根本性的變化，作物歉收或絕收，使瑪雅人失去了衣食之源。他們只好流落他鄉或坐以待斃。

今天，在中美洲的這些城鎮址墟，已成爲世人嚮往的旅遊勝地。

七、14世紀至19世紀寒冷變期

其災變最爲突出和集中的時段是西元16—17世紀。

　　長白山主峰白頭火山於西元1529年和1702兩次年噴發過。「水蕩周圍30里，忽煙火衝天，其聲如雷，晝夜不絕，聲聞五六十里。其飛出者皆黑石、硫黃之類，終年不斷。」⑱黑龍江五大蓮池德都火山於西元1720年前後噴發過。流出的熔岩覆蓋了周圍60多平方公里的地面。據《徐霞客遊記》載雲南騰衝打鷹山在西元1611年前後也噴發過。

　　西元14—17世紀也是中國歷史記錄中。地震特多的時期，西元1555年山西、陝西、河南同時大地震。渭河、朝邑、三原、蒲州等處尤烈。平地突出山阜，城郭房屋陷入地中、地裂泉湧。一日數震、累月不止，河渭大泛，華嶽、終南山鳴。」官吏軍民死83萬有奇」⑲

　　從西元1390年至1696年間江蘇、浙江兩省沿海水驟溢。一次淹死萬以上的海溢，據不完全統計共有18次之多⑳。其中崇禎元年（1628年）8月22日海溢死4.7萬人；1539年　8月16日淹死南通、上海等地3.9萬人以上；1568年8月27日淹死3萬有奇」㉑。

　　此期隕石雨、大風災也十分頻繁。如西元1566年11月望前3日「夜月大星下隕。群星隨之如雨，有聲，歷三晚。」

　　此間大雪奇寒，如西元1453年至1454年太湖、淮東冰凍，舟不通輯，海水凍40餘里。1493年冬至1494年「蘇北大雪60日大寒凝海，沿海冰堅。」西元1515年（正德十年）今北京以南的文安縣在七月間「水忽僵立，是日大寒、結爲冰柱，高圍俱五丈，中空旁穴數日」㉒。萬曆年間雲南蒼山「半山以上盡皆積雪，瓊樓玉宇其狀萬態」。盛夏的五、六月間仍「陰崖皓魄皚皚」。浙江天臺山華頂中秋積雪。峨眉山盛夏見西域雪山㉓。西元1653年滇中下雪40餘日，雪深至馬腹，樹頭皆劍戟。

　　此間生物的大批遷徙、聚集與變異記錄較多，如1614年安徽貴池有鼠數百萬卸尾渡江。　1616年常鎮淮楊諸郡土鼠千萬成群，

夜卸尾渡江、絡繹不絕，幾一月方止。1617年五月南京有鼠萬餘卸渡江。「雞生雛，猴頭而人形，身長四寸有尾」。宣武門外民家白雞，喙距純赤，重40斤」。另外，羊、牛、馬之類二頭、八足、四尾的變異記錄也較多。「初乳生三子，再乳生四子，三乳生六子」的婦女出現㉔等怪事多。

16世紀中葉，黃河下游南北頻繁擺動，乾流變遷極為紊亂。至西元1546年，「奪泗入淮」這是第五次大改道。1855年黃河在銅瓦廂決口由天津牡蠣口入海，結束了700多年來由淮入海的歷史。這是黃河第六次大改道。16—17世紀是災異群發的集中期。明、清之季有幾次因巨大災異引起的成數10萬人口死亡的事件。「飢民食草木既盡，剝割殍肉啖之。人呻吟之聲未絕，而肉已被割者」。明宋災異的群發性，突發性，使當時的官員金士衡從「邸報」中總結說當時是「舉極重極大之災，至怪至異之事，畢集一時」㉕，表明了地理環境諸因素的突發變異性。

大雪奇寒是地理環境突發變異的一個重要標誌。竺可楨《中國五千年來氣候變遷的初步研究》系統提出了我國歷史時期氣候變遷的模式就是以大雪奇寒冷期為主要標誌的①。竺老的研究貢獻卓著。在國際的科學界引起了強烈的反映。17世紀冷期是竺老首先提出來的，他是此項研究的開拓者與奠基者。今遵循他的研究方法，據《徐霞客遊記》等古文獻，③，補正他的研究結果如下。

㈠大雪奇寒出現的時間比竺可楨的結論早半個多世紀

竺可楨認為：17世紀大雪奇寒「地中國則要到西元1651—1675才寒冷」㉖。

經徐霞客親身考察記錄，他於1616年正月二十六日（約當陽曆二月上旬）游安徽白岳山，此山海拔僅300—1000m。他「冒雪踏冰」上山「但聞樹間冰響錚錚」。「入霰作作」。第二天「大

雪覆至，飛積盈尺」。「寒威殊甚」。第五天「雪甚，兼霧濃，咫尺不辨」。第六天「兩山夾澗，路棘雪迷，得甚艱」。此後，他登棋盤石山巔，「積雪如玉」。當時這樣大的冰雪在「捨身崖」「睇元閣」側「冰柱垂垂，大者競丈」（《徐霞客遊記》10～12頁。下引此書只注頁碼）⑳，氣溫不在－20℃左右，是難於形成這樣的柱冰的。現在安徽休寧，年平均氣溫16.2℃，爲亞熱帶氣候，冬天很少會降雪。多年偶然降雪，也隨降隨消。

此年（1616）徐霞客陰曆二月初三至十一日（約當陽曆三月中旬）至安徽黃山。初至湯池（海拔約600米）「雪且沒趾」。至蓮花庵「聽雪溜竟日」。至慈光寺才知道「山頂諸靜室，徑爲雪封者兩月。今早遣人送糧，山半，雪沒腰而返。」至初六日，他過慈光寺「石峰環夾，其中石級爲積雪所平，一望如玉」。「數里，級越峻，雪越深，其陰處凍雪成冰，堅滑不容著趾。余獨前，持杖鑿冰，得一孔，置前趾，再鑿一孔，以移後趾；從行者俱循此法得度。」在「松石交映間，冉冉僧一群從天而下，俱合掌言：『阻雪山中已三月，今以覓糧至此』」。至天門「其內積雪更深，鑿冰上躋」（13—18頁）他下山時「步步生奇，但墾深雪厚，一步一悚」。黃山最高峰海拔1864米。這裡位於北緯 30℃左右，爲亞熱帶氣候。近25年來黃山氣象站的記錄表明，黃山平均雪日數49天，最長達85天，最短28天。但近25年來，連續積雪不化，最多僅有20天⑳。西元1616年冬黃山的半山（海拔約1000m左古）「雪沒腰」，必須「鑿冰而上」，「阻雪山中已三月」約當陽曆一月初即已被沒腰大雪所困，無法下山。至徐霞客見到他們時已連續90多日阻雪山中。已比現代黃山連續積雪最長的年份還多連續70多日。若1616年黃山的積雪至五月間消融，則此近代黃山連續積雪多130多日。今用竺老使用的方法若物候遲10天，平均氣溫下降1 ℃計算。當時黃山冬半年氣溫比近年來最低的氣溫還要低7—

13℃之間。

西元1623年陰曆二月十九日至二十三日（約當陰曆三月下旬至四月初），徐霞客遊河南嵩山，在往太室途中，「抵天門，上下皆石崖重疊，路多積雪」。此後二十三日記錄說：「即問少室（即今少林寺）道，俱謂雪深道絕，必無往」。他到了盧岩，「岩下深潭泓碧，僵雪四積」（39—46頁）。少室峰頂海拔1512m，近代氣象記錄這裡冬天很少積雪。」「雪深道絕」。「僵雪四積」的狀況已不復存。

些後，陰曆三月初三日（約陽曆四月初）他經太華山的泓谷。後來他在《遊太和山日記》中追憶說：「山谷川原，候同氣異……轉入泓谷，而層冰積雪，猶滿澗谷，眞春風所不度也」（55頁）。今日此地四月初日均氣溫已升至10℃以上了。而當時的日均氣溫還在0℃以下。

西元1628年陰曆三月十九日（約當陽曆四月下旬），徐霞客來到福建順昌境的高淮鋪，此時「陰霾盡舒，碧空如濯，旭日耀芒，群峰積雪，有如環玉。閩中以雪爲奇，得之春末猶奇（75頁）。現代福建中部冬季已數十年難得見到下雪了。何況春末落大雪使「群峰積雪，有如環玉「更是難予想像。」

西元1633年陰曆八月初六日（約當陽曆九月初），徐霞客在山西五臺山白雲寺、千佛洞附近，遇到「風怒起，滴水皆冰」的嚴寒。至初七月日他至中臺的文殊放光處，從臺北直下四里「陰崖懸冰數百丈，日萬年冰。」他遇到在此結廬的人，知道「初寒無幾，臺間冰雪，種種而是。聞雪下於七月二十七日」（85頁）。「萬年冰」是終年不融化的冰。陽曆七月底還是盛夏之餘，當時五臺山已「滴水皆冰」、「陰崖冰數百丈」了。現代五臺山已沒有這麼寒冰了。

㈡有史以來特大凍雨眞切記錄

西元1673年正月初三日（約陽曆二月初）徐霞客來到江西永新縣武功山的何家坊、集雲觀一臺。這裡海拔僅500米，此山最高也只有1000米。他走在半山之時「忽零雨飄揚」，至「集雲岩、零雨沾衣」。此後，雨漸大，他「遂從小經冒雨東行」，由觀音崖而下江口，此時「此望峽內，俱樹木蒙茸，石崖突兀，時見崖上白幌如拖瀑布，怪無飛動之勢，細玩之，俱僵凍成冰也。然後知其地高寒，已異下方，余躑躅雨中不覺耳」（162頁）。這裡最高不過海拔1000m，能使飛動的瀑布僵凍成冰，其氣溫當在−20—−30℃，甚至還更冷。這樣驟然降溫、形成凍雨實是一種奇特的氣候異常現象。這幾天之內「濃霧彌漫」、「翳猶山頂」。

至正月十三日（約當陽曆二月中旬）徐霞客來到湖南茶陵縣紫雲山的表蓮庵附近，這裡海拔僅500至1000m間，「其時濃霧猶翳山半，余不顧，攀躋直上三里，……峰脊二重，足之所上，霧亦旋開。又上二里，則峰脊冰塊滿枝，寒氣所結，大者如拳，小者如蛋，依枝而成，遇風而墜，俱堆積滿地（177頁）。當天他過了雲陽山，在五雷池附近又遇上「黑霧密翳」，「當風無樹，故冰止隨枝堆積。而庵中山環峰夾，竹樹蒙茸，縈霧成冰，玲瓏滿枝，如瓊花瑤谷，朔風搖之，如步搖玉佩，聲叶金石，偶振墮地，如玉山之頹，有積二三尺者，途為之阻，聞其上登步更難（178頁）。

十五日，他下山至秦人洞「從路西行，山陰冰雪擁塞，茅棘交縈，舉步漸艱」。「四顧皆茅茨，為冰凍所膠結」、「冰滑草擁，隨躋隨墜（180頁）」

江西永新縣集雲觀和湖南茶陵縣秦人洞、紫雲山一帶，現今是亞熱帶氣候，四季分明，年平均氣溫18.2℃；一月份平均氣溫6.4℃。冬季一般很少下雪。偶爾有降雪，也隨下即消。徐霞客記錄了此間12天內多次雨滴與地面樹、草相碰而立刻凍結為冰球的狀況，天氣上稱之為「凍雨」。這種雨自天空落下時是低於0℃的過

冷水滴。凍結顆粒越大，氣候越寒冷。當時此地凍得「大者如拳」，「小者如蛋」，「偶振墮地，如玉山之頹、有積二、三尺者，途爲之阻」。其寒冷使飛動的瀑布立刻僵立。這樣的奇寒當在－30℃以下。這一奇異的天氣現象至今已十分罕見。賴徐霞客當年的親歷目睹，細緻逼眞的記錄，才使我們理解古代曾發生過一些今天所沒有的奇異自然現象。

我國現代的凍雨遠較明末輕微得多。凍雨所經的路線爲貴州、湖南、江西等省。徐霞客上述的記載，爲研究我國古代的凍雨提供了珍貴的資料。

㈢雲南大理蒼山春夏之交半山之上的冰雪記錄

西元1639年陰曆三月初十日（約當陽曆四月中旬）徐霞客來到雲南鄧川見「四山雪色照人」（917頁）。而這裡「四山」當把東南西北四周。今查得這些山海拔高度爲2500至3500m間。可知當時積雪高度計爲2500m左右。

至三月十一日他來到大理，經「蛺蝶泉」至蒼山的第三峽「共西上者三里……於是緣峽西行，上下皆危崖絕壁，積雪皚皚，當石崖間，旭日映之，光艷奪目」（922頁）傍晚到三塔寺，飯後「夜同巢阿出寺，徘徊塔下」，踞橋而坐，松陰塔影，隱見於雪痕月之間，令人神思悄然。」十二日，他南過中和、玉局二峰「最高一峰，當其後有雪痕一派，獨高垂如足練界青山，有溪從峽中東注，即清碧之下流也」（925頁）。他繼續西行「有世巨石蹲澗旁……中劈如一線」，「後峰垂雪」。正當其中。掩映層疊，如掛幅中垂，幽異殊甚」。此後，他又「登懸雪之峰」並轉到「垂雪後峰」。從徐霞客走過的地名上看，當年蒼山東坡海拔2500m左右已有積雪。那時他到大理是在三月街前幾天，此時已近乎一年之中的氣溫最高季節。雲南高原的氣候，分爲乾、濕雨季，雨季來臨之前氣溫最高，進入六、七月間雨季已至，雲量大，氣溫

反而降低了。現在蒼山四月中旬至五月已基本沒有任何積雪。冬季也很少積雪。查閱了一些衛片，如1977年2月2日拍攝的衛片上東坡最低積雪在3000m上下，西坡為3700m左右。據竺老使用的方法，每升高100米，氣溫下降0.6℃，最保守的估計，當時多半年氣溫也要比今日低6℃—10℃以上。

事實上，這一冷期是從16世紀後就開始了。西元1591年（明萬曆十九年）天臺王士性遊雲南蒼山。他記錄說：「半山以上盡皆積雪，瓊樓玉宇，其態萬狀。往往初陽起灼，雪影射人。又時天風吹花落於海水。……朱夏五、六月間，而陰崖皓魄，皚皚猶有存者」㉙。

經作者用古文獻記載與吳祥定、林振耀用樹木年齡的方法研究證實，二者的結論「冷暖期是大體一致的」㉚。

1.徐霞客一生有三十年左右親歷野外考察，其記錄當時的氣候狀況詳細、眞實，可靠。當時正好處在17世紀冷期，那時的氣候現象今天不一定能見到。尤其是他在西元1639年至 1641年間氣候記錄基本上是連續的。其中有許多珍貴的天氣現象，尚待系統發掘整理。

2.17世紀冷期出現的時間，比竺可楨教授研究的結果約早半個多世紀。

3.竺可楨研究認為17世紀冷期「擺動的範圍」中有1—2℃㉖，實際上冷暖變幅大得多。氣候與環境的變化，已明鮮地影響了人類社會歷史的進程，並在人類歷史文化裡留下了深刻的印記。

總之，地理環境的突發變異與火山、地震、海嘯、江河突變、大雪奇寒、生物變異等出現的時間比較集中，其間是有其內在關聯的。它們對人類社會產生了明顯的影響。此題涉及的理論艱難、學科的範圍很廣，本文僅為初探。可喜的是中國古代留下了世所難匹的珍貴歷史文獻，可以結合考古發現與地理新成就，作進一

步研究，為解開近幾千年來地理環境演化的過程之迷，作些探索。

【附　註】：

① 么枕生，氣候學原理，科學出版社，1959，309。

② 竺可楨，中國五千年來氣候變化的初步研究，中國科學，1963，（2）

③④ 李之棣，人類對地球的認識，《紅旗》，1974，（3）

⑤ 俞偉超，龍山文化與良渚文化衰變的奧秘一致「紀念發掘城子崖遺址
　六十周年中際學術討論會」的賀信載：《文物天地》，1952年第三期。

⑥ 鄧雲特，中國救荒史，中國文化叢書本，上海書店，1937。

⑦ 同上。

⑧ 譚其驤，長水集，人民出版社，1987，96。

⑨ 武清縣志，天津社會科學出版社，1982。

⑩⑪⑫⑬ 《後漢書・五行志》。

⑭ 《魏書・靈徵志》。

⑮ 王嘉蔭，中國地質史料，科學出版社，1963，27。

⑯ 中國自然地理，歷史地理，科學出版社，1982。

⑰ 《舊五代史》中華書局本第400頁及《契丹國志》。

⑱ 《寧古塔紀略》。

⑲ 《明史・五行志》，中國華書局本，500。

⑳ 據《明史史・五行志》、《康熙松江志》、《通刑直隸志》等統計。

㉑ 同上。

㉒ 《明史・五行志》。

㉓ 王士性：五岳遊草序，見康熙刻本。

㉔ 《明史・五行志》。

㉕ 金士衡，《災異條陳疏》，見《文明在》，卷二八，萬有文庫本，
　225。

㉖ 竺可楨，中國五千年來氣候變遷的初步研究，竺可楨文集，科學出版

社，1977， 475—498。

㉗　黃山志編纂委員會，黃山志，黃山書社，1988，133—146。

㉘　徐霞客遊記，上海古籍出版社，1980。

㉙　（明）王士性，《重刻五岳遊草》，康熙辛未孟春，同里後學馮更再來重輯本。

㉚　吳祥定，林振耀，橫斷山區近代氣候變化的研究，地理研究，1987，6（2）：48— 56。

㉛　于希賢。蒼山雪與雲南歷史時期氣候變化。昆明師院學報，1978，內部交流刊。

第四章　城市地理志研究

第一節　城市的概念與城市的地理位置特徵

　　城市的地理環境是形成城市面貌特徵的基礎，是城市的社會、經濟、文化、科學、技術、商業、金融以及城市居民進行生活、生產活動的基本空間。新修的城市地理志，如何較系統、較爲準確而又簡潔明瞭地反映各城市川流不息地進行新陳代謝的這一空間系統，爲城市的規劃、建設和管理服務，是一重要課題。

　　爲了要弄清編修城市地理志的內容與範圍，首先必須要認識：什麼是城市？我國的城市有何基本特徵？

一、我國的城市與城市的基本概念

　　我國僅1984年底以前經國務院批准設立的城市已達301個，另外有三千多個小城鎮，五萬多個農村集鎮，城市人口占全國人口總數的21%強，城市人口的絕對數量已達2.1億，近乎整個歐洲的城市人口數量。預計隨著我國經濟的發展，城市人口的數量還會猛增。

　　我國的城市，等級齊全、類型豐富。有人口超過一千萬的特大城市，也有人口較少規模的中、小型城市；有歷史相當悠久的文化城市，也有新興的礦山城市和工業城市；有沿海城市，也有高原、高山城市；有綜合性的多功能的城市，也有性能比較單一的城市。我國城市發展類型如此繁多，不同類型的各種城市的構造差別很大，極爲複雜。這些，都決定了在編寫城市地理志時，從編目到內容必須充分考慮到各城市的實際情況，只能考慮有個

大體統一的內容範圍，不能強求一律，更不能千篇一律，必須「因城制宜」，百花齊放。

　　城市的數量雖然很多，類型雖然很複雜，但從編寫地理志的角度，還是可以歸納出城市的一些基本特徵，以此來認識城市的一些基本狀況。

　　城市是人類社會作用於地理環境的集中點，是人類社會作用於地理環境最強烈、最敏感的地區。從地理外觀上看，城市是高大建築集中、街道集中的文化景觀，是運轉不息的經濟空間。它是一個地區乃至一個國家政治、經濟、科學、文化的中心點。它至少是其中某一方面或某些方面的中心點。一般說來，它較周圍農村集中了較多的科學文化機構和人才；集中了較多的物質財富和精神財富；集聚著較大的人口密度；集聚著較多的生產設施與生活設施以及集聚著較多的公用設施，其中包括供排水、供電、供能、交通、消防、醫療衛生、電信郵傳、教育、治安警衛、商業網點、文化娛樂等公共設施。城市和周圍農村比較起來，城市的第二產業──手工業和工業，第三產業──服務性行業也較爲集中。總之，城市是人類作用於地理環境的相對集中的「點」，而它周圍的農村則是一個遼闊的「面」。這個「點」和「面」，也即城市和農村是一對矛盾的統一體，它們互相依存，互相制約，有聯繫也有區別。因此，每一個城市對它所在的那個地區，在一定的範圍內都會有著特殊的吸引力。現代化交通、電訊設施出現和普及之後，這種吸引力會達到較爲遙遠的空間。城市向這些地區吸引人口、吸引技術、吸引文化知識和財富。同時，又不斷地向城市影響範圍內的地區，以至遙遠的區域輸出更爲有特色的物質、文化、技術和精神財富。城市和農村必須不斷地進行物質、文化、人才的自然交流。如果人爲地阻障這種交流，就會產生許多社會弊病。因此，城市的誕生與發展，往往和它所在的區域，

從自然環境到社會、經濟、文化等許多方面血肉相連。有時一個城市的興衰往往又是它所在地區歷史發展的縮影。

　　不同大小等級的城市之間，由於歷史和現實的許多原因，往往形成一定的城市系統。在一個城市系統之中，總有那麼一個或幾個爲首的大城市。這個爲首的城市，在它所處的城市系統中，文化、藝術、技術的水平較高、信息靈通，新消息和新花樣往往首先在它那裡出現和流行，然後才向其它城市和農村流傳開來，甚至它會成爲一個地區的社會習俗和方言的中心。這個爲首大城市對該區若干次級大小的城市有著特殊的影響力。例如成都平原上爲首的城市是成都；雲南高原上爲首的城市是昆明；珠江流域爲首的城市是廣州；長江流域以及沿海各省爲首的城市是上海；川南、滇東北地區爲首的城市是宜賓；豫北爲首的城市是安陽。除了直轄市之外，一般那個省的省會就是那一省的爲首的城市等級較高的大城市，影響的區域往往較廣大；而等級較底的較小城市，影響的地區範圍往往較小。凡是城市總有著自己影響的地區範圍。性質極爲單一的礦山、工業城市，區域的影響力，不如部門的影響力，但總有著某些方面的影響力。有時因某些對城市發展有關的地理事物的位置的改變，新興發展起來的城市會取代原有城市的某些功能。如鄭州是因爲鐵路修建而擴展起來的舊城市。1905年京漢鐵路經過鄭州，1909年洛汴鐵路（後爲隴海鐵路）在鄭州交軌。於是鄭州就成爲中原物資的集散轉運中心而迅速發展，部分取代了原開封城的某些作用。因此，不僅要弄清城市與所在地區的關係，而且還需認識一城市與相鄰城市以及城市系統之間的關係。以此更清楚地認識這一城市本身的特徵。

二、城市的地理位置特徵

　　每一座城市都誕生在一特定的地理位置當中。城市的面貌、

城市的設施、城市的平面布局、城市的經濟生活與社會生活、城市的建築以及城市過去的發展和今後的前景,往往與城市所處的特殊的地理位置息息相關。

城市的地理位置應包括它的經緯度位置(又稱絕對位置)和相對位置兩大內容。

城市的經緯度往往決定了該城市的氣候帶狀況以及決定了該城市的土壤帶、植被帶的狀況。低緯度的城市較爲溫暖與濕潤,因此城市的街道布局與房屋建築必須優先考慮通風與採光。高緯度地區的城市,一般多季較爲寒冷,日平均氣溫在零度以下的天數較多,作物的生長期較短。街市的布局與房屋的建設都必須考慮到這一情況。東部近海或沿海城市,受海洋性氣候的影響較大,一般雨量、降雨日數和空氣土壤濕度都多於西部的內陸城市。因此,一個城市因地理經緯度的不同,而使城市的內部結構產生了許多差異。

城市的相對位置,是指城市相對於有特色的、重要的自然或人文地物的附近。如位於高山、高原、河流、湖泊、海岸、交通路線、運河、特大城市、重要礦山等附近。這相對位置往往成爲該城市歷史與現狀發展的制約因素。

當今我國的首都北京市。近一千年來作爲遼、金、元、明、清五朝建都之地,並不是偶然的選擇。北京作爲首都的歷史選擇是與當時社會的政治、經濟、歷史背景景下的地理環境與地理位置息息相關的。北京城位於華北平原北端與山地高原交匯的要衝。它所在的地理位置繫維著我國三大地理單元:東北大平原、華北大平原與內蒙古高原,成爲樞紐地帶。這裡也是我國三級地勢階梯中經濟、人口集中的第二級階梯與第一級階梯的過渡地帶,即平原與高原的過渡地帶。歷史上,內蒙古高原與以種植業爲主的中原經濟文化和東北大平原的北方型經濟文化和華北大平原以種

植業爲主的經濟文化在這裡融合交流。這三大地理單元上的城市系統中，北京市占據了最佳的位置，它就有可能發展成這城市群中爲首的大城市。歷史上，當這三大地理單元的經濟、文化實力足以和關中地區相抗衡時，中國歷史的政治舞臺從關中的長安、咸陽，關東的洛陽、開封進一步東遷北京，就成爲歷史發展的必然了。北京成爲中國封建王朝國都，就以均衡、對稱，四四方方、堂堂正正的平面布局和以帝王寶座爲全城設計中心的城市特點著稱於世。中國帝都莊嚴、雄偉的城市面貌明朗而強烈。

上海是全國最大的工商業城市，也是世界著名的大城市之域。它位於長江下游出海口的南岸。長江是世界第三大河、亞洲第一大河，全長5800多公里，流域面積180多萬平方公里。上海就控制著長江出海口的咽喉要地，以它廣大的流域面積作爲經濟腹地。它可以便利地和全國經濟最爲富裕的江浙平原和太湖流域相聯繫。它又位於全國海岸線的中樞，發展海運與沿海各省港口聯繫處於良好的位置。黃浦江和吳淞口是天然良港，它可以和世界各大港口進行經濟、貿易聯繫。上海就位於這內有相當廣大的經濟腹地，外有方便有利的海上運輸，溝通內外交易的衝要位置。上海市內河航運與遠洋運輸的有利地位，是以機械輪船的使用和控制江、海航運的能力爲先決條件的。一旦能橫行海上的機械輪船較普遍地開始使用於我國，這裡極爲有利的地理位置很快就發揮了作用，上海市也就迅速地成長起來。而機械輪船的使用又是和帝國主義的入侵分不開的。帝國主義各國在上海紛紛設立租界，把上海作爲他們攫取中國財富的重要基地。自1842年上海開港起到1949年僅一百多年間，上海就發展成爲全國最大的城市。而上海城市的平面布局也深深打下帝國主義侵略我國的印記。

江城——武漢位於長江中游與它的第一大支流漢水的交匯處。其地理位置使它水上運輸及水陸轉運相當方便而被稱爲「九省通

衢」。便利的水上運輸使它自宋代以來商業就十分發達，曾出現
「十里帆檣依市立，萬家燈火徹夜明」的繁榮景象。到了明末清
初，成為我國四大名鎮之一。近代機械輪船在江、漢上的使用，
使它在民國初年迅速成長為僅次於上海的全國第二大商業城市。
城市的面貌也依江、漢而展布，被江、漢分割為「武漢三鎮」。
地方志的編纂要為城市規劃、城市建設與城市管理服務，就必然
要弄清這一相對地理位置的問題。

　　有的城市是因地形的相對位置促使它發展起來。雲南高原上
的昆明市，就是因為它位於雲南境內最大的滇池盆地的東北寬敞、
平坦的岸邊。這裡坡度在八度以內可資機耕的土地面積達770多平
方公里。這個高原上最大的湖盆地又處於一系列富饒的湖盆地的
中心地帶。它的東北面有曲靖盆地，坡度在八度以內面積346平方
公里；沾益盆地，坡度在八度以內土地面積達100多平方公里。它
東面有陸良盆地，坡度八度以內面積達770多平方公里；宜良盆地
坡度八度以內的面積達414平方公里；玉溪盆地坡度八度以內面積
達 147平方公里；通海盆地坡度在八度以內面積達158平方公里。
它的南面有彌勒盆地，坡度在八度以內的面積達230平方公里。它
的西面楚雄盆地坡度八度以內面積達114平方公里；祿豐盆地坡度
在八度以內面積達144平方公里。昆明市就位於這眾多的農業發達、人
口稠密、文化較為發展的湖盆群的中心。這眾多湖盆地的人力、
物力、財力必然向中心集聚，各條公路線以及後來發展起來的幾
條鐵路線必然向昆明市這一中心集聚。這一地形上的相對位置使
昆明市必然發展為雲南高原上政治、經濟、文化、交通的中心城
市，也是高原城鎮群中的為首城市。

　　有的城市，它的經緯度位置並沒有發生變化，而它的相對位
置在不同的歷史階段已有了變化，就會對城市的發展產生重大的
影響。

江蘇省北部的淮陰市，曾位於南北大運河的沿岸，大運河暢通之後，城市就迅速發展起來。隋、唐時期已成爲我國經濟繁榮的大城市之一。宋、元、明、清時期是大運河、黃河、淮河三大流域一個重要的物質集散地。水陸碼頭集中，南北商旅雲集，清代一度人口多達50餘萬，在當時已是全國可數的大城市之一。但鐵路出現之後，大運河的作用降低，以後逐步消失，這一過去繁榮的城市，也就相對衰落下去了。其城市影響地區的能力及範圍也大爲縮小。類似這一例子，城市規模長期停滯不前或相對衰落的城市還有江西省贛州，上海附近的嘉定，江蘇省的揚州等等。

總之，城市的地理位置特徵是影響城市發展規模、速度、方向的重要因素，它也與城市面貌的形成、城市發展的特點密切相關。在城市志的編纂中，我們必須重視它。

第二節　地方志與城市起源、城址轉移、城區擴展與城市面貌形成的研究

城市是一個密度高，能量大，活動頻繁，成分構造複雜的地理環境。各個城市出現的歷史年代不同，外貌形態各異。要管理好一個城市，建設好一個城市，首要之點就是要從總體、全局、戰略上來認識這個城市。要認識這個城市在該地區發展中的地位和作用，功能和特色。一個城市的誕生與發展，往往與它所在區域的社會、經濟狀況血肉相聯，有時一個城市的興衰又往往是它所在地區歷史發展的縮影。在編寫城市地理志時，必然涉及到許多歷史地理問題需要解決。

一般說來，城市地理志工作會碰到哪些歷史地理問題呢？探討一個城市的歷史地理，就要探明這個城市的起源與最初城址的選擇；要探明城址轉移與城區擴展的過程；要探明城市興衰的地

理背景和城市面貌的形成特徵。

一、城市的起源與城址的選擇

　　研究一個具有悠久歷史的城市，首先需要確定這個城市最早的城址。一個城市一旦適應社會經濟發展的要求而開始出現的時候，它就必須具備一個足以滿足它發展要求的固定場所，這就是城址。因此，社會經濟發展是城市出現的決定因素，而適當的城址則是城市發展的必要條件。

　　最早城市的出現，是生產分工和階級分化的結果。它是以第一產業——農業發達和農產品剩餘，第二產業——手工業和工場出現，第三產業——服務性行業集中為前提的。因此，一般來說，在能夠提供足夠糧食消費的地區，第二產業與第三產業的集中點，也就是城市最可能的誕生地，也即城址自然選擇的最佳地點。

　　標志著中國傳統城市特徵的城牆，已出現在龍山文化時期的山東龍山鎮城子崖村。其絕對年代約當於距今四至五千年前。這是一個由泥土夯築的城牆環繞著的，周長約2公里的矩形城。此外，安陽後岡龍山文化層中也發現了夯土牆，登封王城崗及淮陽平糧臺也發現了河南龍山文化時期的城堡。其時代是處於母系氏族社會末期，過渡到以男性為中心的父系氏族社會階段，不少地方還發現有「陶祖」。階級分化已出現若干萌芽。城內包涵物表明，這些地點，都是第二產業集中的地點。在此後古代的傳說中，夏代就已「築城以衛君，造廓以守民」。這與夏代的私有制發展是分不開的。

　　經考古發掘與文獻印證，找到的我國最早的國都是鄭州商城。其絕對年代，約距今3700年前左右。夯築的城牆，周長近7千米，工程十分浩大。若以每天一萬人參加勞動，也得四至五年才能完工。城有十一個缺口，可能是城門。城內有宮殿遺址區、貧民區、

作坊區，可見當時此城已有一定的規劃和布局。另外，房屋的基址、地窖、水井、壕溝、墓室的分布也有一定的地理性可以探求。

到了周代，國都城市的規劃設計已經出現了明確的理論。城址的選擇已使用了實測的地圖。此後春秋、戰國時期城市更是星羅棋布地出現在我國大地之上。

對於一個城市，就要探本溯源從它最早城市的起源及城址的選擇認識起。從這一根源出發，才能進一步找到這個城市最初在這裡發展起來的真切原因。也才能進一步認識這個城市在地區中的地位、作用以及它的功能和特色。

例如，北京城的起源，據侯仁之教授研究是與古代沿著太行山脈東麓延伸的南北交通大道和古代永定河渡口密切相關。這個古渡口也即是通往東北、連接華北和內蒙的古代大道的分歧點。從這裡成長起來的北京城，日後隨著社會歷史的發展，就具有繫維我國東北大平原、華北大平原和內蒙古高原，這三大地理單元紐帶的特殊功能。

座落在雲南高原上的昆明市，其最早的城址出現在「幅百員里」的晉寧平川之上。在當時的生產力條件之下，那裡有小股水源以資灌溉，近山靠湖可資漁獵。找到了最早的城址，也就為近兩千多年來城市的發展找到了一個明確的起點。原來昆明城市的發展，與人們對滇池以及整個滇中高原的開發利用息息相關。

以上例子都說明，只有弄清楚了城市的起源和最初城址的選擇，才可能從這個起點來探討它後來的發展。

二、城址的轉移與城區的擴展

許多城市在其長期發展過程中，城址屢有變遷。例如周初的豐京和鎬京以及相繼而起的秦都咸陽、漢都長安，雖是名稱各不相同，但是其主要功能沒有改變，是前後相繼，向前發展的。位

於滇池之濱的益州郡治、莊蹻滇王城、唐代拓東城、元代鴨池城、明清雲南府城以及現在的昆明市,都可以看做是城址轉移與城區擴展。又如經北魏、隋、唐、至五代的幽州城、遼代的南京城、金代的中都城、元代的大都城到明清時期的北京城也都是城址遷移,城區擴展的佳例。安徽蕪湖市起源於春秋、戰國時期的鳩茲。原位於青弋江支流的一條小河──水陽江畔。東距今蕪湖市區約40公里,古城遺址尚存,當地人稱之爲「楚王城」。它座落在侵蝕殘丘向北沿伸盡頭的高臺地之上。當時在臺地之下就是一片鳩鳥滋生的沼澤地,今已闢爲稻田。東漢以後,城址轉移到青弋江畔的一個小土丘──雞毛山上。明代城址更向青弋江邊發展,清代城址已發展到青弋江入長江口處。五口通商之後,城址已座落在長江之濱。城址的轉移規律是:隨著生產力的提高,人們對江河駕御能力的加強,城址從小江、小河逐步移向大江大河。從而揭示了水上運輸乃是蕪湖城市發展的主要動因。今後蕪湖也應當發展成爲長江沿岸一個重要港埠的城市性質,從城址轉移的規律中揭示出來。總之,有許多城市只從當前地理位置的現狀入手,進行探討還是不夠的。必須弄清城址遷移的過程及其規律,才能從總體上、全局和戰略上來認識這個城市。

有的城市在它的發展歷史中,城址並沒有明顯的遷移,而是城區不斷地擴展了。城區擴展的形式也是多種多樣的。有的城市是同心圓似地向外擴展,如合肥市、宋代東京(開封)城等。有的城市由於受高山、峽谷、江河等自然條件的限制,呈帶狀形延伸發展,如蘭州、青島、萬縣、康定、丹東、西寧等。有的城市是「長藤結瓜」式地串珠形發展,如內江、自貢、樂山等。總之,城區的擴展也是有一定規律可尋的,把其中的奧妙揭示出來,大有助於城市規劃、城市建設和城市管理。這是我們編寫城市地理志的一大任務。

三、城市面貌的形成和特徵

城市的面貌是在長期歷史發展中逐漸形成的。據侯仁之教授研究，其中一些城市是經過周密規劃而建造的。歷史上著明的古都，如隋、唐長安城與洛陽城，元大都和明清北京城，宋代平江府城（今蘇州前身），唐代羊苴咩城（今大理前身）、拓東城（今昆明前身）等都是經過周密規劃的。大多數城市是在自然形成的基礎上，又經過人爲規劃、設計發展而來。也有少數城市，從未經過人工規劃，雜亂無章地自然形成。每一個城市是怎樣發展起來，以至形成今天面貌的？城市和周圍地形、地物，以及鄰近區域的社會、經濟有何重要聯繫？如果不分析研究這些問題，就不能深刻地理解這個城市的發展特點，因而也就不能眞正認識這個城市的性質，更談不上對這個城市進行合理規劃、改造建設與很好地管理了。

應該說，一個城市的面貌特徵，就好像一篇文章，只要人們仔細地研究它，從中總可以反映出一定的主題思想。

明、清北京城是中國封建社會帝都設計中最完美、最突出的珍品。整座北京城堂堂正正，四四方方，莊嚴而大方。主要建築物對稱於從永定門、前門、天安門、景山一直延伸到鍾、鼓樓的這條中軸線。城市的平面布局，均對稱而明朗，體現出作爲首都城市的氣魄和風格。天壇、地壇、日月壇、山川壇、先農壇等這些宗教禮儀色彩濃厚的建築，又使城市罩上了政權和神權結合的神秘外衣。特別應該指出的是，整座城市的中心是皇城，皇城的中心是宮城，宮城的中心是太和殿。太和殿的中心又有一精美的須彌座，臺階之上正當中坐著的是珠光寶氣滿身、珠玉玲瓏滿頭的「天子」。城市的設計者用盡了一切美好的裝扮物來襯托它，有芳氣襲人的雲煙繚繞；有金碧輝煌的崇樓高閣有仙鶴及有五彩

繽紛的孔雀羽毛扇子等等。正是這個高坐寶座的「天子」，他正
當一切設計建築的中心位置。整座城市，用建築物的實體，用一
切巧妙的光彩、顏色和音響，來永無休止地贊頌他，拔高他，使
他罩上了一層神聖的靈光，好像他就眞是代表上天意志來主宰人
間一權力的「天子」。明、清北京城所反映出來的主題思想，就
是君王的「普天之下，，唯我獨尊」的思想，就是「君權神授」
的思想。

上海市最繁華、最壯觀的建築物，主要集中在外灘一帶。從
上海大廈、外白渡橋、英國領事館、沙遜大廈、海員大樓、海關
大樓等一系列高大、華麗的建築，沿黃浦江岸展開。遠洋輪船可
以沿黃浦江直入鬧市區。這反映了上海在舊時代是帝國主義各國
入侵我國掠取富源的橋頭堡。

城市的主題思想，是城市面貌最集中、最突出的反映。它通
過城市的平面布局，通過城市的主要街道、主要建築物巧妙地反
映出來。城市面貌的主題思想，與城市的性質、城市的職能密切
相關。它會隨著城市的社會、經濟、文化結構的變化而發展變化。
人們是創造歷史的主人，也是改造城市面貌的主人。昔日的舊北
京城，今已建成了新中國人民的首都。昔日的舊上海，今已建成
溝通內外貿易的港口，是全國最大的經濟、文化、工業基地。

有的城市所體現出來的主題思想並不十分明朗，但總可以找
到這個城市在歷史發展中逐步形成的一些特點。在編寫城市地理
志時，這些都是必須認眞研究的。總之，要從總體、戰略和全局
來認識一個城市，城市地理志的編寫才能爲城市的規劃、建設和
管理提供有價值的信息，才能爲城市的行政管理服務。

第三節　地方志中自然綜合體對城市的影響

　　城市的誕生和發展，一時一刻也不能脫離自然地理環境。城
市每日每時在自己生命的過程中，吐故納新、新陳代謝總要與自
然地理環境發生交換作用。城市對它所在周圍的自然地理環境，
總是處在吸收與排除、適應和達到平衡的過程之中。因而城市的
面貌特徵、城市的平面布局和城市的職能總會直接或間接地受到
地理環境的影響而打上地理環境的印記。

　　城市與環境的關係，在我國很早就注意到了。遠在西元前7世
紀，管仲就提出了選擇國都城址的自然環境條件：「凡立國都，
非於大山之下，必於廣川之上，高毋近旱而水用足，下毋近水而
溝防省。」到了近、現代，城市與自然地理環境的關係更爲密切。
如山區和平原的城市，北方和南方的城市；沿海和內陸的城市；
熱帶、亞熱帶、溫帶和寒帶的城市；中國和外國的城市，都因自
然地理條件的不同而體現出了城市不同的個性。

　　自然地理條件對城市的影響是強烈的，有直接的影響和間接
的、潛移默化的影響。構成自然地理環境的基本條件有七項：地
質、地貌、氣候、水文、土壤、動物、植物。這七大要素之間並
不是彼此分割的，而是互相影響、互相制約、互相聯繫，因而形
成一個自然地理綜合體。在這有機的自然地理綜合體中，總有那
麼一項或兩項因素起到了主導作用。由於它的存在和發展，制約
和規定了其他地理因素的性狀和特點。因此，在城市志地理篇自
然地理內容的編寫中，在研究七大要素反映七大要素的同時也要
研究其中的主導因素。把不同城市地理環境的主導因素弄清，搞
準了，其他一些要素的特點和性狀也就容易表達清楚了。這樣，
才能準確地反映城市的自然綜合體的狀況，達到突出城市特點，
爲認識城市、管理城市、建設城市服務的目的。

　　編寫以發展工商業爲主的城市地理篇與編寫發展農業生產爲
主的縣志地理篇，都會涉及到自然地理環境的這七大大要。但新

修地方志，其中的（自然）地理篇不能將它寫成一部無的放矢的「資料書」，不要在未研究地方情況和城市情況之前就規定一個千篇一律的「篇目」。亦即不要爲記錄七大要素而記錄七大要素。總的精神是：在反映當地城市地理環境基本條件的基礎上，突出地方特點。以農業生產爲主的縣，要引入農業地理對地方的研究成果，圍繞當地農業生產主要項目對自然地理環境條件的需求，評價本縣的優勢與不足，提示其潛力與潛在危機。以發展工商業爲主的城市，要引入工業地理、商業地理對城市的研究成果，從城市發展、生產發展的角度來評價與反映城市的七大要素的優勢與不足，分析其有利與不利，禦防、適應、利用、改造的辦法。必要時將研究的範圍擴大到城市發展有關的地區、部門及產、運、銷的重要地點，但落筆仍應集中於城市政區的範圍之內。

城市所在地理環境的七大要素的基本情況，應針對不同的城市，有選擇地反映以下內容。（請注意，所提到的以下內容，並不就是城市志地理篇的自然地理篇目。）面對全國各類城市的共性，應當有一個編寫內容的大體考慮。而篇目的設計，則要量體裁衣，因城而異。

內容的大體考慮如下：

地質

城市的地質狀況是城市的地貌基礎。應反映城市的岩石組成、地層分布及城市的地質構造分布狀況。城市若處在活動構造線上，一般多地震，即便不造成較大的災難，也極不利於精密儀器、光學工業的發展。城市建築物需要嚴格控制度高。一般建築物也需加強抗震措施。城市及附近的岩石組成、地層分布，也和城市的建築材料有關。城市建材要求質地堅硬，需要量大，運輸成本高，迫使城市建設大多就地取材。因而若有變質岩類的大理石最好。其他如火成岩類的花崗岩、片麻岩對城市建築也有利。而沉積岩

類的石炭石、砂岩也可以用作建築材料，影響城市的面貌。

地貌

城市所在地區地表的起伏狀況及岩石組成稱爲城市的地貌狀況。它既有自然地貌的基礎又有人工地貌的成分。城市志應該記錄城市所在地區的地貌類型。主要的山峰、丘崗名稱、坡度；各主要海拔高度的面積比例；結合工、農業及城市發展、旅遊事業需要，評價地貌形態。城市若處於滑坡、冲溝附近，將會給城市帶來災害。鬆軟的地基、古河道、深厚的沙灘地之上，一般不宜布置工業區或建築高大的建築物。許多城市的形狀，是適應地貌形態而形成的。一般在平原上的城市易於組織城市的內外交通，對城市建築的投資節省，收效明顯，因此，工廠、商店、居民、人口都會自然地向平原地帶集中；因此，平原地帶的城市多於和大於山地的城市；高原的城市，多於和大於高山的城市。河口、海岸地帶較平原更易於組織內外交通，投資更節省，收效更明顯，因此，河口海岸的城址，又優於內陸平原的城址。一些城市位於沿海，城市以海洋爲較重要的活動舞臺，或有的城市，雖城址距海洋較遠，但城市以海洋爲重要的活動舞臺，它對內有很大的物質集散能力，對外有很強的海外貿易能力，都可以稱爲沿海城市。其他城市在內陸，或城市的職能與海洋基本無關，稱爲「背海城市」。對於不同類型的城市，「地貌」一項記述的內容應當各有側重。沿海城市、港口城市應側重記述海岸、港口地貌。內陸平原城市應側重記述平原內部的微地貌，河流冲積、洪積扇地貌，河流在歷史上不斷擺動遺留下來的古河床等。山區城市則側重記述山地、丘陵地地貌對城市的影響。

氣候

氣候一方面直接地影響城市的布局與設施，另一方面又間接地通過影響農業生產進而影響人口分布和城市區位。城市志地理

篇應反映城市所在的氣候類型；年平均氣溫、七月（最熱月）月平均氣溫；一月（最冷月）月平均氣溫；多年最高氣溫和多年最低氣溫等。還要反映城市所在地的年較差、日較差、積溫、霜期等。

降水：城市多集中在臨海的外緣地帶。內陸乾旱區及半乾旱區的城市明顯少於和小於沿海濕潤地帶的城市。直到現在，人們還不斷向溫暖、濕潤的沿海地帶移動，這已構成現代化城市動力結構中的一項因素。因此，城市志地理篇應反映城市的降水與濕度狀況。應記述多年平均降水量；最大年降水量；最小年降水量；降水的年變率，城市政區內的總產水量以及各項使用支出。當地的氣象諺語。

風向和風速：對工業城市的地域結構產生明顯影響。工業區，特別是空氣污染的工業區如果位於居民區的上風部位，工業排放的有害氣體，將嚴重危害居民的生活環境。同樣，肺結核等通過空氣傳染的病院，也應布局在城市居民區的下風地帶。所以對城市規劃布局之前，要做出城市的「風向玫瑰圖」。編寫城市志地理篇也不可忽視這項工作。我國處在季風地區，冬季主要吹西北風，夏季主要吹東南風，最好工業區與居住區分布於風向的兩側，中間布置森林綠化帶，並順風向建立街道，形成一個引導盛行風的通道。這樣使工業污染的氣體對居民區的危害降到最小限度。在一些城市還應該考慮「地方風」的風向對城市的影響。在一些特大城市還應該考慮到城市的「熱島效應」對氣候的影響。

水文

河流：一些主要河流及其支流的兩岸幾乎都排滿了大大小小的城市。這標志著在河流及支流交叉處和河流兩岸是人口流動與集中，物資集散，進行內外聯繫方便的地點。同時，這裡工、農業生產用水方便，周圍的農業生產發達，最有利於城市的誕生與

成長。現代城市規模的大小，受供水條件的限制。地理篇應記述
流經本市的河流及狀況，年平均流量，最大年逕流量，最小年逕
流量，年變率，河流的含沙量及季節變化。河床在本市及附近的
特徵。河網密度，瀑布，河流的利用狀況。河流在本市及附近改
道、泛濫的歷史情況等。城市附近河流的排水、防洪、堤壩、內
河航道、淡水養殖、旅遊、水上運動等狀況。

湖泊：應記錄名稱、分布地點、形狀、面積、水位、與城市
的關係。湖泊的總蓄水量，季節變化，水生生物資源。

地下水：應記出露狀況。蓄量、埋藏深度、地下水的流動情
況。地下水的開採情況。一些城市因過量開採地下水，使地層下
陷。爲了不使城市地層下陷，在多雨季節回灌地下水。地下水在
地下也有一定的流動方向，有毒的污水排放及有關的工廠，不能
布局於水源地帶，必須放到居民區的下游地段。

動、植物

城市裡創造了現代化的物質文明，過去一段歷史時期城市也
把人類賴之以生存的珍貴天然綠色植物和自然動物首先排擠了出
去。我國的許多大、中城市及周圍大型野生動物消失，甚至昆蟲
和鳥類也從一些城市中消失了。這象徵著動物生活環境，同時也
是人類生活環境急劇惡化。近幾十年來，國際城市規劃學界廣泛
流行著一個口號：「讓城市回到自然中去！」大自然的風光，大
自然的氣息是人們生活不可缺少的生活條件之一，爲城市居民所
渴望。城市地理志有必要記述在過去一些年代裡排擠天然動植物
的事實。

在城市志，地理篇中，對公園、街道綠地、庭院綠化、苗圃、
花園、果園、林場也要給一定的篇幅作記述。自然保護區和風景
名勝地應記其狀況、特色和意義。

土壤

土壤的記述可以結合郊區農業來作記述。

總之，城市志的地理篇應針對城市發展，城市生存所需的自然地理條件來分析，有選擇地記述它。（原載《史志文萃》1986年1—3期，有刪改）

第四節　地方志與古都北京城的起源與發展

我們的首都是世界著名的歷史文化名城，它代表著世界東方的文化風貌。這裡，特向您介紹她的面貌和發展歷史。

一、北京城是中國古代文化、藝術　和建築巧妙結合的實體

當您出了北京火車站，沿著東長安街往西走，不多久，那莊嚴、雄偉的天安門城樓就會映入您的眼簾。在藍天白雲裡，它畫棟雕樑、簷牙飛舞、巍巍峨峨，氣派非常。如果登上景山最高處的「萬春亭」遠眺，您就會發現處於城市正中的軸心線上，有一系列高大的古建築，正南有前門、天安門、午門、故宮的太和殿、中和殿、保和殿等，正北有鼓樓、鐘樓，它們依正南北方向，一線排開。如果您有興趣沿著那布局規整如棋盤的街道觀光，其間不時點綴著紅牆黃瓦或紅牆藍瓦的舊時府第。如果您到郊野散步，不時還會發現地下殘留的各式溝紋、繩紋或線紋的古代磚瓦。這一切給您什麼印象呢？整座北京城，是中國古代建築、精神意識和藝術巧妙結合的一個文化實體。它是我們祖先千百年來經過長期生活、奮鬥而積累形成的知識、信仰、道德、習俗、法律、觀念等等的綜合體現。所以，美麗的北京城，是中國古代文化的縮影和典型，是中國古老文明的藝術寶庫。這深藏著歷史奧妙的北京城，是如何起源？又是怎樣發展，逐漸形成今天的面貌呢？以

下就依階段來談談它的發展歷史。

二、聚落和城市的起源

北京城是怎麼起源的呢？

追溯北京城市和聚落的起源歷史，那漫長的歲月，已不能以百年來計算。早在西元前21世紀至西元前11世紀之間，北京地區的聚落就已經出現，並逐漸發展起來了。居民點的密集出現，又為城市的誕生奠定了基礎。至西元前11世紀末的周初，武王滅商，「封帝堯之後于薊」。「薊」在那裡呢？「薊城」的舊址，在今北京城區廣安門一帶的白雲觀附近。這裡是北京城最早的前身。

「薊」這個城，在周初八百諸侯國的都城中是極其普通的一個。當時與薊城地位相當的許多小城，在後來歷史發展的長河中，有的發展了，有的湮滅了。在三千多年的歷程中，薊城雖經歷了多次戰禍、天災、劫難與痛苦，但它的規模仍逐漸擴大，終於發展成為數百年來我們國家的首都。

朋友，您也許想知道，它為什麼會有這樣強大的生命力？

原來，北京城位於華北平原北端與山地交匯的地方。它的位置是繫維我國三大地理單元：東北大平原、華北大平原與內蒙古高原的紐帶。歷史上，內蒙古高原以游牧業為主的經濟文化區，華北大平原以種植業為主的中原經濟文化區和東北大平原北方型的經濟文化區，有著明顯的不同。北京就處在中國歷史發展中有著舉足輕重地位的三大經濟文化區的交匯處。這裡就成為三大地理單元的民族、經濟、文化融合交匯的樞紐和橋樑。當著這三大地理單元的經濟文化發展實力，足以與關中區、關東區相抗衡時，中國歷史上的首都，就從關中的長安、咸陽，關東的洛陽遷到了北京。

北京城又位於永定河沖積扇的頂端，古代永定河的渡口之上。

要與東北平原、蒙古高原進行經濟、文化聯繫必須經過北京城位置所在的這個古渡口。然後穿越環抱小平原的西山山地和燕山山地。在重疊的山嶺之間，峽谷是捷便可行的通道。這些峽谷中，最重要的是今北京西北的南口、居庸關峽谷。通過這一線可以和山西、內蒙古等地相聯繫。通過其北的古北口和其東的山海關，可以與東北大平原相聯繫。北京城所在位置的這個古渡口，也即古代大道的交匯點，是人員、物資往來的集散地，爲城市的成長提供了一個良好的條件。

另外，永定河冲積扇的頂端附近，有著古代農業發展的優良環境。這裡正當潛水的溢出地帶，有清澈的小溪與明靜的湖泊可以作爲城市發展的水源。以上條件使得北京城長期發展、歷久不衰。

三、早期發展與城市沿革

朋友，薊城誕生之後，它是怎麼成長的呢？其發展的沿革如何呢？

在秦始皇統一中國之前長達八、九百年的時間裡，它一直作爲薊國和燕國的政治中心。其間經歷了「薊微燕盛、燕乃并薊而居之」的重大變遷。又經歷了西元前314年燕太子平和將軍市爲首的內亂，使薊城軍民死傷數萬。但是，一旦這裡稍有休養生息的機會，發揮交通便利的優勢，經濟很快就繁榮起來了。司馬遷在《貨殖列傳》中說：「夫燕亦勃、碣之間一都會也，南通齊、趙，東北邊胡……有魚、鹽、棗、栗之饒。北鄰烏桓、夫餘、東縮、穢貉、朝鮮、眞番之利。」當時薊城是東北各民族間互通有無的貿易中心，是全國有數的商業都市之一。

秦始皇滅燕之後，曾從咸陽修築寬敞的「馳道」至薊城。此後，自西元三世紀中葉到西元六世紀末，在薊城附近曾多次大興

水利，導高梁河、造戾陵遏、開東箱渠，灌田百餘萬畝。築壩引灌可以廣泛開墾荒地，增加單位面積產量。農業的發展帶來經濟繁榮，又可以促進城市規模的擴大和城市地位的提高。

在秦統一中國之後，薊城作為我國東北方的重鎮，前後大約一千年的時間。在這一千年當中，薊城的歷史，就是漢族和各兄弟民族之間鬥爭與融合的歷史。歷代沿革表列如下：

時期	年　　代	所屬行政單位	歷史名稱	所　在　地
春秋	西元前11世紀至前476年	前期屬薊，後期屬燕	薊	今北京市西南廣安門一帶
戰國	西元前475年至前222年	燕	薊	同　　上
秦	西元前221年至前206年	燕	薊	同　　上
西漢	前205年至西元25年	燕國、幽州、廣陽郡（國）	薊	同　　上
東漢	西元 25年至220年	幽州、廣陽郡	薊	同　　上
三國	西元220年至265年	幽州、燕國	薊	同　　上
晉	西元265年至386年	幽州、燕國	薊	同　　上
後魏、北齊、後周	西元316年至571年	幽州、燕郡	薊	同　　上
隋	西元581年至618年	涿　郡	薊	同　　上
唐	西元618年至907年	幽州、范陽郡	薊	廣安門外
五代（後梁、後唐）	西元907年至936年	同　　上	薊	同　　上
		南京道、幽都	南京或燕京城內附	

遼	西元936年至1122年	府 燕京道、析津府	：幽都縣（後改析津縣）宛平縣	廣安門外
宋	西元1122年至1125年	燕　山　府	燕　山　府附析津縣宛　平　縣	同　　上
金	西元1125年至1215年	中都大興府	中　　都城內附：大　興　縣宛　平　縣	同　　上
元	西元1215年至1368年	前期稱燕京，1264年改爲中都大興府，1271年改爲大都	大都（前稱爲燕京、大興府或中都大興府），城內附大興縣、宛平縣	健德門至 正陽門間
明	西元1368年至1644年	1368年至1462年北平府，1463年至1644年北京順天府，城內附有宛平縣和大興縣	北平府或北京順天府，城內附有宛平縣和大興縣	西元1371年將元城北牆內縮5里，西元1553年在南城外增築外城達永定門
清	西元1644年至1911年	京師順天府	京師、順天府、城內附大興縣宛平縣	同　　上
民國	西元1911年至1949年	京兆（1911——1927）北平（1928——1949）	京兆或北平城內附：宛平縣、大興縣	

四、遼南京與金中都

下面向您介紹北京向全國政治中心過渡這一歷史過程。

向全國政治中心過渡開始於遼朝，那時契丹人在此建立陪都

——南京。

後唐河東節度使石敬塘爲了篡奪政權，不惜把「燕雲十六州」割獻契丹，並稱臣、納貢，以父禮事之。契丹得到了具有重要戰略意義的今北京等地後，於西元936年在今北京建立陪都南京。

遼南京沿用唐代幽州城址，僅在城內西南部築了一個小宮城，稱爲「大內」。「大內」的宮殿也多半沿用前代建築。大內正門爲「宣教門」（後改稱元和門）內有「元和殿」、「昭慶殿」、「嘉寧殿」、「臨水殿」、「長春殿」以及供帝王游幸的球場和泛舟的湖泊。

大內之外，街道布局有如棋盤。城內共有二十六坊，每坊有門樓，坊名書於其上。城北是商業區，城內東部有「永平館」，是接待外國使臣的賓館。城牆高三丈，寬一丈五尺，有八座城門。

南京水甘土厚，物產豐富，有著較高的文化技藝。

南京還是北方佛教的中心，僧居佛寺衆多。大房山雲居寺每年四月八日慶祝佛的生日，盛況空前。當時的南京，實已成爲我國北方政治、經濟、文化、宗教的中心了。

此後，城市發展較快的是金代。

西元1123年金滅遼。西元1151年在南京舊城的基礎上進行大規模的改建和擴建工程。改建後的新城凡三重。最外面的大城向東、西、南三面大大擴展，位置相當於今宣武區西部的大半，周長37里有餘，略呈方形。每邊各有三座城門樓。每一座城門樓之下，闢三個門洞。大城中部以南爲皇城。故址在今廣安門以南，是一長方形的小城。內有宮城，周長九里三十步。宮城的正南名叫「應天門」，它與皇城的正南門「宣陽門」，大城的正南門「豐宜門」正好相對，中間有御道，貫通三門而過。這條御道也即大城的中軸線。應天門、宣陽門和豐宜門前各有護城河，御道旁有溝，溝上植柳。

　　大城之外，又築四個小城，其城牆各長三里，前後各一城門。樓、櫓、塹悉如邊城。每小城內又有倉庫，貯以甲、仗等兵器，並有地道和內城相通。

　　擴建中都工程浩大，使用了工匠民伕八十萬，兵工四十萬。宮殿極其奢華、壯麗輝煌，用黃金和五彩加以修飾。南宋使臣到中都見到這些宮殿都爲其「宏麗可怖」而震驚。

　　此外，金人也大力發展中都城的對外交通，曾開渠引高梁河水到通州，用閘壩調節水位落差，取名閘河。

　　舉世聞名的蘆溝橋建於金大定二十九年（1189年），到現在已近八百年歷史。蘆溝橋全長266米，橋的中心跨孔長21.6米，近岸橋孔跨16米，橋面寬7.5米，共140根石柱，上雕有485個形態各異的石獅子。這座雄偉的白石橋作爲文物瑰寶，一直保留至今，它反映了金代卓越的建築藝術和創造魄力。

五、歷史上最壯麗的都城——元大都

　　西元1215年，中都被蒙古騎兵攻破，可憐一代豪華宮闕，竟被鐵蹄蹂躪之後而付之一炬。大火斷斷續續蔓延了一個多月。昔日雄偉壯麗的建築，變成瓦礫之區。

　　西元1260年，元世祖忽必烈懷著消滅南宋、統一中國的雄心來到燕京。後來，他聽從大臣劉秉忠的建議，決定在此建都。

　　由於舊城已成一片廢墟，供水及漕運用水也大爲不敷，而東北郊的大寧宮、瓊華島一帶，原金代中都的郊外離宮還保存完好，這裡的湖泊和美麗的自然風景可以作爲新的宮城的裝飾。於是就將新城址從原來的蓮花池水系遷移到高梁河水系來了。

　　西元1264年決定建都。西元1267年開玉泉水通漕運，同時鑿金口河導北京西山木石。西元1268年開工築新宮城。宮城以大寧宮和湖泊爲中心。湖東岸建大內宮殿，爲皇帝所居；湖泊的西岸

南面建太后、太子居住的隆福宮；北面建皇族居住的興聖宮。三宮鼎立於太液池（今北海、中海的前身）周圍。池中有瓊華島（今北海團城的前身）。宮城的中心恰在大都城的中軸線上，這就十分有力地突出了宮城在全城的中心地位。大都城的南城牆在今東西長安街的南側，北牆在今德勝門與安定門北五里，東城牆與西城牆分別在今東直門與西直門一線。大都城共十一門。每座城門內都有一條筆直的幹道，連同順城街在內，共有南北、東西幹道九條，縱橫交錯。次一級的街道稱胡同，基本上是沿著南北幹道而在東西排列的。幹道寬約25米，胡同寬約6至7米。幹道、胡同之間幾乎爲等距平行線。城內共有五十坊，每坊有門，門上有坊名，它是城內的行政管理單位。五十坊又分轄於左右警巡院之下。城內不建坊牆，而以街道爲界。市場分布於全城，而以日中市（今積水潭東岸鼓樓附近），斜街市（積水潭北岸）、羊角市（今西四一帶）、樞密院角市（今東四附近）最爲熱鬧。此外，又引玉泉山水和開金水河入皇城，把太液池、積水潭作爲城的中心，這對美化環境和改善城市小氣候都起了很好的作用。它把自然景物的優美和宮殿群的雄偉，巧妙地結合起來了。

　　爲了解決元大都的運輸問題，從護城河開挖了164里的水運渠道達通州高麗莊入北運河。這條新挖的水運渠道，就是歷史上著名的通惠河。

　　總之，元大都城是我國十三世紀精心設計、布局嚴謹、工程浩大的都城。在城市的總體規劃上繼承了我國自古以來帝都建築的「前朝、後市、左祖、右社」的傳統規制，並結合北京城內的地形、地物和自然環境，作了一些發揮。宮城和皇城在大都的中軸線上，占了最爲突出和重要的位置。體現了帝王至高無尚和主宰一切的權威。大都城的南半部又被分割成往來極不方便的東城區與西城區。宮城和皇城恰當地利用了大都的地形、水系、湖泊、

水源，使自然美與雄偉建築，交相輝映。

六、輝煌的明清北京城

　　西元1367年，明太祖朱元璋派大將徐達、常遇春北伐，1368年9月占領了大都城。明初把大都改名北平。經元末戰亂和饑疫，大都人口死亡了幾十萬，加上人口逃散，城內居民空疏，爲了便於防守，便將北城牆向內收縮五里至今德勝門、安定門一帶。又爲了消滅「王氣」，將元代宮殿全部拆除鏟平。西元1399年燕王朱棣手握重兵，發動「靖難之役」，於1403年奪得政權，改年號爲永樂。爲了控制東北和防禦蒙古南侵，改北平爲北京，起先實行兩京制度，繼而遷都北京。西元1404年開始了北京城的改建工程，投入了 23萬工匠和上百萬民伕和士兵。巨大而珍貴的木料來自四川、湖廣、江西、浙江、山西等省。城磚來自山東的臨清。桐油浸泡的「金磚」來自蘇州。明北京城全部由磚砌而成，這是有史以來的第一次。

　　到了明代中葉，由於資本主義經濟萌芽，民間商業貿易迅速發展，前門外的市場繁榮起來。這時蒙古騎兵多次南下，逼近京郊。遂屢有加築外城廓的朝議，由於經費困難無力環繞京城築垣，只好把永樂時建成的天壇和先農壇以及其間的鬧市區——前門市場包在其內，就使北京城成了「凸」形。明初內城居民區共33坊，加築外城後又增加居民區36坊，分屬東、西、南、北、中五城區管轄。

　　宮城又稱紫禁城，沿用元代大內舊址而稍南移，周圍加磚砌護城河，即今筒子河。南面正門稱「午門」即元代皇城靈星門舊址。萬歲山，明代又稱煤山或鎮山（清代改稱景山），是元代延春閣舊址，明代堆土築成。此山五峰聳峙，中峰在全城中軸線上，又當南北兩城牆的正中，形成全城的制高點。它使得全城堂堂正

正，莊嚴而勻稱大方。帝王居住的主體大殿也在它巍峨實體的依托之中。它們是：外朝三大殿，即皇極殿（清改稱太和殿）、中極殿（清改稱中和殿）和建極殿（清改稱保和殿）和內庭後三殿，即乾清宮、交泰殿和坤寧宮。它們在全城的中軸線上，占據了最重要的位置。

中軸線從永定門起，正南北方向穿越紫禁城中央各殿及今景山，止於清初重建的鼓樓與鐘樓，全長八公里。沿著這條中軸線，修築了出入紫禁城的南北御道。當時從永定門御道北上，朝見天子，依次要見到兩旁是天壇和先農壇的空闊而神奇的遠景，走4公里到前門，之後很快進入正陽門，不久即到大明門（清改「大清門」、民國改「中華門」，在今毛主席紀念堂的位置）隨即進入「丁」字形宮庭廣場，名曰：「天街」。廣場的南部收縮在單調的「千步長廊」間，形成一條狹長的通道。廣場的北部突然張開左、右兩翼，使人豁然開朗。太廟和社稷壇（現在的中山公園和勞動人民文化宮）這兩組高大的建築群對稱於「丁」字形廣場的東西兩側。迎面聳立著雄偉的「承天門」（清改「天安門」）城樓，樓前有精美潔白的漢白玉石橋，橋下流著清澈如碧玉的河水，兩旁聳立著玲瓏剔透的華表。入此，只見藍天白雲與金碧輝煌交相輝映，使人有步入天上宮闕之感，這是第一個高潮。步入承天門後迎面是端門，中間相距較近。兩旁是一個近似方形的院落，此時氣氛頓然凝重。過了端門又展開了一個狹長的、深遠的空間。左、右兩旁排列著眾多的朝房，一直引向第二個高潮——午門。它宏偉壯觀，令人贊嘆！從午門到太和門之間，在寬廣的正方形庭院兩側，有崇樓高閣對峙左右。巍峨的太和殿闊64米，進深37米，高27米。它造型雄偉、氣勢凝重、布局森嚴。四周是一排排婷婷玉立的漢白玉欄杆，滿布著精緻的白雲、龍、鳳浮雕，把大殿裝點得雍容華貴和富麗堂皇。

偉大的北京城，是我國古代城市設計中最完美的精品，其濃厚的封建思想意識與建築設計藝術巧妙的結合，在世界城市建築史上，也是無與倫比的。

七、清京師的西郊園林群

中國最後的一個封建王朝是清朝，它也建都北京。下面我們就介紹清代北京西郊園林群的興廢。

北京自西元1644年5月1日被清軍占領，作爲我國最後一個封建王朝的首都，一直持續了 267年。清沿用明朝的北京城，僅做了小規模的修改。

清代主要是以巨大的人力、物力、財力在北京西郊營建了規模空前、華麗非凡的離宮建築群。西郊是一片山水明秀的地方。這裡有海淀和昆明湖，水源豐沛，風景秀麗。西北的遠處，西山高聳，遠景蒼翠。湖畔萬壽山（明稱甕山）、玉泉山平地拔起，婉然點綴其間。玉泉山、萬泉莊等地清泉湧出。這裡距北京城也較近，爲園林的建造提供了有利的條件。

遠在金代，玉泉山就出現了金章宗的「芙蓉殿」行宮。元代海淀的湖泊，被雅稱爲「丹陵沜」，是文人飲宴遊樂的場所。明代築起了一代名園「清華園」和「勺園」。清康熙年間在清華園舊址上修建了暢春園，又在其北新建圓明園，毗連圓明園修了倚春園（後改名爲萬春園了）。這三園鼎立，連成一片，統稱圓明園。此外，又在萬壽山、玉泉山和香山新建了清漪園、靜明園和靜宜園。以上這些園林統稱「三山」、「五園」。這些皇家園林，歷經康熙、雍正、乾隆、嘉慶、道光祖孫五代，前後一百五十多年之經營，建築規模達到登峰造極的程度。

皇苑建築群中，以圓明園最爲華麗。它力圖盡收天下名園於其內。如仿杭州西湖的「三潭印月」、「平湖秋月」、「南屛晚

鐘」、「雷峰夕照」；仿蘇州獅子林的「海岳開襟」、「玉玲瓏館」。圓明園內福海的西邊「舍衛城」供奉十萬餘尊佛像，是仿印度古代橋薩羅國的都城，共有326間殿宇。還有把景物取材於佛、道教故事的「蕊珠宮」、「珞珈勝境」等。長春園北還有一組「西洋樓」，是意大利名畫家郎世寧與神父蔣友仁設計的，十二種動物圍在水池邊，每兩小時輪換從一種動物的口中噴出水柱。仿古羅馬的歐式「諧趣園」……。那園中奇妙的景致，美不勝收。總的算來約有一百二十多景。園林結構之精奇，貯存之富麗是世界上無與倫比的。可以說，園中的一草一木，一山一石盡是珍奇。圓明園是我國古典園林的藝術高峰，歐洲也稱它為「萬園之園」。其間的寸草片石都是人民血汗的結晶。

西元1860年，英法聯軍從塘沽登陸，經通州直赴圓明園，先大肆擄掠，繼以炮火毀擊。 1900年八國聯軍又一次洗劫了圓明園。兩次浩劫，這個被舉國仰為神聖莊嚴的皇宮禁地，其中的宮殿、廟宇、名園、美景，全國的珍寶，歷代的收藏，很快就化為灰燼。此後，皇親國戚、八旗丁兵、惡霸地痞、官僚軍閥又將殘餘的木料、殿堂、磚石偷盜、拆移、變賣了。到北洋軍閥時期，對西郊園林的破壞，更是有加無已。到抗戰時期，這一代名園已成為狐兔出沒、雜草叢生、滿目悲涼的荒郊野地了。

圓明園是中國封建制度滅亡的歷史見證，是帝國主義強盜侵略我國與毀滅文明的罪證。（本文參考與採納了侯仁之教授的一些研究成果）

第五節　地方志與北京市區天然森林植被的破壞過程及其後果

考察歷史時期森林植被的破壞過程及其對地理環境的影響，

是區域歷史自然地理的一項重要工作內容。這項研究對揭示區域
自然地理發展的近期過程，人類活動對區域地理環境影響的強度、
深度和方向都有重大意義。它將研究不同時間尺度（幾十年，幾
百年乃至近兩三千年來）區域地理環境演化的歷史過程，從而力
圖深入認識區域地理面貌的形成特點和規律。本文以北京地區爲
例、探討歷史時期森林植被的破壞過程及其對地理環境的影響。
這一研究是北京地區地理研究的基礎工作之一。它將有助於探索
如何合理利用、保護北京的地理資源，美化首都環境。

一、北京的自然地理條件與原始植被概況

自然環境是植物賴之生長的基礎。一般說來，有什麼樣的自
然氣候帶就會有與之相適應的地帶性植被。

《中國自然區劃》將北京地區定爲暖溫帶、半濕潤地區，半
乾生落葉闊葉林與森林草原褐色土地帶①。近年進一步研究明確
北京地區是暖溫帶半濕潤向半乾旱區的過渡地帶②。

城內西部的山地屬於太行山脈的西山山地。北依屬於燕山山
脈的軍都山。這兩支山從東北、北和西三面延伸，於南口附近交
匯，形成一個三面環山的小平原，只有正南一面，開向平坦遼闊
的華北大平原。三面高峰環聳。西山的最高峰靈山海拔2303米。
拒馬河、永定河、潮白河、洵河、灤河等水系從西部、北部和東
部的山間谷地流瀉而下，蜿蜒穿過平原，歸於渤海。北京山區的
面積占百分之六十二，平原的面積占百分之三十八。

北京的氣候爲暖溫帶大陸性季風氣候。平均年雨量約640毫米。
降水年變率大，年內分配極不平均。約百分之八十的降雨集中於
六至九月，其中七至八個月的降雨約占全年降水的百分之六十三。
降雨多以暴雨形式出現。

由於北京處於暖溫帶半濕潤至半乾旱區的過渡地帶，降水豐

沛與否成了森林生長茂盛的主導因素。山地與平原交接地帶又是地下水富集地區。地表水與地下水的豐富導致了森林植被較爲翳密。

在這良好的生物氣候條件下，如果沒有人類社會長期、大規模的干擾，原始植被和景觀面貌會是怎樣呢？

山區原生植被是茂密的森林，其中海拔100至400—500米左右是闊葉落葉群落，600米至 800米左右是針闊混交林群落，800米以上爲針葉林群落。

平原地區經各方面的研究，尤其是孢粉分析證明，爲「森林與草原兼而有之。」③平原的低窪地區和河道附近分布著眾多的湖沼，它們形成於約五千年前，一兩千年前開始消亡，急速消亡的主要時期是元、明、清三代。

昔日山區蔚然深秀的原始森林，平原地區蒼翠蔥綠的森林與草原，其間的湖泊、眾多的動物，這一生物生態系統至今已不復存在了。

現在北京森林的覆蓋情況怎麼樣呢？從統計數字看，現有森林覆蓋率爲百分之十三。多分布於交通不便的高山區和深山區。現在北京地區原始森林已完全絕跡，僅殘留了部分天然次生林，約115.5萬畝。覆蓋率達百分之四點六。人工林約64萬畝，覆蓋率占百分之二點五。經濟林145.4萬畝，覆蓋率爲百分之五點八。果林133萬畝，覆蓋率爲百分之五點三④。只有零星地方天然次生林在地表覆蓋率能達到百分之二十。僅這些統計數字還不能全面說明北京地區現有森林植被的狀況。北京現有森林的質差，林相差，樹種雜，多爲幼樹林，林內密度小，立木量少⑤。下面從北京土地利用的統計來看現有森林分布和地位。

北京市土地利用結構

	土地總面積	耕地面積	林地面積	荒山荒地	水面積	其　他
萬　畝	2521.20	615.17	329.56	618.02	33.50	889.07
％	100％	25.8％	13.1％	24.4％	1.3％	35.4％

今昔對比，森林破壞是嚴重的。這不禁使人發出疑問：北京歷史時期茂密的森林及草原植被是怎樣被破壞了的呢？破壞的具體過程又如何呢？

二、北京地區森林植被破壞的歷史過程

北京歷史時期森林植被破壞的過程是漫長的。自人類出現之後，人們衣、食、住行的活動無不與動物和植物有關，都有可能破壞森林。促使森林破壞的直接原因是不合理的土地開墾、大規模的建築、薪炭伐林，戰爭焚伐和縱火圍獵。

㈠春秋戰國至隋唐五代時期的森林破壞

周口店的猿人，必須向森林索取果實、種子為食。山頂洞人有時以火為武器焚毀森林去獲得野獸，都會破壞森林。但是那時終因森林茂密、人力有限，不致形成嚴重破壞。

春秋時期這裡出現了薊國和燕國，戰國和秦漢時期，燕已逐步成長為「渤碣之間一都會也」⑥。史稱「燕之涿薊，富冠海內，天下名都」⑦。那時它已成為北方各民族與地區進行經濟貿易的一個大都會。西漢平帝時全國人口統計為五千九百多萬，廣陽郡（所轄範圍部分在今北京市區稍南）二萬多戶，七萬多口。人口的多寡，制約著土地開墾與居民點附近森林的消耗。當時由於森林茂密，取用方便，成為統治者恣意濫伐與掠奪的對象，今試舉一例來說明之。

1974年發現的大葆臺陵墓，被鑑定為燕王旦的墓。史載燕王旦非常暴虐，經常圍大獵。他的墓不用一磚一石，全用木料堆壘

而成，長40多米，最寬處18米，深3.7米。墓中僅「黃腸題湊」一項就用了柏木15,860根，巨量的木炭和外藏椁木還不算在內⑧。

戰國時期，這裡的棗栗就馳名全國。「燕國……北有棗栗之利，民不佃作，棗栗之食足于民矣。」⑨規模不小的木本糧食種植也是在斬伐天然森林的基礎上發展起來的。最有利的種植地，是平原與山地交匯的淺山區。種植農業的集中地是在井圈密集區和水利設施附近，如戾陵堰、車箱渠和督亢陂等，點帶狀地沿展開來。開發地附近，森林有相當破壞，餘皆保存完好。

隋、唐時期幽州的人口有了進一步的發展⑩，隋大業四年（602年）大運河「北通涿郡」。薊已發展成為北方的軍事重鎮了。山區發展是興建佛寺，開闢宗教中心，如西山區的龍泉寺（始創於晉，今潭拓寺）、聚慧寺「明改為戒臺寺」、兜率寺（今臥佛寺）、盧師寺（在今八大處）、感應寺「後改證果寺」，房山縣的雲居寺，盤山的天香妙應寺、天成寺（一名福慶寺）、雙峰寺、白巖寺等。除這些寺廟附近的一些地區森林有局部破壞外，其餘廣大山區的原始森林還處於自生自滅的階段。唐代貞觀年間，石經山下雲居寺側，六月間一夜漲水「浮大木千餘株至山下」⑪。隋大業年間也有「幽州沙門」於「西山鑿岩為石室」，「一夜暴雷雨，明旦既晴，見山下有大木松柏數千，為水潭積于道」⑫。北京東面盤山地區創寺僧人記載：「太和二年（829年）屆盤山頂，多逢獸跡，莫面人蹤」，「皎月銀河借為燈燭，松風石溜指作笙簧」⑬。當時山區茂密的原始森林內，偶當山洪暴發順水沖下一些木材巨樹是有可能的。

到了唐末五代時期，北京平原的廣大區域仍然人煙稀少，又經戰亂影響，出現「自涿州至幽州百里人跡斷絕」⑭的情況。

總之，隋唐五代之前，北京地區除郡縣、村落附近以及水利設施、交通路線沿線，原始的天然森林有所破壞而外，其餘廣大

山區及平原地區森林衆多，人力有限，一時還未造成很大破壞，即便有的地方一時森林破壞，基本上也能由森林的自然更新來補償。地表並沒有出現缺少森林的不便，也沒有因森林的減少使得自然界出現不平衡和不協調的現象。

㈡遼、金時期北京地區的森林植被破壞

西元十世紀，薊城已由渤碣之間的一大都會，上升爲遼的陪都——南京了。隨著城市地位的提高，人口增加，經濟繁榮，木材的消耗量也較前大幅度增加了。

遼、宋之間的長期戰爭，是破壞森林的一項原因。據《遼史‧兵制》記載：「南伐點兵，多在幽州北千里鴛鴦泊，及行並取居庸關、曹王峪、白馬口、古北口……」，「沿途居民，園囿、桑柘必夷伐焚蕩」。「其打穀家丁，各衣甲持兵，旋團爲隊，必先斫伐園林，然後驅掠老幼，運土木塡壕塹，……又於本國州縣起漢人鄉兵萬人，隨軍專伐園林、塡道路。禦寒及諸營壘、唯用桑、柘、梨、栗。軍退，縱火焚之。」⑮數以萬計的隊伍，首先有目的地破壞人工果木林，其次因行軍宿營的需要也砍伐和焚毀自然林。被軍隊破壞的森林，多位於從鴛鴦泊經居庸關、曹王峪、白馬口、古北口等各條交通路線沿途，以及戰爭或駐軍地附近。

以狩獵和游牧爲業的民族入主關內，其生產生活習慣也隨之帶來。遼主幾乎年年游幸與弋獵，記錄史不絕書。擇其在今北京表列於下。

弋獵於平原的湖沼地區，以捕獵「鵝鷲」之屬的飛禽較多，左山區捕獵，則以走獸爲主。遼代在北京的弋獵，由於國主出動，貴族、勳戚、王公、大臣、后妃參加，帶有打獵的專門隊伍，「衛士皆衣墨綠」，這就會造成對北京地區生物生態系統的破壞。熊是森林動物，一日之內獲熊之多，一方面說明圍獵規模的龐大；另一方面也可概見當時黃花鎮一帶山嶺森林茂密，野生動物十分

豐富。

遼代的南京「僧居佛寺冠北方」，今留下當時的寺廟及遺跡，遍於城鄉各地⑯。山區的盤山、房山、西山一帶很密集。這些佛寺的興建和維修都需要消耗大量的木材，造成對森林植被破壞的又一項原因。

遼代木本糧食林「栗園」林的發展，也可以看出當時人工林更新天然林之一斑。管理栗園的專門「衙門」，如「北衙栗園莊官」、「典南京栗園」⑰等，也分布普遍。現今的城郊、門頭溝區、豐臺區、密雲縣、昌平縣⑱都有栗園，其大多與遼代的栗園有關。

出 獵 年 代	出獵時間、地點及內容	依 據 文 獻
西元940年(會同三年)	獵於盤山。遼「每春季，獵於延芳淀」	《遼史・地理志》，卷四十，第496頁。《遼史》，第1061頁，中華書局本。
西元942年(會同五年)	獵於西山。	同上，《游幸表》。
西元980年(乾亨二年)	獵於檀州之南。	《遼史・地理志》，卷四十，第496頁，中華書局本。
西元986年(統和四年)	獵於燕山。	《遼史・幸游表》，第1051頁，中華書局本。
西元987年(統和五年)	幸潞縣西，放鶻擒鵝。	《遼史・聖宗紀》。
西元988年(統和六年)	獵於沙河。	《遼史・幸游表》，第1054頁。中華書局本。
西元989年(統和七年)	駐驆延芳淀，獵於薊州之南甸，釣魚曲水濼。	《遼史・聖宗紀》。
西元990年(統和八年)	三月，幸盤山諸寺，獵於西括山。	《遼史・聖宗紀》。
西元992年(統和十年)	射鹿於湯山。	《遼史・幸游表》，1054頁，中華書局本
西元993年(統和十一年)	幸延芳淀。	《遼史・幸游表》。
西元994年(統和十二	正月幸延芳淀，十二月獵於	《遼史・幸游表》。

年)	州西匋。	
西元995年(統和十三年)	正月幸延芳淀。	《遼史‧聖宗紀》。
西元996年(統和十四年)	漁於潞河。	《遼史‧聖宗紀》。
西元997年(統和十五年)	幸延芳淀。	《遼史‧聖宗紀》。
西元1000年(統和十八年)	幸延芳淀。	《遼史‧聖宗紀》。
西元1002年(統和二十年)	幸延芳淀。	《遼史‧聖宗紀》。
西元1016年(開泰五年)	獵于渾河之西。	《遼史‧幸游表》。
西元1025年(太平五年)	獵于檀州北山。	《遼史‧幸游表》。
西元1036年(重熙五年)	九月,獵于黃花山,獲熊三十六。 遼每季春,弋獵于延芳淀。	《宸垣識略》,卷十六,第290頁。

　　總之,遼代由於城市地位的提高,城區規模擴張,木材的客觀需要量增加了。居民點密集,開發充分,森林破壞厲害的地區僅限於沿著山地與平原交匯處一線。廣大山區是「虛老喬松、樹珍禽異」[19]。

　　北京在金代稱爲「中都」,森林植被的破壞較遼代略有增加。首先是擴建的中都城比遼的南京城建城面積要大得多[20]。中都城的人口也較遼代爲多。史載中都宮殿的營建木材主要取自「眞定府潭園」[21]。規模宏大的宮闕城市也會消耗本地的木材與森林。

　　金代帝王幸游與弋獵的風氣也很盛行。他們把田獵作爲演武的一種方式,大臣梁襄曾經上書說:「戰不可忘,畋獵不可廢」,又說:「況習武不必渡關,涿、雄、保、順、薊之境,地廣又平,且在邦域之內,田獵以時,誰曰不可?」[22]在北京地區及其附近的主要游幸記錄如下。

出　獵　年　代	出獵地點及內容	依　據　材　料
西元1144年(皇統四年)	十月，獵于密雲。	《金史》，第153頁，中華書局本。
西元1145年(皇統五年)	十二月，獵于近郊。	《金史》，第137頁
西元1146年(皇統六年)	六月庚子，獵于銀山。	《金史》，第138頁
西元1153年(貞元元年)	獵于良鄉。	《金史·海陵紀》。
西元1154年(貞元二年)	九月己未，獵于近郊，丁卯次順州，乙亥復獵于近郊。	《金史·海陵紀》。
西元1159年(正隆四年)	十月乙亥獵于近郊，觀造船于通州。	《金史·海陵紀》。
西元1182年(大定二十二年)	獵于近郊。	《金史·章宗紀》。
西元1186年(大定二十六年)	八月甲午秋獵，九月庚子次薊州。	《金史·章宗紀》。
西元1193年(明昌四年)	三月幸香山永安寺及玉泉山	《金史·章宗紀》。
西元1198年(承安三年)	七月幸香山，八月獵于香山	《金史·章宗紀》。
西元1200年(承安五年)	八月幸香山。	《金史·章宗紀》。
西元1206年(泰和六年)	幸香山，十二月甲子出獵酸棗林，大風寒凍死五百餘人，罷獵。	《金史·章宗紀》。第249頁。
西元1202年(泰和二年)	丙晨，獵于近郊。	《金史·章宗紀》。
西元1203年(泰和三年)	獵于近郊。	《金史·章宗紀》。
西元1207年(泰和七年)	獵于近郊，九月丙戌獵于近郊，十一月甲午，獵于近郊	《金史·章宗紀》。
西元1190年(明昌元年)	八月丁未，獵于近郊。	《金史·章宗紀》。

　　為了行幸與田獵，建立了許多行宮與駐驛臺所。這些建築需要就地消耗大量的木材。龐大的圍獵隊伍，也常常破壞森林和自然環境。今試舉一例來說明之，位於昌平縣西南、貫市附近的駐驛山，「金章宗嘗游焉！登臺而歌，題石而嘆，下觀于野，蓋燎而獵馬」[23]。「燎獵」即焚林以行獵也[24]。此地是石灰岩山區，喬木焚毀之後，很難自然更新。到了幾百年之後的明代中葉寒岩附近只見「異草、奇石、灌木」[25]一片次生灌木林景象。

　　此外，金海陵王謀南侵，在通州潞河造戰船，在「燕山北隅」造軍器。周麟之「造海船行」說：「坐令斬木千山童」[26]。語氣

雖有些誇張，但這確實是一次大規模的森林破壞還是可據的。

總之，遼、金之際是北京地區向全國政治中心過渡的時期，也是天然森林開始大規模破壞的時期，森林的破壞量已逐步超過了自然的更新能力。一旦森林的破壞速度開始超過更新的能力，天然森林的減少就成爲必然的趨勢了。此時北京的山區森林仍有相當保存。「幽冀之區，鬱鬱蔥蔥」㉗，「重岡疊翠」㉘，「峰巒秀拔，林木森密」㉙，「山徑阻修，林谷腌靄」㉚就是當時森林保存尚較好的寫照。

㈢元大都時期北京地區的森林破壞

元代的北京地區，特別是北京的西山區，森林遭到了大規模的破壞。其原因首先是由於空前規模的元大都城的興建㉛。歷代帝王如秦、漢、隋、唐的城池宮闕已「宏麗可怖」㉜，元大都城是另闢新址，以「蜀山兀、阿房出」的氣勢，以空前的規模進行重建。曾到過大都的馬可波羅記錄說：「大殿寬廣，足容六千人聚食而有餘，房屋之多可謂奇觀。此宮壯麗高瞻，世人布置之良，誠無逾此者。」㉝

這項工程計劃得十分周詳而完備。「至元元年（1264年）劉秉忠請定都于燕，主從之詔營城池及宮室。」㉞「至元三年（1266年）八月郭守敬請開玉泉水通漕運」㉟。同年「鑿金口漕西山木石。」㊱通過漕運從西山運來大量木石，準備了一年之久才於至元四年「夏四月甲子新築宮城」㊲。到了至元二十二年（1285年）宮殿工程與築城工程基本完工。金元之際，金口河、盧溝河的漕運對於城市的經濟生活以及元城的興築關係極爲密切。郭守敬曾經說：依舊河身開挑河，其利極好。有西山所出燒煤、木植、木炭等物並遞來，江南諸物海運至大都，好生得濟……」㊳。將興建大都宮闕、城池、寺觀、衙署、街道房屋等所需的木材，通過渾河、金口河漕運排放而來。元大都數十萬人口及工匠

所需的煤炭和木炭也來自西山。採伐西山林木的工程由政府官員指揮管理，其規模與場面可從元代《運筏圖》㊲中看出一斑。此圖反映了元代由政府組織經營，大規模對西山森林掠奪式的採伐，然後串坡集材沿著河道運輸。

元代對森林破壞的記錄還不僅是以上這些。至元十五年多十月（1278）「丁卯，弛山場樵採之禁」。「至元十九年（1282年）四月，弛西山薪炭禁」。「至元十六年（1279年）建聖壽萬安寺于京城」㊵。二十二年（1285年）十二月「以中衛軍四千人伐木五萬八千六百，給萬安寺修造」㊶。至元廿七年（1290）四月，「發六衛漢軍萬人伐木，爲修縣城」㊷。僅通惠河在至元廿九年（1292年）的修理用木就是163,800根㊸。這一年改修慶豐一閘，就「輸木萬章」㊹。當此大都地區森林過度砍伐之後，又於至元十三年（1276年）春正月「徙大都等路獵戶戍大洪山之東」㊺。「至元二十二年（1285年）以北京伐木三千戶屯平灤」㊻。遷走獵戶與伐木戶都是與森林遭到大規模破壞有關。

元代帝王和貴族的田獵較前代有過之而無不及。這是造成北京地區森林植被破壞的又一重要原因。馬可波羅記載：「大汗每年初，陰曆二、三月時獵於近郊，由漷州東北赴柳林，地在長城外不遠」。出獵時裝備之豐盛，專門隊伍之龐大也是頗爲驚人的㊼。年年數萬人「騰山而疾馳」㊽的田獵，對森林、草原植被的自然環境破壞是嚴重的。

另外，諸王、駙馬及權豪勢力之家也每每縱火而獵，致使森林焚毀，延燒民房，危害農業。圍獵成災是形成年穀不登的原因之一。在迫不得已的情況下，英宗於至治三年（1323年）頒行《大元通制》，規定：「諸縱火圍獵延燒民房舍錢穀者斷罪勒賞……；諸王駙馬及諸權貴豪右侵占山場、阻民樵採者罪之。諸年穀不登，人民愁用，諸王達官應出獵者、並禁止之……」㊾。

元大都由於人口增加，土地進一步開墾，建築、薪炭以及圍獵對森林破壞很大，人民生活中已開始出現木材短缺的不便，居民的薪炭供應已漸不敷，而用石煤代薪⑩。那時皇室貴族等上層富戶的木材消耗量仍然很大。例如在房山縣「至正五年（1345年）冬十月，中興庫提典引校尉數員，稱資政院委官和買木炭，逐年節次不下數十萬斤。侵漁百姓，無可審訴」㉑。僅房山一縣曾經供資政院薪炭就達「數十萬斤」，這對森林的破壞是很嚴重的。

至元十三年（1276年）在霧靈山設立伐木官，用途是「檀州大谷錐山出鐵礦」燒炭冶鐵㉒。此外，遵化縣也有因冶鐵而「費薪炭無數」㉓的記載。

總之，元代是北京地區森林植被遭到連續大規模的破壞的時期。特別是西山的原始森林集中過量採伐之後，在陡坡和炭石裸露的山地則很難更新恢復了。元代之後西山的原始森林僅部分殘餘保留。但北面軍都山自居庸關至南口一帶交通路線附近仍有「黑樹松林中有間道」㉔騎行一人終夕可至。軍都山森林保存較好稱爲「林木暢茂」㉕。

㈣明代北京地區的森林破壞

明初北京的北及東北部山地，即軍都山、燕山及盤山一帶，天然森林仍有較好保存。永樂遷都於北京，宮庭用炭「則于白羊口、黃花、鎮江、螺山等採辦」㉖。「當永樂中，後軍都督供柴炭役，宣府十七所採之邊關。」㉗到了「宣德初，以邊木可扼敵騎，且邊軍不應他役」才「詔免其採伐」㉘。這時爲了軍事上的需要，曾對邊牆附近的森林採取了保護政策：「左衛諸山，南自鳳凰起，西至居庸關、東至蘇家口、北至黃花鎮皆禁樵牧。林樹載列，森翠鬱蒼，四時無改。嘉靖二十九年（1550年）虜人來犯東門，我兵潛伏林內奮出，大獲奇捷，虜退至今不敢犯」㉙。明嘉靖二十年（1541年）前，燕山仍是「重岡復嶺，蹊徑狹小，林

木茂密」⑥。成化年間（1465—1487年）「復自偏頭、雁門、紫荊，歷居庸、潮河川、喜峰口直至山海關一帶延綿數千里，山勢高險，林木茂密，人馬不通」⑥。明初渾河上游仍有小片殘餘原始森林。「成祖重修三殿有巨木出于盧溝」⑥。此後到明中葉，王嘉謨《北山游記》記錄了出西直門過高梁橋、甕山、百望、經燕平、貫石至駐驛山一帶，已開墾爲農田。於交通不便的雅思山、走集西十里的清水澗一帶則「山皆奇峭龍嵸」，「蔚澗森蕭」一片茂密森林。喬木、藤本、灌木、草本皆有，使得林內「沈黯迷離」。經鰲魚嶺、金鷹、走集方圓二十餘里之內，一派原始森林的地理景觀。在大小山峰之巔，則爲松柏。山坡之上則「莎、蓲西之，楸、檀、栢、柏之木宛宛相構」。又十里到炭嶺，這片森林才到盡頭。炭嶺附近「遠聞伐木之聲」⑥。

西自渾、蔚等州，中經居庸關、古北口、黃花鎮一線，東到喜峰口沿著長城邊牆，昔日「蹊徑狹隘，林木茂密以限虜騎馳突」⑥的大森林，「不知何人始於何時，及以薪炭之故，營膳之用，伐木取材，折枝爲薪，燒柴爲炭，致使木植日稀，蹊徑日通，險隘日夷」⑥。僅百多年後，到「隆慶（1567—1572年）……修邊臺橋館萬役，今千里古松盡失矣！」⑥這「千里古松」主要是明嘉靖（1522—1566年）間砍伐的。史載「近邊諸地，經明嘉靖胡守中斬伐，遼元以來古松略盡」⑥。如此大規模的森林破壞引起當時一些有識之士的憂慮，發出「雖木生山村，歲歲取之，無有時已。苟生之者不繼，則取之者盡矣！竊恐數十年之後，其物日少，其價日增，吾民之採辦者愈不堪矣！」⑥。提出「以石煤代薪」及「沿山種樹」⑥的建議，但是「沿山種樹」的良好意見在封建帝王統治之下只不過是一紙空話！

宣德（1426—1435年）年間開始，宮庭用炭「設易州山廠官總理」⑥。它是燒炭供應內府的機構。「民之執茲役者，歲億萬

計。車馬輳集，財貨山積，亦云盛矣。」⑱爲什麼把山廠設到易州呢？「昔以此州林木蓊鬱，便于燒採」⑲。嘉靖年間「定額歲用柴炭各二十萬斤」，到了明末已「數百里內皆濯濯然。舉八府五州數十縣之財力，屯聚于茲，而歲供猶不足。民之膏脂日已告竭，在易尤甚」⑳。由此可以概見明代宮庭用炭對北京及其附近地區森林植被破壞之一斑。

　　明代民間分散的對森林砍伐與變賣在數量和品種上也是可觀的。當時由於商業經濟發展，城市人口猛增，北京人口達七、八十萬㉑，「萬國梯航，鱗次畢集」㉒，「市肆貿易，皆四遠之貨；奔走射利皆五方之民」㉓。在經濟利益的促進下，木材與木器業很發達，明政府對林木的砍伐與變賣設立了專門的稅收機關——「抽分局」。「永樂六年設通州、白河、盧溝、廣積五抽分局」㉔。木材在民間採伐後轉運與變賣的集中地就是抽分局的設立地。抽分的木材種類達四、五十種之多，反映了當時市場上木材及製品的興盛與木材的需求量很大，這又是使得北京地區森林植被破壞的一項原因。

　　元、明兩代是北京平原地區的大規模開發時期。元末丞相脫脫及集賢學士虞集招募江南農業技術工數千人來京參加修築圩堰種植水稻㉕。明初大量移入江南及山西移民，開展軍屯與民屯，致使北京地區人口和聚落猛增㉖。軍屯和民屯的新居民點在有的縣比原來的村落還多㉗，有的縣與原來的村落數量相接近。隨著軍屯、民屯和新聚落的增長，開墾的土地面積也增加了㉘，並且主要集中於平原地區。這就比較徹底地改變了平原地區分散存在的森林、草原和沼澤相間的地理景觀面貌，使之基本上爲農業文化景觀所代替。

　　元、明之際，特別是在明代留下的記錄表明，如下一些山區森林被砍光了。「黑松山，密雲縣北七十里，志載元時有黑松林，

今無」⑦。「平谷縣，古漁陽地……撫臺溫公令守軍採薪燒炭以濟其役」⑧。檀柘寺前明初「林木千萬章者」到了明末已「烏有」⑧了。

明代北京的寺廟與森林的關係密切，寺廟之多是空前絕後的。志稱「都城自遼金以至於元靡歲不建佛寺。明則大璫無人不建佛寺。梵宮之盛，倍於建章萬戶千門。成化中，京城內外敕賜寺觀已至六百三十九所。」⑧萬曆年間，「如宛平一縣版圖僅五十里」而寺廟「已五百七十餘所」。「其徒凡幾萬千」⑧。寺廟在西山區是一集中區，其間風景林與水源林在寺廟周圍分布，有的連接成點片狀，從某些布局看上去，仍「林麓蒼黝，溪澗鏤錯其中」⑧。除高山交通不便的少數地區及寺廟周圍，在明代後期廣大地區森林僅殘餘保存。寺廟風景區則「奇峰怪石、幽泉邃壑、茂林澄湖與夫琳宮仙梵輝映金碧」⑧。如環蔽於臥佛寺諸刹前的退谷〔即櫻桃溝〕「谷口甚狹，喬木蔭之……前水可流觴，東上石門巍然曰：湮霞窟，入則平臺南望，萬木森森」⑧。

㈤清代北京地區的森林破壞

清代對北京原餘留下來的森林植被進一步進行破壞。北京平原地區森林、沼澤與草原經歷代破壞，特別是元、明兩代的開伐，到了清代乾隆年間已「耕墾相望、地無餘利」，「數千里皆成沃壤」⑧了。原來殘存的森林，只有在人工的嚴密保護下才有零星地分布了。因此，清代要在北京地區再進行大規模的砍伐，已不可能。由於人口增加，建材和薪炭所需的木材仍然有增無已，因此對山區的殘存森林加速破壞以及外地的木材大批湧入北京市場已成為必然的趨勢。「康熙三十八年，准內地商人往虎北口外伐木，入口販賣驗放輸稅」⑧。之後，伐木的地點退至偏嶺、喜峰口一帶⑧。清代後期及民國年間，北京的建材用木大多數是黃松木，產自奉天（在東三省境內）和福建⑨。

因爲木材供不應求，價格高昂，原先廟宇周圍的林木，帝王山陵附近一直受到嚴格保護的森林，遭砍伐。例如葬於良鄉縣大洪谷的金代帝王陵，當年曾「峰巒秀出，林木隱映」，「有古松千章」⑨。可是到了清乾隆十八年（1753年）就出現「牧擾樵侵不忍言」⑨的殘破景象。昌平明陵原是「有數十萬株蒼松翠柏」⑨的一片大林海。「黃花鎮在天壽山之後，爲皇陵之玄武山，二百年來松楸茂密，足爲藩蔽」⑨。明亡之後不多久，也就「芻伐盡矣」⑨。

清代在北京地區的平原上已「地無餘利」，而山區則是大開發時期。山區的人口急劇增加，居民點增多，將可能耕墾的土地都盡量墾種起來，致使殘存的零星天然森林和次生林都受到很大破壞。清代的薪炭供應已大爲不敷，煤的用量大增。「京師不尙薪而尙煤。煤出於西山，馱以駱駝，絡繹不絕，行道苦之。有侍御某奏以五頭一隊，不使聯屬以礙行人」⑨，這就是煤用量大增的寫照。

清亡之後，清東陵、西陵的蒼松翠柏很快就被砍伐光了。其中「東陵多木，有數百年者，皆良材也。」錢（錢能訓，爲國務總理）與載（載澤，爲守護大臣）遣人伐之，運津以售，獲利甚豐。故時人爲之諺曰：「宰相伐東陵」。

就這樣，北京歷史上山區茵蓊綿延、鬱閉度很大的天然森林，平原地區蒼翠的森林、草原以及星羅棋布的沼澤，在人類歷史時期大規模的干擾破壞之下，逐漸喪失，終而殆盡了。天然森林破壞之後，一部分土地成爲田園耕地；一部分成爲宜林荒山，一部分又生長起了天然次生林。由於長期以來對森林掠奪式的砍伐，並沒有採取培植與砍伐相結合，間伐等方法，天然次生林一次又一次地受到砍伐與破壞，向著宜林荒山或石頭荒山轉化。這就是歷史時期北京地區天然森林植被破壞的歷史過程。

三、森林破壞對地理環境的影響

　　自然界是一個互相聯繫、互相影響、互相制約的有機統一體。大氣、水分、岩石、土壤和生物界在地表密切接觸，互相滲透。不斷進行物質和能量交換，形成一個自然環境系統。植被作為自然界的一面鏡子，在環境系統諸因素間起了橋樑和紐帶的作用。北京歷史時期森林植被的破壞影響和牽動了自然環境其他因素的變化，終而使整個環境系統都發生了一系列的變化。今分述如下：

㈠森林破壞對河流幹道的影響

　　永定河古代曾經有過美好的名稱，叫做「清泉河」。自有明確文字記載以來迄至西元 936年遼建陪都南京為止，二、三千年間很少有泛濫改道的記錄。人們曾引其灌溉，遼金之前灌溉之利，延連相繼史不絕書，它對薊城及其附近地區的經濟發展是有貢獻的。此外，它還有航運之便。隨著森林植被的破壞，泛濫和決堤的記錄越來越頻繁。遼代以前很少有泛濫改道記錄。自遼建都南京起，至遼被金滅，共歷一百八十七年，僅有兩次泛濫記錄。金代平均二十二年泛決一次。元代平均七年泛決一次。明代約十三年泛決一次。清代平均約三年半泛決一次。1912年至1939年間，永定河盧溝橋以上漫決十四次，其中有兩次洪水進入北京城。

　　近幾百年來，人們對渾河的泛濫談虎色變。這一隱患又近在京畿，歷朝政府為了治理此河使人力物力耗費無窮。僅清代用於永定河堤坊工程的銀兩，累計達四百七十三萬餘兩⑨。若加上歲修經費和河工機關的日常費用，經費總開支不下一千萬兩。這還不包括泛濫時受災各縣人民的生命財產損失。對永定河歷史上的治理，元代名臣托克托、郭守敬、虞集等；明代名臣徐貞明、丘濬、汪應蛟、左光斗、董應舉等紛紛議行。到了清代，上至康熙、乾隆皇帝以及于成龍、曾國藩、李鴻章等對永定河的堤坊治理，

莫不親自過問。議論的奏章、計劃、疏議何以萬計，終因沒有把握住森林破壞這一重新調節和分配地表水分循環的機制，所以並未根除水患。

北京其它河道如潮白河等，歷史上的變化也同樣與森林植被破壞有密切關係，這裡就不多述了。

(二)森林破壞與地下水的變遷

北京歷史上曾有許多名泉與瀑布。它們點綴風景，補給河流，灌溉土地，滋潤作物，和人們生產、生活關係很大。可是近百年來，隨著森林的破壞，這些名泉與瀑布有的已徹底消失，有的水量減少變得有名無實了。

以瀑布言之，清水院（今大覺寺），香山碧雲寺、香山寺、五華寺、瀑水崖（在房山縣東三里）等等，歷史上都有瀑布的記載。

北京歷史上一些流量可觀的名泉，也隨著森林的破壞流量減少，有的甚至消失了。例如元初曾引白浮泉、一畝泉、馬眼泉等，西折南轉，遠自昌平經雙塔、榆河、一畝、玉泉諸水引入大都城內積水潭以濟漕運。可是到了明代再尋舊脈導引，力圖恢復故運道已不可能，清乾隆皇帝因為白浮泉水有名無實今不如昔而感嘆說：「元史所載引白浮，甕山諸泉者，今不可考。」⑱

明代的海淀，「平地有泉，瀇灑四出，淙汨草木間，瀦為小溪，凡數十處，北為北海淀、南為南海淀」。⑲這數十處的小泉，現已不存。萬泉莊泉宗廟經乾隆二十三年（1758年）提名的即有二十八個（實際有三十一個，三個在廟內），今多湮塞⑳。豐臺附近的麗澤關，元代曾有「百泉溪」，由泉水餘穴匯而成溪，東南流入柳河村㉑。現在在也已乾涸了。

昔日地下水源豐富，出現不少「井高於地」，「泉高於井」的自流噴水井。例如明代「安定門外」循古壕而東五里有滿井，

「一潤百畝，四時流溢。」⑩又德勝門西北東鷹房村，有滿井「廣可丈餘……泉味清甘，四時不竭，水溢於地，流數百步而爲池」⑩。居民利用它來灌漑蔬菜。此外，在西山腳下的臥佛寺以及順義、平谷等許多地方都有「水常泛起，散漫四溢」，「清泉突突，冬夏不竭」⑩的滿井。可是這些滿井現在已經消失了。

遼代的南京地區，以「水甘土厚」⑩，農業發達而著稱。在「開陽門」廓傍有義井精舍，是因井水「清涼滑甘因以名焉」⑩。金大定年開鑿的龍谷泉，其味「極甘」⑩。元大都城內有「西甘泉坊」和「東甘泉坊」⑩，都因其水質良好，泉味甘甜。明代泉水井仍有不少，如天壇井，右安門外魏村社井，盧溝橋的密井，平谷縣的龍泉，都是有名的甜水井。可是到了明末，城區附近水質惡化，出現「京師土脈少甘泉，顧渚春芽枉費煎，只有天壇石鑿好，清波一勺買千錢」⑩甜水罕見因而昂貴的情況。到了清代末年，旅居北京的人更感到「京師之水，最不適口，水有甜苦之分，苦者固不可食，即甜者亦非佳品，……不怕米貴而怕薪水貴也」。⑩到了民國年間，地下水的硬度已普遍很高，飲用不佳，就連居民洗滌都難用井水了⑩。森林破壞大大削弱了地下水的淨化能力，加之水源減少，地下水普遍變苦、變澀，硬度增高。總之，天然森林的破壞是地下水變質變壞的原因之一。

㈢對野生動物的影響

北京歷史上茂密的天然森林及肥美的草原是各種野生動物的棲息場所。野生動物種類繁多、數量可觀。遼、金、元三代帝王連年在北京近郊打獵，其規範之大前文已略述之。獵獲物有野豬、熊、鹿、野驢、狼、狐、花鹿、牡鹿、牝鹿及其他野獸⑩。由於野生動物多，個別的還會跑到京城來。例如金「泰和八年（1208年）八月乙酉，有虎至陽春門（東南門）外；駕出射獲之」⑩。明代弘治戊午（1498年）夏，京師西直門熊入城。⑩遼重熙五年

（1036年）秋天，在黃花山一日之內就「獲熊三十六」。

現在北京的野生動物食肉和偶蹄目中只剩下狼、貉、赤狐、黃鼬、獾、果子狸、山貓、金錢豹、野豬、麋、青羊這幾種⑮了。歷史時期曾生息於此的虎、麋、麝、麂、熊、野驢、黑狸、彪、蚱蜢、銀鼠等多種野生動物在本區已完全絕跡。今殘存下來的野生動物數量已大為減少，分布地區也大大縮小。

有些珍貴奇特的動物，由於森林破壞至今已絕跡或瀕於絕跡。如麋鹿（四不象）、雙乳燕、⑯白狐⑰、白鵲⑱、三足烏⑲、四足烏⑳、重唇魚㉑等今都不見了。這都是因為人類的開伐、捕殺，森林植被的破壞，使野生動物生活的環境有了很大的變化，因而野生動物大量減少、絕跡。

㈣對空氣的影響

森林能淨化空氣，對空氣中的二氧化硫、氮、苯、氟等有害氣體能吸附與轉化。它還可以減少城市噪音和各種輻射電磁波。

現在北京是一個大氣污染嚴重的城市。「國家規定：城市每平方公里每月降塵量為六至八噸」，但1979年三月監測「北京市居民區達到39噸，首鋼工業區高達285噸」㉒。天空能見度極差。

歷史時期，天然森林尚有一定保存，空氣新鮮清潔，能見度大，視野開闊。金代開金口河時，登上金口水發源處可見「與通州塔平，又與南城昊天寺塔平」㉓「蓋於金口山一望則塔心在平其勢可知矣」㉔。明代中期登上今八大處的平坡寺「日霽都城九門三殿，隱之可識」。㉕登上甕山（今頤和園）「可以望京師，可以觀東潞〔溫榆河〕」㉖。在順義縣西北三十五里的史山「南望京師城闕，金碧炫目」。㉗像這樣的記錄在歷史時期層出不窮，反映了當時空氣清潔、天空能見度很好，這是現在人們所難於想像的。

森林可以增加總蒸發量，改善空氣的濕潤狀況。現在北京多

春季節極爲乾燥。歷史時期有森林密布的地方，若還有山峰環繞，環境則多霧多露。如明代香山臥佛寺「萬木森林」，「水可流暢」，則雲霧朦朧，被稱爲「煙霞窟」。⑱「霧蒙其上，四時不絕」⑲。「密雲山小……以上藏雲霧取名焉」⑳。石經山「好著石雲，腰其半麓，日白帶山」。㉑「涿州西北五十里有大峪焉，其狀甚怪，因以惡峪呼之。漢世已有此名，……峪中雲氣彌漫，四時不絕」。㉒可是隨著森林的破壞，惡峪之名今已存，昔日多雲多霧的地理特色今已消失了。

㈤對農業結構及地理環境其他因素的影響

從戰國到元代，狩獵作爲農業生產活動中的一個組成部分，曾經是發達的，唐代高適寫詩說：「幽州多騎射，結髮重橫行」，「紛紛獵秋草，相向角弓鳴」。㉓古代北京的野生動物多，民間的狩獵風氣盛行。

從春秋到金元之際畜牧業在本區也很發達，其地位與種植業相當。《周禮·夏官·職方》載：「東北曰幽州，……其畜官四擾；其穀官三種」。這裡所說的幽州包括了今北京地區。鄭玄注「四擾：馬、牛、羊、豕」；「三種：黍、稷、稻」。《左傳》也說「冀北之土，馬之所生」。到了唐代仍「冀北之土，馬牧之所蕃庶」㉔。本區的馬是良種馬「冀馬塡廄而馬且駿」㉕。杜牧「北登薊丘望，牧馬空黃埃」㉖就是城郊牧場寫照。

隨著天然森林的破壞，地區農業開發加劇，人口猛增，發展農業的自然條件發生了很大變化，狩獵業消失了，畜牧業地位大大下降了。

另外，天然森林破壞之後還引起地理環境其他許多因素的變化。其中之一是加速了平原地區湖沼的消失。

北京歷史時期平原上曾有許多形狀不一，大小各別的湖沼。它們位於各河流的下游地段。這些湖沼本身的自然發展過程就有

遷移和縮小的趨勢。一旦天然森林破壞之後，河流泥沙含量大增，加速了湖沼的沉積速度，加之，元明以來對這些湖沼進行屯田與圍墾，更加速了湖泊的湮滅。

　　遼代的延芳淀是一個「方數百里」[137]的大湖，縣東北臨瀕於潞陰鎮，明中葉它就大爲縮小了。「延芳淀在潞縣西，廣數百畝」[138]。至清乾隆年間它已完全湮廢了[139]。其它如遼代的飛放泊，到了元代變成黃埃店、馬家莊、栲栳岱三個小的飛放泊，明以後也湮滅了。其他如柳林海子、夏淀、葦淀、七里泊、燕家泊等也湮滅於元明之際。這些泊淀湮滅之後，往往成爲畜牧場場所，柳林海子即是一例。

　　森林破壞使得河流泥沙含量大增，引起河道改道，形成大面積的條帶狀沙丘。多春季節又形成「風沙緊逼北京城」，大風一起天京天昏暗。森林破壞又引起一些地方土壤鹽鹼化，這裡就不多述了。總之，在自然界這個統一體中，因森林的大規模破壞，近幾百年來使北京地區整個自然環境系統和地理景觀面貌都發生了深刻的變化。

【附註】

① 中國科學院自然區劃工作委員會，《中國綜合自然區劃》，第176頁，1959年。

② 北京農業地理編寫組，《北京農業地理》，第9頁，北京出版社，1979年打印稿。

③ 吳征鎰，《北京的植物》，1958年版；周昆叔，《對北京市附近兩個埋藏泥炭沼的調查及孢粉分析》，中國第四紀研究，第四卷，第1期。賈蘭坡等，《北京東郊泥炭層中動物遺骸和角製工具》，古脊椎動物與古人類，1977年，第二期。

④ 據北京農業地理編寫組，《北京農業地理》，1979年北京人民出版社

打印稿。

　　據《北京農業地理》打印稿,「全市天然次生林每公頃的立方量僅21立方米,低於全國每公頃立方量38立方米的水平。」

⑤　同④。

⑥　《史記・貨殖列傳》。

⑦　《鹽鐵論・通有篇》。

⑧　據北京市文物工作隊:《大葆臺西漢椁墓發掘簡報》,文物,1977年第6期。及同期載《試談大葆臺西漢墓的「梓宮」「便房」黃腸題湊》。

⑨　《戰國策・燕策》。

⑩　見《舊唐書》卷三十九及《新唐書》卷三十九。

⑪　見光緒《順天府志・地理志》山川條。

⑫　見《冥報記》,載《日下舊聞考》,卷一百三十一,第10頁,清刻本。

⑬　《唐釋知宗盤山上方山道宗大師遵行碑》,載《日下舊聞考》卷一百一十六,第 17頁,清刻本。

⑭　據《五代史・遼附錄》。

⑮　《遼史・兵制》,卷三十四,第398—395頁,中華書局排印本。

⑯　《松漠紀間》說:「燕京,蘭若相望,大者三十六,然皆律院。」

⑰　《遼史・百官志》:「南京栗園司典南京栗園」。《析津日記》:「廣恩寺,遼之奉福寺也,在白雲觀西南,地名栗園。」

⑱　這些地區、縣,或有出土遼代石刻記有栗園,或今仍保留有「栗園」地名。

⑲　據(清)繆荃孫輯《遼文存》:李宣中《祐唐寺刱建講堂碑》(統和五年)。

⑳　見閻文儒:《金中都》,《文物》,1959年第2期。

㉑　《金史・海陵紀》。

㉒　《金史・梁襄傳》,第2136—2137頁,中華書局本。

㉓　(明)王嘉謨《北山游記》,見于《天府廣記》,卷下,第485頁。

㉔　《辭源》：巳部第210頁民國二十二年上海商務印書館。

㉕　同㉓。

㉖　據《建炎以來朝野雜記》。

　　據周麟之：《造海船行》載《日下舊聞考》卷一百〇八，第19頁。

㉗　見《吳禮部集》，轉引于《日下舊聞考》，卷五，第12頁。

㉘　見（金）李晏碑：見《天府廣記》下冊，北京出版社，1962年排印本。

㉙　據金《圖經》記載的良鄉大紅谷一帶的森林面貌。轉引于《日下舊聞
　　考》，卷一百〇八，第19頁。

㉚　見《金史・梁襄傳》，載《金史》第2135頁，中華書局本。

㉛　侯仁之：《歷史地理學的理論與實踐》，上海人民出版社，1979年。

㉜　見顧炎武：《歷代宅京記》。

㉝　《馬可波羅游記》馮承鈞譯本，第二卷第三章。

㉞　《元史・劉秉忠傳》，第3687頁，卷一百五十七，中華書局本。

㉟　《元史・世祖紀》，卷五，第86頁，中華書局本。

㊱　同㉟。

㊲　《元史・世祖紀》，卷六，第114頁，中華書局本。

㊳　據（明）永樂大典本《順天府志》，卷八，載引《元一統志》，殘抄
　　本，藏北京大學圖書館。

㊴　羅哲文：《元代「運伐圖」考》，《文物》，1962年第10期。

㊵　見《元史・世祖紀》，第205頁，中華書局本。

㊶　《元史・世宗紀》卷十，第282頁，中華書局本。

㊷　《元史・世祖紀》，卷十六頁，第336頁，中華書局本。

㊸　見《通惠河志》，藏北京圖書館。

㊹　《元史・世祖紀》。

㊺　《元史・世祖紀》。

㊻　（元）宋褧：改修慶豐石牐記，載光緒《通州志》，卷十，藝文，第
　　36頁。

㊼　《馬可波羅游記》，第二卷，第83章，馮承鈞譯本。這裡的長城不是
　　明代的磚長城，而是在今通縣、望京附近的齊長城。

㊽　（元）李洧孫：《大都賦》并序，載《日下舊聞考》，卷六，第1頁，
　　乾隆刻本。

㊾　見《元史·英宗紀》。

㊿　（明）永樂大典本《順天府志》轉引《元一統志》，北京大學出版社。

51　（元）馬守恕撰文：《房山縣尹朱禮去思碑》，載《日下舊聞考》卷
　　一百三十，第 1—3頁。

52　《元史·五行志》。

53　《燕山叢錄》，轉引于《日下舊聞考》，卷一百四十三，第9—10頁。

54　《元史·扎入兒火傳》。元史卷一百二十，第2960頁。

55　趙萬里輯本：《元一統志》，山川條，卷——二，中華書局本。

56　《明會典·永樂會典》。

57　據《明會典》。

58　據《明會典》。

59　據《明會典》。

60　《明經世文編》，357頁。

61　《明經世文編》，63頁，馬文升《馬端肅公奏疏》。

62　（明）朱國楨：《湧幢小品》明刊本，卷四，第9頁。

63　以上引文，引自（明）王嘉謨：《北山游記》，見《天府廣記》，下
　　冊，458—459頁。北京出版社，1962年，印本。

64　見《天下郡國利病書》：「大學衍義補」，四部叢刊本，第一冊，第
　　38—40頁。

65　同上書，第三冊，第35頁。另據曹學佺：《薊門游記》也說：在邊牆
　　一帶，「我每年大放軍士，伐木二次」。「四山盡燒，防有伏者」，
　　見《古今游記叢抄》卷一，民國鉛印本。

66　據《長安客話》。

㉗ 見《天下郡國利病書》《大學衍義補》，四部叢刊本，第38—40頁。

㉘ （清）孫承澤：《天府廣記》上冊，第262頁，北京出版社。

㉙ 同㉘。

㉚ （清）孫承澤：《天府廣記》，上冊，第262頁，北京出版社。

㉛ 呂坤：《去僞齋集》卷一，「憂危疏」。又據《明史·地理志》。

㉜ 見《五雜俎》，卷三，地部，轉引于中國人民大學編《明清史料甲編》。

㉝ 《松窗夢語》，卷四《百工記》。

㉞ 據（明）張元芳等《順天府志》轉引《隆慶州志》。

㉟ （清）孫承澤：《天府廣記》第494頁，北京出版社。

㊱ 明洪武十六年（1383年），北京畿住戶33,479，人口：192,695；萬歷六年（1578年），住戶425,463戶，人口：4,264,898。據雍正《順天府志》，戶籍，田賦部份。

㊲ 例如大興縣明初的鄉社聚落共有廿九個，軍屯、民屯所形成的新聚落有廿八個。據永樂大典抄本《順天府志》，北京大學出版社。

㊳ 洪武八年（1375年）北平府的墾田只有29,014頃；到永樂元年（1403年）已經增加到63，343頃了。（據永樂大典輯本《順天府志》卷八，引洪武圖經）。

㊴ （明）張元芳等修《順天府志》，山川條。

㊵ （明）張元芳等修《順天府志》所載《平谷縣修城記》。

㊶ （明）劉侗、于奕正：《帝京景物略》，第315頁，北京古籍出版社排印本，1980年10月版。

㊷ 《日下舊聞考》卷六十一，第20頁。并見（僧）知釋《樟柘山岫雲寺志》，清刻本。（明）何景明《西山雜詩》。

㊸ （明）沈榜：《宛署雜記》，第237—238頁，北京出版社排印本。

㊹ 《明》張鳴鳳：《西遷注》，載《大明一統名勝志》，北京圖書館藏，明刻本。

㊺ （明）陸鈜：《春游西山記》，見《古今名山游記》，明刻本。

㊆　《天府廣記》，并見光緒《順天府志》，卷二十，第7頁。

㊇　《日下舊聞考》，卷五，第1頁。原文爲：「國策謂燕地，民不佃作者，此蓋舉當時風俗言之，迨其後耕墾相望，地無遺利，今則皇居建極，封畿內外數千里皆成沃壤。」

㊈　《清實錄・康熙實錄》。

㊉　顧炎武：《昌平山水記》，卷下，北京出版社本。

⑩　（日本）《北京木材業》，昭和十五年，華北產業科學研究所。

⑪　《大金國志》卷三十三「陵廟制度」。

⑫　（清）乾隆十八年御制《過金世宗陵》，載《日下舊聞考》卷三十二，第8頁。

⑬　顧炎武：《昌平山水記》，卷上，第5頁，北京出版社，1962年。

⑭　（明）蔣一葵：《長安客話》，卷七，關鎮雜記，142頁，北京出版社排印本。

⑮　（清）闕名：《燕京雜記》，見《北京歷史風土叢書》卷上，第21頁，民國14年，廣業書社本。

⑯　智庵：《三十年來燕京瑣錄》，第57頁，正心書局民國22年版。

⑰　據《永定河志》，徐世大：《永定河水災導治沿革》等，永定河在清代的逐年開支統計。

⑱　《御制青莊橋記》，見《日下舊聞考》，卷九十九，第4頁。

⑲　（明）蔣一葵：《長安客話》，卷四，第69頁。

⑳　侯仁之：《海淀附近的地形，水道與聚落》，見《歷史地理學的理論與實踐》，第251頁，上海人民出版社，1979年。

㉑　（清）吳長元：《宸垣識略》，第253頁，北京出版社。1964年本。

㉒　同上書，第219頁。

㉓　同上書。

㉔　（明）劉侗，于奕正：《帝京景物略》，第45頁，北京古籍出版社，1980年排印本。

⑩⑤　（宋）葉隆禮：《契丹國志》，見卷二十二，四京本末，第297頁，
　　國學文庫本。

⑩⑥　遼金時期的「義井」頗多，除遼開陽門義井外，還有一在文化門太廟
　　前，一在思城坊洞陽觀前，一在大覺寺附近。據《日下舊聞考》，卷
　　四十八，第2頁。

⑩⑦　《日下舊聞考》，卷一百三十五，第15頁。

⑩⑧　同上書，卷三十七，第21頁。

⑩⑨　（明）王士禎詩，轉引于《宸垣識略》，卷九，第163頁，北京出版
　　社排印本。

⑪⑩　（清）闕名：《燕京雜記》，民國14年，北京廣業書社版。

⑪⑪　金濡編：《把永定河水引進首都》，第10頁，北京人民出版社。

⑪⑫　見馮承鈞譯本，《馬可波羅游記》，第二卷，第89、90、91章。

⑪⑬　《金史·章宗紀》。

⑪⑭　原載《餘冬序錄》轉引于《日下舊聞考》，卷三十九。

⑪⑮　北京大學生物系：《北京動物調查》1964年，北京出版社。

⑪⑯　見《舊下舊聞考》，第三十八卷，第12頁。

⑪⑰　《魏書·靈徵志》。

⑪⑱　同上。

⑪⑲　同上。

⑫⑳　同上。

⑫①　（魏）酈道元：《水經注》，㶟水條。

⑫②　易之：《保護環境，造福人民》，人民日報，1980年11月10日第5版。

⑫③　永樂大典本《順天府志》，卷十一，第12頁，藏北京大學圖書館善本
　　室。

⑫④　同上。

⑫⑤　（明）李東陽：《山行記》，載（明）何鏜編《古今名山游記》，卷
　　一，明刻本。

⑫⑥ （明）王嘉謨：《北山游記》，載《天府廣記》下冊，458頁，北京出版社本。

⑫⑦ （清）孫承澤，《天府廣記》，下冊，第465頁。北京人民出版社排印本。

⑫⑧ 同上書，第472頁。

⑫⑨ 顧炎武：《昌豐山水記》，卷下，第34頁，北京出版社，1902年本。

⑬⓪ 《天府廣記》，465頁。

⑬① （明），劉侗、于奕正：《帝京景物略》，第347頁，北京古籍出版社。

⑬② （明）蔣一葵：《長安客話》第91頁，北京出版社。

⑬③ 《全唐詩》，轉引于《大興縣志卷》卷六。

⑬④ 《唐書·天文志》。

⑬⑤ 《魏都賦》，轉引于《日下舊聞考》，卷一百五十，第7頁。

⑬⑥ 見《全唐詩》，轉引于《大興縣志》卷六。

⑬⑦ 《遼史·地理志》，遼史，卷四十，第496頁，中華書局本。

⑬⑧ （明）李賢主編：《大明一統志》，順天府。

⑬⑨ 《光緒通州志》，卷之一，山川，第21頁，光緒五年印本。

第六節　地方志與北京歷史上的鳥類

　　鳥類是人類的朋友，長期以來它們點綴環境、捕食害蟲、保護林木、預告物候，爲人類做了許多有益的工作。自然界中成千上萬種鳥類的存在，是幾十萬年、幾百萬年甚至上千萬年間自然選擇的結果。它使大自然豐富多彩、生氣勃勃。它是人類生活環境中不可缺少的一部分，是自然界賜給人類的一項巨大富源。

　　歷史上北京的野生鳥類非常豐富。據元、明之際《圖經志書》

的記載：「翎之品：海東青、白海青、青海青、白黃鷹、黃鷹、皂雕、鴉鶻、赤鶻、兔鶻、角鷹、白鷳、崖鷹、魚鷹、鐵鷳、木鷳鶹、崧兒、百雄、茸垛兒。」這些「俱爲羽獵之雄者」。另外還有「天鵝、秃鷲、鵟老、地鵏、地鵐、白雉、朱鷺、鉤觜鷺鷥、香匙觜鷺鷥、山雞、鷮雞、花頭鴨、雉雞、錦札鷦鴣、赤眼鸛、白頸鴉、斑鳩、翠禽、山鸐、山和尚、早種谷、拖白練、樂官頭、杜鵑、黑翼、臙脂雞、青灰串、黃灰串、啄木、絆鷯、鶴鶉、山雉、拖紅、練角雞、石雞、小雞、章雞」①等。此外，還有產於北京市區內的特有種，如「鷹有房山白者，紫背細斑，三斤以上，四斤以下」②。「便兔，生房山白楊、椵樹上，向范陽（今涿縣）、中山（今河北靈壽、定縣一帶）飛。」③產於北京及華北一帶的鳥類，如：「桃雀，狀類黃雀而小，燕人謂之巧婦，亦謂之女匠。」④「睢鳩，深目，目上骨露出，幽州人謂之鷩雛，一名鶪。鳩，幽州人謂之鵻鶹。黃鳥」幽州人謂之黃鸝。鴟鴉，幽州人謂之鸒鴉⑤。另外史籍也記錄了一些稀有的珍禽、變種和近代以來鮮有所聞的鳥類畸形。如「延興二年（472）四月，幽州獻白鵲」。「太和十七年（500）正月幽州獻白雉」。「景明四年（503）六月，幽州獻四足鳥。正始元年（504）五月，幽州獻三足鳥⑥」。有一些現在還能見到的飛禽，歷史上北京極多，如，宋代琉璃河的鴛鴦是出名的。據范成大《石湖集》記載：「琉璃河……水極清泚，茂林環之，尤多鴛鴦，千百成群。」他還寫下了「琉璃河上看鴛鴦」⑦的詩句。

　　在漫長的階級社會裡人們還沒有掌握自己的命運，爲了生存或者眼前利益而過度捕殺鳥類。封建帝王更是殘酷地掠奪與破壞鳥類資源。遠在九世紀初的遼代，以北京東南潹縣附近「方數百里」的延芳淀爲例，「春時鵝鶩所聚，夏秋多菱芡。國主春獵，衛士皆衣墨綠，各持連錘、鷹食、刺鵝錐，列水次，相去五七步。

上風擊鼓，驚鵝稍離水面，國主放海東青擒之。鵝墜，恐鶻力不勝，在列者以佩錐刺鵝，急取其腦飼鶻。得頭鵝者，例賞銀絹。國主、皇族、群臣各有分地。」⑧遼、金帝王就這樣幾乎年年在北京地區游獵，無限度地捕殺飛禽鳥類。到了元朝仍有許多候鳥遠道而來生息。天鵝就是其中的一種。據《析津志》記載：「天鵝，又名鴐鵝，大者三五十斤，小者廿餘斤，俗稱金冠玉體乾皁靴是也。每歲大興縣管南柳林中飛放之所，彼中縣官每歲差役鄉民，廣於湖中多種茨菰以誘之來游食，其湖面甚寬，所種延蔓，天鵝來千萬爲群。俟大駕飛放海青鴉鶻，所獲甚厚，乃大張筵會以爲慶賞，必數宿而返。」⑨元朝一度飼養獵鷹的「打捕鷹房」，「歲用肉」即達「三十餘萬斤」⑩。這樣，北京地區的鳥類，從數量上、種類上的減少，就是不可避免的了。

　　雖然如此，元、明之際，北京的鳥類還是比現在多。「德勝門之西，城垣下有水竇焉……，草樹菁蔥、鷗鳧上下，亭榭掩映，列刹相望」⑪。「水關，是水所從入城之關也。」「或原焉，其委焉者舉之，水一道入關，而方廣即三四里，……北水多鹵，而關從入者甘，水鳥乘集焉」⑫。廣通寺附近的海潮庵，在明萬曆年間也曾「雁落平沙，鷗浮淺渚」。「祈谷堂西，積水十餘頃，四時不竭，每旦有群鳧游泳其間，因名之曰『野鳧潭』」。陶然亭在清代也是「鷗鷺蹁躚下池水」的地方。城郊所有的湖泊、沼澤都曾是野生鳥類滋生和棲息的場所。如明代海淀附近可以見到「東雉村邊水，西勾橋下流，濯纓人不至，處處浴沙鷗。」⑬其他如下馬飛放泊、葦淀、夏淀、七里濼、柳林淀等在遼金元以及明朝都是沙鷗野禽翔泳的地方。就青龍橋畔的「西湖」（即今昆明湖前身），也於明、清之際「田間多鳧、雁、鸛、鷺飛鳴」⑭一些以泉水爲補給的河流，如蓮花河、通惠河、涼水河等，也有野生的「鳧、雁」生息。釣魚臺是「沙禽水鳥多翔集其間」的地

方。游人吟咏這裡的林、水、鳥、魚頗有名篇。如明代馮琦的《釣魚臺》詩裡說:「翳然林水處,便自遠人寰。麥隴鳧雙沒,藤軒蝶四環……。」還有人咏爲「湖邊猶識釣魚臺……沙鷗汀鷺尋常在」⑮。城內的積水潭,元、明之季稱爲「海子」,曾是「汪洋如海,中有芰苻鳧鷗可玩」的地方。若是旅行西郊,山麓附近就可見到「鳥有紅鴉、沙雞、文雉半翅」⑯。明代中葉北京還有珍奇鳥類的記載,如萬曆二年(1574年),「翰林院中白燕雙乳,輔臣以獻進,兩宮并賞焉」⑰。「甲戌5月,翰林院中吏舍有白燕一雙,獻之內閣」⑱。

直到清朝末期,「西苑樹木密茂,有鴉百萬巢于其上,人謂之宮鴉。每當天曙時分數群出城外以求哺,及暮即返,必在城闕未關之前。如城闕關時,即飛至城頭,亦回野外以寄宿。」⑲可是至今宮鴉也所存不多了。

近幾百年來,由於大量捕殺鳥類,使得北京地區的鳥類減少,有的甚至滅絕了。今天,人民眞正做了自然和社會的主人,保護自然、保護鳥類,這正是維護人類自己的文明與進步。

【附 註】

① 見(明)《順天府志》,永樂大典本,(清)繆荃孫抄本,藏北京大學圖書館。內又錄於《圖經志書》。

②、③ 據《酉陽雜俎》,轉引于《日下舊聞考》,卷151,「物產」。

④ 據《禽經》,轉引于《日下舊聞考》,卷151,「物產」。

⑤ 據《詩草木鳥獸蟲魚疏》,《日下舊聞考》,卷151,「物產」。

⑥ 見《魏書·靈征志》。

⑦ (宋)范成大:《石湖集》。

⑧ 見《遼史·地理志》,中華書局本,第496頁。

⑨ (明)《順天府志》,永樂大典本,內引《析津府志》,(清)繆荃

孫抄本。

⑩ （明）葉子奇：《草木子》，卷4，下集，第6頁，光緒刊本。

⑪ （明）蔣一葵：《長安客話》，卷二，「皇都雜記」。

⑫ （明）劉侗、于奕正《帝京景物略》，卷一，「水關」。

⑬ 朱國祚：《介石齋集》，轉引于《日下舊聞考》，卷79。

⑭ （明）蔣一葵：《長安客話》，卷4，第80頁。

⑮ 《日下舊聞考》，卷95。

⑯ （明）王嘉謨：《北山游記》，載四部叢刊本《大學衍義補》。

⑰ 見（明）蔣一葵：《長安客話》。轉引自《日下舊聞考》，卷64，「官署」。

⑱ 據《谷城山房筆塵》，轉引于《日下舊聞考》，卷64，「官署」。

⑲ （清）闕名：《燕京雜記》，見《北平歷史風土叢書》，第13頁，民國14年北京廣業書社本。

第七節　地方志與昆明市城址起源城市演變研究

　　昆明市是我國西南邊疆雲南省的省會。座落在滇池之濱，自然風光美麗、氣候四季如春。現在城郊人口總計已達一百八十多萬，發展成爲雲貴高原上的第一大城市。這一城市如何起源？城址如何轉移、城區又如何擴張？是什麼因素促使它不斷發展、歷久不衰？試從城歷史地理的角度，探索其過程及規律，供研究地方史地及城市規劃部門的志參考。

一、最早起源于晉寧的聚落和城市

遠在舊石器時代，滇池地區已有人類活動的蹤迹，距昆明市區二十公里左右的呈貢潭山發現古人類顱骨化石①。從伴生的大貓——劍齒象動物群可以推斷其時代應爲新世中期。當時人們驅趕著野獸的行蹤，洞穴而群居。

到新石器時代，滇池周圍人類的活動就很頻繁了。現已發現和作過報道的遺址有二十一處②。晉寧石寨山附近，分布尤爲密集；其次是昆明近郊西北的高臺地一帶（圖 1）。石寨山遺址中發現了粳稻穀殼的炭化物，還發現了當

圖1 晉寧縣治昆陽，圖中晉寧爲晉城。

年耕作過的熟土——褐灰土以及古井遺存③。證明那時人們已能鑿井取水，用來飲用和灌漑，開始了「耕田有邑聚」的農業定居生活。這是昆明地區聚落最早起源的見證。

聚落密集，則人口相對集中，也便利經濟往來和文化、生產技術的交流提高。隨著社會的發展，這裡也最有可能首先由聚落而演變爲城市。

西元前四至三世紀④，楚國莊蹻率衆數萬溯沅水而上，掠巴

蜀、經黔中，沿今滇黔鐵路一線到達「池方三百里，旁地平，肥饒數千里」⑤的滇池地區。他們「以兵威定，屬楚。欲歸報，會秦擊奪楚巴、黔中郡，道塞不通，因還」⑥。於是就「以其眾王滇，變服從其俗以長之」⑦。從此，滇池地區的政治、經濟活動開始載入史乘。莊蹻及數萬武裝移民的活動中心區主要是在原先自然成長起來的聚落密集區——晉寧石寨山附近及滇池東岸。他們從內地帶來了國家政治觀念，結合本地情況「稱王立國、分侯支黨」⑧；也帶來了先進的建築技術而「修池立國」⑨。所以，滇池地區城市的起源應自莊蹻入滇始。城址的確切位置，由於年代久遠，已很難確考。數百年後，莊蹻後人被西漢政府封爲「滇王」，授「滇王之印」。 1949年後，這枚金質、蛇紐的印章就出土於晉寧石寨山⑩。戰國西漢時期，城和王陵墓地是靠得很近的，因此有理由推測莊蹻所築的王城就在石寨山附近。滇國在西南夷中處於先進地位，統率著受他「分侯支黨」的地區和民族。實際上，這裡就是中心區。漢武帝元封二年（前109年）「叟反，遣將軍郭昌討平之，因開爲郡，治滇池上，號曰益州⑪」。從此雲南高原⑫成爲祖國大家庭中受中央政府直接管轄下的一郡。益州郡治滇池縣即故滇國，爲今晉寧石寨山一帶⑬。晉永嘉二年（ 308年）「改益州郡爲晉寧郡」「首府仍治滇池縣」⑭。宋、齊因之，直到南詔建都大理爲止，其間僅不長的一段時間改爲建寧郡，郡治一度遷往石城（今曲靖）。千餘年來（自莊蹻入滇到南詔建都大理）晉寧都是雲南高原上政治、經濟、文化舞臺的中心區。

城市出現較早的另一地點是在今市區西北的高臺地上。樊綽《蠻書》說：「拓東城西有漢城相傳是莊蹻故城」⑮。又說「昆川，故謂昆池。……土俗相傳云是莊蹻故城」⑯。《華陽國志・南中志》說：「谷昌縣，漢武帝將軍郭昌討平之，因名『郭昌』以威夷，孝章時改爲『谷昌』也」。谷昌城址明初尚有遺迹，天

啓《滇志》記爲「在府城北十餘里，亦名苜蘭城，楚莊蹻築」⑰。
馮蘇《滇考》明確地說：「蹻使部將小仆取滇西諸蠻……始築且
蘭城居之」⑱總之，在今昆明市西北的高臺地上，有可能是黃土
坡一帶⑲，城市起源也很早，但城市的地位遠不如晉寧古城，其
職能主要是軍事據點。

　　爲什麼雲南和滇池地區的聚落和城市會首先起源於晉寧，而
不在現今昆明市區所在的盤龍江三角洲地帶呢？

　　這是因爲在原始聚落出現之初，盤龍江中下游河道季節性漲
水泛濫，並不像現在盤龍江上游建蓄水庫，中游開挖了許多分洪、
引灌渠道，下游洩水的海口也經多次深挖疏濬，使滇池水位大大
降落⑳。那時盤龍江三角洲一帶還是一片湖灘沼澤，人們難於開
墾。相反，「晉寧平川，幅員百里」，小股水源便利使用，近山
靠湖可資漁獵，正是當時人力所及的開墾居住之地。

二、興建在盤龍江下游的南詔、大理國陪都

　　東漢時期，滇池地區進入到鐵器時代。呈貢小松山出土陶製
明器，「陂池」模型㉑，是當時水利發展的寫照。從側面也可反
映滇池東岸、昆明附近農業經濟已有較大發展。但由於歷史的繼
承性，政治中心仍在晉寧。

　　南詔國和大理國都是臣屬於唐、宋中央政府而又具有地方割
據性質的政權。其政治中心都設在滇西的大理。南詔從當時迅猛
發展的政治、軍事形勢出發，積極向外擴張。贊普鍾十二年（763
年）冬，派人「次昆川、審形勢。言山河可以作藩屏，川陸可以
養人民。十四年（765年）春，命長男鳳伽異於昆川置拓東城，居
『二詔』㉒，佐鎮撫。於是威懾步頭，恩收曲靖，頒誥所及，翕
然俯從。㉓考這精心選擇的拓東城址，唐代樊綽記載說：「碧雞
山在昆池西岸上，與拓東城隔水相對。」昆池就是滇池。其北端

明代稱之爲「西湖」的那一部分，現已乾涸爲陸㉔。在乾涸之前，它曾經把碧雞山和拓東城分隔在東西兩岸。現經實地考察「南詔的拓東城，就是大理國的鄯闡城，也就是元代的中慶路治城……俗名鴨池城」㉕。拓東城的範圍，東至兀兒朵（五里多）㉖。西至得勝橋盤龍江岸㉗。南至南天臺、石虎關一帶㉘。北至五華山、大德山麓（現在的華山路爲南麓）一帶㉙。拓東城的地理位置是北枕山崗作爲「藩屛」；東以盤龍江及支流爲環護，西面及南面都濱臨滇池，借助便利的水上運輸，發展「養人民」的經濟活動（圖2）。

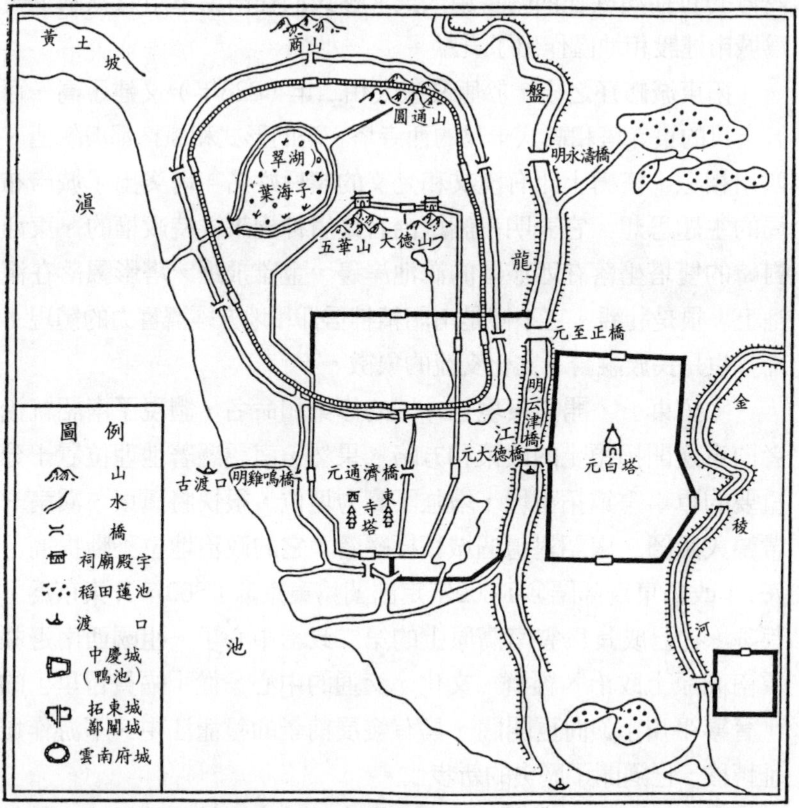

圖2

　　城築好之後，居民空疏，爲了充實人口與發展經濟，又用武力遷來大批移民。「拓東城……貞元十年（794年），南詔破西戎，遷施、順磨些諸種數萬戶以實其地。㉚」「又從永昌以望苴子、望外喻等千餘戶分隸城旁，以靜道路」㉛。于太和三年（829年）南詔攻進四川「入成都……將還，乃掠子女工伎數萬引而南。南詔……是以工文織與中國埒」㉜。工伎、藝人會有相當一部分安置於新築的拓東城的。「太和六年（832年）劫掠驃國（今緬甸），虜其衆三千人隸配拓東，令之自給」㉝。昆明市的早期居民是來自四方的包括漢族在內的各族人民。移民們在南詔軍事奴隸制下，爲城市建設和地區作出了貢獻。

　　拓東城修好之後，於唐文宗太和二年（828年）又建了高一百五十尺的東寺塔和高八十尺的西寺塔。塔的形式和風格都與陝西、四川相似，塔磚上印有漢文和梵文的窯戶姓名。塔突出了城市布局的主題思想，它表明南詔統治者是用神權來維持政權的。東西對峙的雙塔坐落在西城區的滇池岸邊，金雞飛躍，塔影飄落在滇池上，很是壯觀。它不僅是南詔精神信仰和地方經濟實力的體現，而且也是民族融合、文化交流的象徵。

　　「拓東」，開拓東境也，城的修築和命名，體現了南詔統治者向東邊開拓領土的政策和方略。果然，南詔憑著地理位置十分重要的軍事重鎮拓東城，增強了實力地位，很快將滇東、滇南一帶歸入版圖。南詔對這個城積極經營，它的政治地位不斷提高。781年改拓東爲鄯闡㉞；809年定鄯闡爲東京㉟；860年升東京爲上都㊱。它已成長爲雲南高原上的第二政治中心了。祖國西南邊疆雲南高原上政治、經濟、文化、交通的中心，從「幅員百里」的「晉寧平川」㊲向更開闊、具有發展前景的盤龍江中、下游作城址轉移，已邁開了歷史的新步伐。

　　以上就是南詔時期，雲南高原上政治中心轉移及昆明市的前

身——拓東城、鄯闡城、東京、上都發展的大概情況。

從937年至1253年是大理國的統治時期。現在昆明市的前身，那時叫鄯闡城。它是大理國的第二政治中心，建城區的規模基本上穩定在南詔「東都」的水平上。鄯闡城是大理國和內地進行貿易的商業城市。輸出以滇馬爲大宗。滇馬是當時有名的良種馬，輸出量常常一次可達千匹以上㊲。「蠻馬之來，他貨亦至。蠻之所齎麝香、胡羊、長鳴雞、披氈、雲南刀及諸藥物，吾商賈以齎綿繒、豹皮、文書及諸奇巧之物，於是譯者平價交易。㊳」頻繁的商業貿易對於雲南和中原人員的往來、文化的傳播、城市的發展等都起了重要作用。鄯闡城就是這一交流渠道上的重要據點。

三、元、明、清時期雲南省會的城市發展概況

城市發展迅速的另一個歷史時期是元朝。1254年秋，蒙古大將兀良哈台「復分兵取附都鄯闡」，見到「城際滇池，三面皆水，既險且堅」㊵。當時滇池水位較現在爲高，鄯闡城的水陸交通位置表明，城市的經濟生活對於滇池有很大的依賴關係。

元朝結束了自南詔至大理國五百年來雲南封閉、割劇的政治局面，使之成爲中央集權政府直接管轄下的一個行省。鴨池城（元代昆明的名稱）就作爲本省的省會，已上升爲第一政治中心。忽必烈、賽典赤、張立道等中央和地方的官員，貫徹安定邊疆、發展生產、興辦文化教育事業的方針，使得地區的農業、城市的工商業和城市建設都得到較快的發展。特別是賽典赤在雲南採取「輕差減賦」，「墾荒濬河」，「用賢汰沉，恤孤赦罪」，「興市井以通交易，輕抽收以廣商賈，照用貝以順人情」㊶的靈活經濟政策，使雲南很快就繁榮了起來，昆明城市也不斷壯大。

元時中慶路鴨池城（昆明）的面貌是怎樣的呢？中慶路儒學提學孫大亨記錄說：「中慶，古鄯闡也。山川明秀，民物阜昌，

冬不祁寒，夏不劇暑。奇花異卉，四序不歇，風景熙熙實坤維之勝區也。」㊷世界著名的旅行家馬可波羅記錄說：「到達省會，名雅岐〔鴨池〕，係一壯麗的大城。城中有商人和工匠，爲雜居之地，有偶像崇拜者、聶斯托利派基督教徒，薩拉森人或回教徒；但偶像崇拜者人數最多。本地米麥生產甚豐。……這裡有許多鹽井，居民的鹽取給於此。鹽稅爲皇帝大宗收入」㊸。元代文人王昇在《滇池賦》中也歌咏鴨池城說：「五華鍾造化之秀，三市當閭閻之衝。雙塔挺擎天之勢，一橋橫貫日之虹。千艘蟻聚於雲津，萬舶蜂屯於城垠；致川陸之百物，富昆明之衆民。……」㊹從這些記錄中可看出當時鴨池城的富裕和繁華，手工業、商業發達，以及城市的民族、宗教等面貌。

建城區南北長而東西窄，範圍北至五華山、大德山，南至土橋，東約至盤龍江西岸，西至福照街、雞鳴橋一線㊺。城內外寺坊林立、市井繁榮。主要建築物有：雲南行省署（位於今威遠街口）㊻，肅政廉訪司署（崇政門中）㊼，梁王宮（崇政門東）㊽、元文廟（在今魚課司街）㊾、五華寺（在五華山上）㊿、奇靈寺（在東門內）51、大靈廟（今五一電影院）52、清眞寺（一在崇政門內，呼爲禮拜寺，一在南門魚市街）53、圓通寺（今存）54、地藏寺（現古幢公園內）55、安國寺（今報國街內）56。有名的建築還有通濟橋、大德橋、至正橋57等。這樣一個初具規模的雲南政治、經濟、文化中心，建城區內主要的街道橋樑在七百多年前就形成雛形了。

明代的昆明城，又稱「雲南府城」，是城市的又一大發展時期。它的發展是和從內地遷來大量移民相聯繫的。那時有記錄的從中原成批進入雲南的漢族人口，總數不下三、四百萬人。僅洪武二十二年（1389年）入滇的就是二百五十多萬58；另一次沐英帶來的南京移民三十餘萬59。南京移民多安置於雲南府城，這對

改變城市的民族結構、社會面貌，促進地區開發都起了很大作用。在明代以前，陸續有漢族從中原移入雲南，爲數也不少。但其主要的風俗習俗習慣都「變服從俗」⑩，被本地民族融合、同化了。自明代集團性的大批漢民移入，在語言、服裝和生活習俗上都保持內地漢族原有的風格，並成爲本地原住民族效仿、學習的榜樣。

　　明代建城區較元代有所擴大，並有史以來首次築了磚城。「明洪武十五年（1382年）在立雲南府，改築磚城。廣十里、三百三十四步，共一千九百六十四丈。其門東咸化、西遠、南崇政、北保順、東北永清（小東門）、西南洪潤（小西門）」⑪。「拓基九里三分，高二丈九尺二寸，向南。城共六門，上各有樓：南門曰麗正，樓曰近日（原名向明，清康熙年間改）；大東門曰咸和，樓曰殷春；小東門曰敷澤，樓曰壁光；北門曰拱辰，樓曰眺京；大西門曰寶成，樓曰拓邊；小西門曰威遠，樓曰康埠。居南門西偏者爲鐘樓，環城有河，可通舟楫。外有重關，跨隘衢市」⑫。明城是經過周密規劃而建城的，城址擴大並北移了。元城北門外的翠湖、螺峰山、圓通山一帶圈入明城之內。五華山以南的舊城區，基本上是居民區，以正義路（今名）爲中軸線，直達麗正門。五華山以北，翠湖柳營一帶，基本上是軍政區。明築磚城，固定了城址，奠定了明、清兩代城市發展的基礎。

　　清代的雲南府治仍設在昆明縣，城址沿明代未變。這時期資本主義經濟在昆明已有萌芽，是城市發展史上的劃時代轉變。四面八方的商人到昆明經營，滇省商人也紛紛外出經商立號。金融機構次第建立。行商坐賈之中，最早到昆貿易的是江西幫、湖南幫的筆墨莊、磁器莊和四川幫的絲綢、玻璃、煙葉等行業。此後，兩廣幫、北京幫也相繼而來。今市區塘子巷、狀元樓、南較場一帶都是清朝中葉商業繁盛的地區。金碧路舊名廣馬路，是兩廣商人集中之所在。咸豐、同治年間，鎮壓起義的戰禍對城外鬧市區

破壞很大，此後昆明市繁華的商業區才轉入市內的三市街一帶⑥。

外省的商號，山西幫、浙江幫是經營匯兌、存放金融的業務，規模較大。他們開設「票號」，辦理銀行性質的業務。通過「票號」可以使外省、外地的大宗貨物和本省的茶、鹽、畜產、礦產品以方便的金融手段進行交易。典當業多爲陝西、山西幫開設。轉運業以馬幫爲多。堆棧業附設旅店兼倉庫。坐商又稱爲鋪戶，有棉布、紙張、金銀首傭、百貨等行業。店家累累、名目繁多，皆作門市零星交易⑥。清代市區內外的商業街道和商業建築，已占據主要地位。衙行、官署的建築物雖大，已退居次要地位。

清朝繁盛時期，昆明城區共有三坊、二十四鋪，大小街道一百五十餘條，大小巷道四百幾十條⑥。城內外熱鬧的繁華中心有：忠愛坊、金馬坊、碧雞坊；大東門、小東門；大西門、小西門；得勝橋、鹽行街、太和街等多處，俱是房屋櫛比，商業鼎沸之區。城內外大小建築林立，衙門、祠寺、會館遍布。光緒年間統計，城鄉人口已達十七萬多人⑥。昆明城的面貌也接近於1949年左右的樣子了。

四、昆明城市發展的地理因素試探

昆明城市出現的頭一個一千餘年，主要城址位於晉寧石寨山附近，爲雲南高原上政治活動的中心區。此後，南詔國和大理國地方割據的五百多年裡，城址轉移到今昆明市區東南部，並成爲雲南高原上的第二政治中心、軍事重鎮和商業貿易中心。自元、明、清以來，自南詔國起源於今址的昆明城，建城區不斷擴張，市井不斷繁榮，近七百多年來都是雲南行政區域的第一政治中心，同時也是經濟、文化、交通的中心區。

昆明市（以及它所轄的晉寧縣），兩千多年來在雲南高原上爲什麼會有這樣的重要地位？城市的發展以及城區的擴張爲什麼

能這樣歷久而不衰呢？城市發展的地理因素是那些呢？

首先，它位於聯繫滇東、滇西和滇南的中心地區。三迤的人民要聚會，三迤的物質要交流，都以滇池區域的位置爲適中，交通爲便利。從中原到雲南的滇西、滇南乃至於到交阯、緬甸等地，昆明都是必經之地。例如，唐代由中原進入雲南的路線是戎州（四川宜賓）經石門（今鹽津縣豆沙關）、石城（今曲靖），然後到拓東（今昆明）。如果還要到滇西去，還必須經過安寧、沙卻館（南華）、雲南驛以達羊苴咩城（大理）。然後再往滇西北或者滇西南。到滇南必經晉寧、絳縣（江川）、通海可以一直到交阯。以上這三條幹線奠定了雲南省境內外交通路線的基礎。其交匯點就是滇池區域的昆明。

其二，昆明市區所在的滇池盆地是雲南境內面積最大的盆地。它坡度在八度以內，連片集中可資機耕的面積達七百七十多平方公里，加上滇池水域面積三百一十平方公里，總計有一千零七十多平方公里。若包括昆明市區所屬呈貢縣、安寧縣、晉寧縣、富民縣的大小盆地及山間河谷裡的河漫灘、階地、臺地等，坡度在八度以內的平坦面積，總計不下一千五百平方公里。高原上這最大的盆地爲城市的發展提供了廣闊的前景。這是昆明市區在雲南高原上地位重要的又一原因。

其三，昆明還處於富饒的滇中湖盆群的中心地帶。滇中湖盆群是省內較大而富裕的壩子，昆明盆地的東和東北面有曲靖壩、霑益壩、陸良壩。東和東南部有路南壩、宜良壩、嵩明壩。北至西北面有祿豐壩，南和西南面有玉溪壩、通海壩、建水壩，西面有楚雄壩。這些壩子基本上都是以昆明爲中心分布的。湖盆區是省內人口集中、農業發達、經濟繁榮、文化發展的地區，它對於促進和保證昆明市的發展起了重要作用。

其四，廣闊的滇池水域是促進昆明城市發展的又一因素。便

利的水上運輸在歷史上和現在都承擔了從昆陽、呈貢、海口、晉寧等地到昆明之間的農副產品、工礦產品的運輸任務。廣闊的水域以運輸業、漁業和湖濱灌溉促進了歷史時期昆明市和周圍城鎮的發展。秀麗的湖光山色使城市點綴得秀麗多姿。

　　昆明和滇池的地理條件是優越的。它使得兩三千年來昆明的聚落和城市發展在雲南高原上獲得了優先地位。歷史上每當和平時期城市的職能除了政治中心外就主要是一個商業的經濟中心，溝通雲南邊疆和內地的經濟文化往來。戰爭時期則是一重要的軍事據點。在祖國「四化」的建設中，這些優越的地理條件，仍將繼續發揮作用，使古老的春城，更加煥發出青春。（本文插圖由吳磊、陳偉慶清繪）

【附　註】

① 呈貢文化館：《呈貢龍潭山發現古人類顱骨化石》，《雲南文物》（簡報），1977年6月。

② 李昆聲：《試論雲南新石器時代文化》，《雲南文物》（簡報），1977年6月。

③ 雲南文物工作隊：《雲南滇池周圍新石器時代遺址調查簡報》，《考古》1959年第 4期。

④ 《史記·西南夷列傳》說：「始，楚威王時，使將軍莊蹻將兵循江上，略巴蜀、黔中以西」。《後漢書·西南夷傳》又說：「初，楚頃襄王時，遣將莊豪……」古代文獻有兩種不同時代的記載，後人考證與爭論頗多，因不屬本文討論的範圍，故大致記爲「西元前四至三世紀」間。

⑤⑥⑦ （漢）司馬遷：《史記·西南夷傳》。

⑧ （晉）常璩：《華陽國志·南中志》，國學基本叢書本，第47頁。

⑨ 袁嘉谷：《臥雪堂文集》。

⑩ 雲南省博物館：《晉寧石寨山古墓群發掘報告。

⑪　（晉）常璩：《華陽國志‧南中志》卷4。

⑫　道光《雲南通志》載，當時益州郡的範圍，東至曲靖、南寧；西至保
　　山；南、東南至越南；東北至嵩明。

⑬　《華陽國志‧南中志》說：「滇池縣，郡治，故滇國也。」

⑭　《晉書‧地理志》卷14。

⑮⑯　（唐）樊綽：《蠻書》雲南城鎮第六。

⑰　「苴蘭城，在府城北十餘里，楚莊蹻王滇時所築，名谷昌城。」（明）李
　　賢主編的《大明一統志》，也有相似記載。

⑱　（清）馮蘇：《滇考》。

⑲　昆明市志編纂委員會：《昆明地區的古墓葬與碑刻》載，黃土坡一帶
　　抗戰期間曾發現有方圓幾里的古碎瓦片地。另外，田志也曾記錄昆明
　　城北十餘里小山上曾有白膏泥、木炭層和青銅器，據此可以推測可能
　　是戰國、西漢的古城址。現在這裡是建築區，故迹已湮滅。

⑳㉔　于希賢：《滇池地區歷史地理》，雲南人民出版社，1981年。

㉑　呈文：《東漢水利模型》，《雲南文物》（簡報），1979年6月。

㉒　二詔的意思即陪都。

㉓　見《南詔德化碑》。

㉕　李家瑞：《雲南拓東城的地點在那裡》，《學術研究》，1962年5期。

㉖　（明）王紳：《滇南慟哭記》，續說郛本載：「導至兀兒朵東門外之
　　百步」找到他父親的墓。

㉗　（明）陳文《南壩閘記》及（清）倪蛻：《滇雲歷年傳》都記錄了蒙
　　段時期開挖的「縈城銀棱河」，縈城就是繞城的意思，可見鄯闡城是
　　由盤龍江及支流來環繞著的。

㉘　顧視高：《續修昆明縣志》。

㉙　（清）倪蛻：《滇雲歷年傳》載大理國政德年碑說：「寺（圓通寺）
　　在城之北二里」。距今圓通寺二里許則爲華山路一帶，正好是五華山、大
　　德山之南麓。以上㉑至㉔引文，是李家端先生研究的成果。見《雲南

拓東城的地點在那裡》。

㉚㉛ （唐）樊綽：《蠻書》雲南城鎮第六。

㉜ 《新唐書》卷222《南詔傳》。

㉝ 見向達：《蠻書校注》，第238頁。又見同書第96頁記錄了另一次人口遷徙：「南詔既襲破鐵橋及昆池等諸城，既虜獲萬戶，盡分隸昆川左右及西川故地。」又「貞元十年（794年），浪詔破敗，復徙於雲南東北拓東而居」，見同書卷4第92頁。

㉞ 據《新唐書·南蠻傳》。

㉟ （明）楊慎：《南詔野史》上卷載：「憲宗元和四年（809年）正月，……以鄯闡爲東京」。

㊱ （明）楊慎：《南詔野史》：「咸通元年（860年），改元建極，改……東京曰上都。」上卷第21—29頁，胡蔚訂正本。

㊲ 向達：《蠻書校注》卷6雲南城鎮第六。

㊳ 周去非：《嶺外代答·馬綱》。

㊴ 周去非：《嶺外代答·邕州橫山博易場》。

㊵ 見《元史·兀良哈臺傳》。

㊶ 見《咸陽王撫滇功績》，第9—10頁。

㊷ 見景泰《雲南圖經志書》卷1。

㊸ 見李季譯：《馬可波羅游記》第190—200頁。馮承鈞譯本記爲：「城大而名貴，工商頗衆。」在第2卷。

㊹ （元）王昇：《滇池賦》，見（明）景泰《雲南圖經志書》卷1。

㊺ 李家瑞：《雲南拓東城的地點在那裡》，《學術研究》（雲南）1962年5期。

㊻ （明）景泰《雲南圖經》卷1公廨載：「布政司……元爲行省」。

㊼ （明）天啓《滇志》及（清）道光《雲南通志稿》載《土主聖德碑》，（元）至正壬辰年立，「雲南諸路儒學記」，提舉王昇撰：「……僉雲南諸路肅正廉坊事……」。景泰《雲南圖經志書》記爲「在崇正門內」。

㊽ （明）天啓　《滇志》卷3載：「梁王宮……宮爲長春觀。」（明）景泰《雲南圖經書志書》卷10第11頁載：「雲南長春觀，舊在郡城崇政門內之東」。

㊾ （明）天啓《滇志》第75頁載：「府南魚課司街，初南詔以王逸少爲聖人，設學祀於此，後賽典赤始立孔廟於其中。」

㊿ （明）李元陽：《雲南通志》卷13「寺觀」。

(51) （清）道光《雲南通志稿》：「奇靈寺，在城東門內，元時建」，卷39祠祀志。

(52) （明）景泰《雲南圖經志書》卷1「祠廟」載：「大靈廟，在城隍廟之東」。城隍廟舊址即今五一電影院。

(53) （明）李元陽《雲南通志》卷13「寺觀」。

(54) 見《創修圓通寺記》，碑立於今圓通寺內。

(55) 顧視高：《續修昆明縣志》。

(56) （明）李元陽：《雲南通志》卷13「寺觀」。

(57) （明）劉文征：《滇志》第三冊「橋樑」第414—415頁，北京大學圖書館藏明抄本。

(58)(59) 見《明實錄》，太祖實錄，卷179；并見《滇粹》，雲南世守沐英傳付後嗣事略。

(60) （漢）司馬遷：《史記·西南夷傳》。

(61) （清）戴絅孫：《昆明縣志》，轉引《南詔野史》。

(62) （明）李元陽：《雲南通志》。

(63) 本段內容所依據的文獻：《昆明歷史資料匯編》清代部分第82頁。《新纂雲南通志》卷143第9—10頁。

(64) （民國）《新纂雲南通志》卷141。

(65) 據羅養儒手稿，見《昆明歷史資料匯輯》第二編中冊。

(66) 據顧視高：《續修昆明縣志》。

第八節　地方志與昆明水利研究

　　水利事業對於地區的農業經濟開發關係密切，「水利是農業的命脈。」這因為水利灌溉像人體的血液一樣，滋養著作物和它賴之以生長的土地。任何一個城市的誕生和發展，都與其城市水利的發展息息相關。地方志在記述與研究城市發展時，要重視城市水利的問題。城市水利的發展階段，也反映了城市發展的階段。今以滇池和昆明水利為例來說明之。因此，要了解滇池的歷史發展和地理開發，也就必須了解滇池地區的水利發展簡史。

　　遠在戰國和西漢時期，居住在滇池周圍的人們，已經利用地下水服務農業灌溉和居民生活了，當時利用地下水的方式是打井以提水。考古發現晉寧石寨山有鑿用的古井。①井的出現為滇池地區的定居農業提供了極大的保證性。

　　到東漢文齊時代（約西元21年），在益州郡「造起陂池，開通灌溉，墾田二千餘頃」，②陂池是小型的蓄水工程。它可以積蓄落雨時的片流或小股間斷性流水，以供旱季或栽插時使用。這就是雲南最早見之於史乘的水利記載。新墾的二千餘頃耕地和新造的「陂池」，分散在益州郡各地，其中相當一部分集中於滇池區域。近年在呈貢小松山就出土了一件陶製的「陂池」③水利模型。隨著水利事業和農業經濟的發展，奴隸制生產關係的建立和建全，原來土地公有制的狀況有了改變。在昆明市東郊塔密村出土東漢延光四年（西元125年）的地界石一方，上刻有「直青牛五頭」「北距西大道，古氏」等字樣，這是雲南歷史上土地價值的最早文物佐證。土地的價值和買賣，也是和水利事業的發展分不開的。

　　到了南詔國時期，農業技術和生產水平有了進一步的提高。

據《蠻書》記載：「從曲靖州迤南，滇池迤西，土俗惟業水田，種麻豆黍稷不過町疃。水田每年一熟。從八月獲稻，至十一月、十二月之交，便於稻田種大麥，三月、四月即熟。收大麥之後，還種粳稻。小麥即於岡陵種之。……蠻治山田，殊爲精好。」④明確記載了當時農業生產是水、旱輪作制。什麼是「山田」呢？「梯田謂梯山爲田也」，⑤山田也即梯田。那時這水、旱輪作的田畝是怎樣進行灌溉的呢？「澆田皆用源泉，水旱無損。」⑥可以想見，用「源泉」灌溉，必須開挖一定的水利工程。

到了大理國時期，在盤龍江中、下游，水利工程的規模則更大了。開挖了繞道金稜河和縈城銀稜河。這既是分洪工程，又是引水工程，還可兼以航運。倪蛻《滇雲歷年傳》說：「康定元年（西元1040年），……段素興廣營宮室於東京〔即現今昆明市南區一帶〕，築春登、雲津二堤。有繞道金稜、縈城銀稜之目。」其下他又注釋說：「春登，今東門外里名，金汁河之所經，則春登堤，金汁河堤也。雲津河，即盤龍江；則雲津堤乃盤龍江堤也。此二堤捍禦蓄洩、灌溉滋益大有殊功。或素馨爲云亦有深意，不僅僅爲游觀設也。」當時還在金稜堤上種迎春柳，「黃花入河，如金汁然，故乎爲金汁河。」銀稜堤上種素馨花，「白花入河如銀汁然，故乎爲銀汁。」⑦這對美化風景和堅固河堤都是有良好作用的。當時還「築土各爲二堰於河之要處，障其流以灌田，凡數十萬畝。」⑧可見在引水、分洪的河堤上，築壩抬高水位、用於灌溉，在大理國時期已開其端。從效益的畝積來看，工程規模是相當可觀的。

元代是滇池區域有規劃地、系統地興修水利的時期。明達有爲的地方行政長官——賽典赤，於1373年6月調熟悉滇池鄉土地理的張立道任「巡行勸農使」，爲滇池水利卓有成效地開展保證了技術領導權。賽典赤、張立道吸取前人有益的經驗，在盤龍江上

游清理水源、防治潦水。1376年把嵩明邵甸東北諸山的小河道引水盤龍江，選擇鳳嶺和蓮峰二山之間菁口的最窄處（這裡的基岩爲堅硬的玄武岩，最利於築壩），築了松花壩。在壩上設立「以時啓閉」的閘門。⑨這樣就可以人工控制盤龍江的部分流量。關閘蓄水，以減殺洪峰對中慶路的威脅。旱時開閘洩水，以濟栽插灌漑之需。

中段以「水分勢弱」爲原則，開挖和疏濬了金汁、銀汁、馬料、寶象、海沅、盤龍等六條河道。又在河道兩岸受流水旁蝕的地方，築起長達數里的長堤。這樣就保證了河道的堅固和穩定，使之免除洪水決堤之災。建上壩一座、下壩六座，這不僅有分洪的作用，而且還可抬高河座中的水頭，增加灌漑的功效。如「造金汁河一條，埂寬一丈二尺爲度。上二十里，寬一丈六尺，造小閘十座，涵洞三百六十條，輪序放水，自上潤下，灌漑全滇。」⑩六河之外，開分水岔河十二條，於河下又造地河七十二條，以匯虬龍之泛。⑪這樣盤龍江中下游一帶和城南低凹處，水旱災害基本可以控制下來，爲農業生產的發展提供了保證。清代的倪蛻，公正地評論說：「贍思丁〔即賽典赤‧贍思丁〕經劃水利，創築松花壩，分盤龍江水入金汁河，並修寶象、馬料、海源、銀汁合爲六河。均用閘座蓄洩，灌漑萬頃，軍民感之。」⑫

下游疏濬海口河道，由張立道負責。西元1273年，張立道以「三千人鑿開海口、石龍壩」，「由安寧、武定、東川以入馬湖〔今四川宜賓〕」⑬元史本傳也說：「立道求泉源所自出，役丁夫二千人治之，洩其水，得壤地萬餘頃，皆爲良田。」⑭總之，元代曾以二、三千人的專業隊伍，經過三年的時間挖了海口到石龍壩、龍王廟一帶的積沙和淤泥，又挖開了海口河內的雞心、螺殼等處險灘，清理了自螳螂川、普度河至金沙江的河道。這樣大大地降低了滇池的水位。在海口，元代曾修了三座宏偉的石閘（

共二十一孔），至今保存完好，控制著滇池的水位。它是邊疆水利史上的可貴文物。

那時還訂立了水利制度，建立了管理體系。「額立三百六十匹報馬，三百六十名看水丁，倘遇崩倒水浸，即時飛報上司，齊集鄉民挑補修築，不容怠緩。」⑮這樣，元代就使滇池的水利首次得到了較爲系統地治理。人們在松花壩建「石將軍廟」紀念賽典赤，至今仍傳頌不絕。

元初的大興水利並非一勞永逸。特別到了元代中葉以後，統治集團十分腐敗，水利鬆弛，使水、旱災害又趨頻繁。到了明初，爲了穩定邊疆和發展屯田，有成效地進行了一系利水利工程。茲將明代見於記載的規模較大的水利概況列表於後：

時　　間	主修人	施工人數	工　程　情　況	效　　果	文獻根據
洪　武十五年（1382年）	黔寧王沐英	萬人	滇池溢，末流淺狹、霖雨泛濫，瀕池之田不可稼，乃疏池口入渠濫川中，濬而大之。　　又修興了許多渠道閘壩，如呈貢玉帶水，置石壩十七座，灌漑吳家營繆家營等田畝	墾田至九十七萬餘畝無復水患。	《明史》《明實錄》
景　泰五至六年（1454—1455年）	定邊伯沐璘	八萬二千九百餘人	修南壩、改土閘爲石閘。視水之大小以啓閉，爲利經久。	灌漑東南田數十萬畝。	《明史》及陳文撰《南壩閘記》
成　化十八年（1482年）	巡　撫吳　誠	不　詳	恢復歲修溝埂壩閘	經常保護溝埂壩閘	《明實錄》
弘　治九　年	雲南知府	不　詳	疏濬金稜河，並修石壩八十餘	灌田數千	《滇史》

（1496年）	董　復		里。	畝	
弘　治 十四年 （1501年）	巡　撫 陳　金	六衛軍 及州縣民 伕二萬餘 人工	修濬海口，自 螺殼灘至青魚灘 ，計二十餘里。 修旱壩十五座。 並定立了歲修、 大修之例。	通暢出 水河道， 使湖水落 數丈。膏 腴田盡出 。	雍正《雲 南通志》
正德間	巡　撫 王懋中	不　詳	修挖六河	其效未著	《昆明縣志 》
正　德 四　年 （1509年）	巡　撫 張　泰	不　詳	滇池漲溢，築 壩數十里，以防 水患。	患遂息	《明實錄》
嘉清二十 八、二十 九年 （1549— 1550年）	巡　撫 顧應祥	二萬二 千餘人工	戊申年（1548 年）天雨浹旬， 水大至，海田無 收，乃挖子河， 築壩九座，引沙 泥入子河，除黃 泥灘之患。	放流下 安寧、富 民而濱海 田出。	楊慎《海 口碑記》
隆　慶 四　年 （1570年）	左布政使 陳　善	不　詳	鑿橫山水洞， 築挖引水渠道。	灌溉龍 院村等	羅元正碑記
萬　曆 元　年 （1573年）	巡　撫 鄒應龍	一萬五 千人工	挖海口河，分 段修濬並築壩閘 。挖螺殼、黃泥 二灘。	勞費雖 大，未見 效果。	羅元正碑記
萬　曆 三　年 （1575年）	布政使 方良曙	羅汝芳 及各縣伕 役人數不 詳	修海口，由豹 山引水下。	水流渲洩 無阻	方良曙《重 濬海口記》
萬　曆 四十八年 （1618— 1620年）	水利道朱 芹	匠作田 夫五萬七 千人工。	修松花壩。改 土木建築爲石砌 閘壩。銓以鐵、 灌以鉛，閘汭諸 漕，扃以巨枋， 啓閉如式。	大量蓄 水便利灌 溉	江和新 《松花壩石 閘記》

　　明代的水利工程，在元代的基礎上施行和發展，有如下幾個特點。

　　一工程規模浩大。元代參加施工的人數僅二、三千人。明代投入水利人工動輒上萬人。其最多者爲沐璘主持的一次，人數多達八萬二千九百多人，施工時間長達五、六年。又如萬曆四十六年，水利道朱芹主持，人數也達五萬七千多人。再如弘治十四年，巡撫陳金主持僅民伕就有二萬餘人工，另還有人數不詳的六衛軍參加。工程使滇池「湖水落數丈」，其規模之大是大大超過前代的。

　　二明以前所建壩閘、涵洞等多爲土木結構。到了明代，大多數改爲石砌的垮工建築。土木結構難於持久，只能「興一時之利」，而且啓閉也不靈活。改爲石砌之後，特別是像萬曆四十八年水利道朱芹主持，「皆選石之堅厚者，長短相制，高下相紐如犬牙、如魚貫，而銓以鐵、灌以鉛」〔引文見上表，《松花壩石閘記》〕是非常結實的。它表現了滇池水利工程在技術上的突出進步。正因爲技術的進步，和石工建築的普及，明代河道興建閘壩動輒就是十多座。它有力地促進了水利事業的大發展。

　　三隆慶四年（西元1570年）於龍院村等八個村開橫山水洞的引水工程。從村西三十五里的白崖引泉水東灌，鑿隧洞長達五十八丈，高五尺，廣二尺。又修引水渠道四千多丈。隧道的引水工程技術複雜，也標志著當時滇池水利事業的進步。

　　四「確立了大修」「歲修」等水利制度，使滇池水利向著經常化邁進。總之明代水利的發展，標志著當時人們控制自然、改造環境能力的增長。這就是明代水利事業發展的特點。

　　清初，吳三桂以滇池區域爲據點，擁兵割據，戰禍連年，水利廢馳，民食艱難。自康熙二十一年之後，巡撫王繼文首興清代水利。其概況表列如下。

時　　　間	主 修 人	興 修 情 況	附　　　註
康熙二十一年二十三年 (1682—1683年)	巡　撫 王繼文	修復吳三桂統治時期破壞六河及各閘壩。	漢土官捐助。
康熙二十七年 (1688年)	同　上	修復已傾毀的松花壩	又二十七年(1688年)巡撫石琳繼續培修。
康熙四十八年 (1709年)	總　督 貝和諾	修治海口及六河。	布政司劉蔭樞捐資萬金，游擊周士元熟悉水利，認眞從事。
雍正三年 (1725年)	總　督 高其倬	同　上	未幾復壅。
雍正七年和八年 (1729—1730年)	總督鄂士泰巡撫張允隨水利道黃士杰	修海口水利，鏟平老埂、牛舌洲、牛舌灘，並築壩隔絕晉寧河水，不使倒流。在石龍壩下另開引河	涸出腴田甚廣。
乾隆十四年 (1749年)	總　督 張允隨	修治海口及六河	疏濬壅塞及修復坍塌部分。
乾隆四十八年 (1783年)	巡　撫 劉秉恬	以昆明六河，歷來歲修，但培海埂、主濬河身，日漸壅塞。乃挑挖淤阻以通河道並培堤、砌閘、築壩。	並將金汁河韓晃閘壩改建滾水石閘
乾隆五十年 (1785年)	同　上	修海口，從龍王廟至石龍壩，長2775丈挖深約一、二尺至四、五尺不等，以資宣洩。	較以往工程深入細致。
嘉慶五年 (1800年)	巡　撫 初彭齡	疏濬海口	得淤田千畝。
道光十八年 (1838年)	總督伊里布巡撫顏伯燾	修濬六河及海口，改土壩爲石砌。	並開桃源箐子河以洩水勢。
同治十三年	巡　撫	修海口堤岸、壩閘、橋	恢復咸同兵事以

（1874年）	岑毓英	橾。	前部分水利工事。
光緒三年 （1877年）	糧儲道 崔尊彝	重修松花壩及六河河道 壩閘	規模較大。
光緒十一年 （1885年）	糧儲道 譚宗濬	疏濬滇池，重修海口	補崔修未完工程。

　　（上表資料根據《滇雲歷年傳》、《雲南通志》、《昆明縣志》）

　　清代滇池水利史上突出的成就是首次出現了區域性的水利專書：《六河圖說》和《晉寧水利論》。前者是雍正年間糧儲水利道副使黃土杰在總結前人治理滇池水利的大量經驗的基礎上，又親身詳細勘測才提出了治理的理論和系統的方案。書中說：「會城〔即雲南府城〕六河雖各有源，但其源甚小，其流無多。……每遇春時雨水缺乏，竟成乾河。若夏秋雨水盛行，山水漲發，流入河內不能容納，或至沖決漫溢，淹沒民居，利害相因使然也。」⑯因為自清代中葉以後歷史時期的氣候變遷，開始向轉暖方向發展，結束了自元、明及清初的「小冰期」時濕潤多雨狀況，雨量漸次減少了一些。這就不能像前代那樣老是強調加寬河床，一個勁兒地瀉水和分洪了。因為「若將河道挖深，則水低田高，若將河身開寬，則水散流淺」。這必然導致「以防水害則得，以收水利則失矣！」黃士杰針對當時情況，提出盤龍江幹流以洩水為主，「其餘諸河為金汁、銀汁、馬料、海沅、寶象等河，分支最多，供資灌溉」⑰。從「水利既不可失，而水害又不可不防」來考慮，「除河堤加高培厚，並疏通河尾外，非開子河別無良策。」⑱「所開子河，大者建閘壩，小者修涵洞。」做到「可閉可啓，可蓄可瀉，可收水利，可防水害，方為長策。」⑲對於昆陽海口也提出了「歲修開挖塘子，留住沙泥」的有效辦法。《六河圖說》進行了水利的分片規劃，針對各區具體情況，對症下藥。如「楊家河河頭，水勢不順，沙泥壅塞水流紆緩，不便灌溉。應將河頭改

順，修分水雞咀一座，以均分金、太楊三河水」。這樣才能「庶沙泥不致壅塞，灌溉亦屬便利。」其他如：什麼地方應建「留沙橋」，什麼地方應建「瀉水小閘」，什麼地方「應增修石岸」，什麼地方「宜開支河」以及什麼地方應「改涵洞」等等也都逐一規劃得條條有理、很精良。所以《六河圖說》是一份完整的水利規劃書，書中還附有詳細的水利規劃圖（圖34）。系統地設計使滇池區規劃成一個完整的水利灌溉網。

總之，《六河圖說》是滇池地區的一部系統的水利專書。其中立論科學、調查精詳，提出治理方案，方法明確。後來的水利道官員稱讚此書說：「其於六河、海口諸水，窮源溯委，考核精詳，而疏濬修築，啓閉閘壩，一切規條，法良意美。」⑳。

徐𤩽所著《晉寧水利論》是另一部滇池區域的水利專書。書中對於「洩」和「積」有辯證的認識，說：「水之爲利大矣哉！有洩之以爲利者，有積之以爲利者。當洩不洩，則淹沒之患未去，而膏腴之利何由收！當積不積，則停瀦之澤無多，灌溉之功未廣。是貴天時，相地勢、盡人力，而豫爲之所也。」於是他提出：「有洩之以爲利者，州西北境夏末秋初之水是也；有積之以爲利者，州東南境秋末三冬之水是也。」㉑因時、因地提出合理安排。另外，清代已能築「滾水石壩」、建「濾水塘」、「撤水石閘」、「留沙橋」等等，水利技術也較前有了進步。

清朝以後直到1949年前夕，滇池水利史值得提出來一談的有兩件突出事件。一是在1912年海口石龍壩建成了全國第一個水力發電站，成爲我國水力發電史上的開篇第一頁。這個電站較小，只能建四十支光的燈泡一萬二千個。第二件事是1913年在積善村建立了全國第一個機械抽水站。

總之，從文獻資料看歷史上一些當政者，儘管他們的出發點大部分是爲了封建主的利益打算，在政局穩定的局勢下主持興修

了一些水利工程。但其客觀效果，也是有利於生產發展要求的。如元代的賽典赤、張立道；明代的陳金、顧應祥、方良曙；清代的鄂士泰、黃士杰等。他們對滇池水利事業是有貢獻的。就這樣歷史上滇池水利也是隨著統治階級政治鬥爭的發展而旋興、旋廢，起伏不定，向前緩慢地發展著。

　　1949年後，滇池水利又有了突飛猛進的成就。現在滇池區域行政區域之內，包括昆明市所屬四區（盤龍區、五華區、西山區、官渡區）和四縣（呈貢縣、晉寧縣、安寧縣、富民縣），共有耕地九十八萬多畝〔習慣畝，並非標準畝，下同〕，其中水田六十五萬多畝，旱地二十三萬多畝，其他田地十萬多畝。現在已建成水庫四十六座，總庫容二億七千七百八十多萬立米。有效灌溉面積三十七萬多畝。另有機電排灌站一千二百多座，抽水機一千六百九十多臺，排灌面積五十三萬餘畝。經過詳細規劃，許多河道裁彎改直，又在河道上興建了不少鋼筋水泥的涵閘，橋樑等，引水灌溉渠也密如蛛網，全區保水田是　1949年的四倍㉒。我國水利的巨大成就和歷史時期相比，是不可同日而語的。

　　這裡還要提出另一個為人們所普遍關心的問題。在林彪、「四人幫」統治的時期，他們扼殺科學、壓制民主、抲制輿論、強奸民意，搞了一場違反自然規律、禍及民生的「圍湖造田」。人們要問，對滇池的改造利用方向應當是什麼呢？「圍湖造田」給滇池帶來了哪些不利的影響呢？對滇池的利用改造中，有哪些有益的歷史經驗呢？

　　應當指出：「涸水謀田」的論調並非新作。這個論調是歷來就受到了人們的非議和批駁的。遠在元朝時期，因當時歷史氣候轉向寒冷，世界上稱之為「小冰期」的來臨。那三面環水、依靠滇池滋養和交通便利等因素而發展起來的「中慶路」城，時常受到「大水昌城廓、蕩民居」的威脅。可怕的洪水已成為城市發展

和居民正常生活的主要障礙了。賽典赤、張立道提出一整套上游建壩閘蓄水，中游開河分洪、下游大力疏挖海口河以洩滇池水的治理方案。結果使得「水落數丈」並涸出湖面「萬餘頃，皆爲良田」㉓。在治水之後元代就有人走到另一個極端，提出「盡洩滇池，可得田三百萬頃之論」。㉔「經多番研討，而卒不宜於行，其事乃寢。」㉕其後，清代倪蛻就批駁這一論調是「往往張大其辭」地抬高了「涸出膏腴」的好處。這一錯誤主張受到了有力的反對。

到了本世紀二十年代和四十年代又兩次有「外省人某君，曾以昆池洩水闢田一事游說當道，並四處活動。當道有被動容者，此問題一時甚囂塵上」。但受到社會輿論的譴責，「地方有義之士，咸抱隱憂，執爲不可。無不嗤之以鼻，視爲顛狂。」人們嚴肅地指出，滇池「未能逃出自然法則支配之境以外也。」㉖著名的雲南氣象和地理研究先驅——陳秉仁立即發表《滇池水位之變遷》一文，旗幟鮮明地提出「涸水謀田有害無利。」㉗他在該文中還歷數了涸湖謀田的十大罪狀，尖銳地指出，如果一意倒行逆施，必將造成不可收拾的災難。但是愚不可及的「四人幫」以及他們在雲南的代理人，他們不尊重歷史經驗、漠視歷史教訓，他們不僅對廣大人民進行欺騙、麻醉和進行蠻橫的統治，而且對自然界也施以暴政，所幹「圍湖造田」，實際上是以幾十萬人力和大量的物力來製造人工沼澤。在所圍地區（段）昔日風景秀麗之區，已變得滿目蒿萊了，滇池一角也被糟踏得不成樣子。這就是不尊重自然規律，大自然施以的報復。

滇池不論從歷史和現狀來看，像母親一樣滋潤著這裡的土地、森林和自然界，使得土壤、氣候、地下水和綠色的生物世界以及動物群之間形成一個有機的整體。「盡洩滇池水」將破壞這一區域自然環境之間的綜合平衡，其惡果，正如陳秉仁早年就指出的

那樣：「堅岩一破、不可復原，湖涸則平原土地隨之損失。」㉘是不可收拾的。

　　還需要看到，滇池在這一盆地中起到一個大水庫的作用。這裡降雨量百分之七十左右都以暴雨形式出現。當雨季暴雨來臨時，匯入滇池的大小幾十條河流的流水，同時湧進滇池，而唯一的出水口——海口河、螳螂川勢必宣洩不及，有了滇池這一天然水庫，就可以免除附近和下游各縣的水災。如果沒有滇池的這種調節作用，水災的瀕繁和災害，也是不可想像的。

　　雲南高原面上，有滇池這樣的湖泊來點綴，眞是如明珠似的難能可貴。遠方的旅遊者經幾天山野之間的行程，一入昆明盆地，見滇池那清徹、碧藍的水體，心境豁然開朗。這正是因爲滇池是形成高原省份美麗、富饒的重要自然條件。在雲南有待開墾的荒地是很多的，其數量決不是滇池水域面積所能比擬的。所以，從歷史的經驗來看，改造利用滇池的方向，決不是「洩水」，相反要珍惜這一明珠，要控制滇池水位，有計劃地清理污泥，充分發揮她在旅遊、航運、養殖等方面的作用。

　　危害滇池的另一個問題是污染。少數幾家污染嚴重的工廠和市區處理不當的水體，危害著滇池中五十多種魚類和整個水中的生態系統，使不少珍貴魚種，有如銀白魚、雲南尖唇魚、金線魚等也無影無蹤，㉙魚類的產量大爲減少。由於水體變質，直接危害了魚類及其他生物，如有的魚，魚鱗發光，骨骼變形。污染滇池，更嚴重的是危害人類！一九七八年，已擬定了一個從根本上美化滇池的方案，計劃著手在上游除現今蓄水六千多萬方的水庫外，再建一個一億五千萬方的水庫。此外，圍繞滇池，準備修建的水庫還有十多個。近年來，滇池周圍山上，由於亂砍亂伐森林，水木流失嚴重。當局又制定了一個三年內造林五十萬畝的規劃，㉚這是使古老的滇池恢復青春的關鍵所在。我們相信，一個更加

美好的滇池，在不久的將來，將會在人民面前展現！

【附　註】

① 雲南省博物館：《雲南晉寧石寨山古遺址及墓葬》，（《考古學報》，1956年，第一期）。

② 《後漢書·西南夷傳》，殿本。

③ 張增祺：《從出土文物看戰國至西漢時期雲南和中原地區的密切聯繫》（《文物》，1978年，第10期）

④ 向達：《蠻書校注·雲南管內物產第七》，（中華書局1962年版）。

⑤ （明）徐光啓：《農政全書》

⑥ 同④。

⑦ （清）倪蛻：《滇雲歷年傳》卷四。

⑧ （清）陳榮昌：《續修昆明縣志》卷二，水利。另外，在《景泰雲南圖經》卷一的雲南府內也記載說：「蒙段氏時，由金馬者，堤上多種黃花，各繞道金稜河；由商山者，堤上多種白花，名縈城銀堤河，嘗築土石，號是爲「佑文」、「來鎭」二堰。高下之田，受灌漑者數十萬畝。」

⑨ （清）陳榮昌：《續修昆明縣志》卷二，水利說：「此壩建自元時咸陽王賽典赤，於鳳嶺、蓮峰二山箐口，水出川源之間，建松花壩以時啓閉。」

⑩⑪ （清）劉發祥校：《咸陽忠惠王撫滇功績》

⑫ （清）倪蛻：《滇雲歷年傳》卷四。

⑬ （清）劉發祥校：《咸陽忠惠王撫滇功績》

⑭ 《元史》卷一百六十七「張立道傳」說：「中書以立道熟於雲南，奏受大理等處巡行勸農使，佩金符。其地有昆明池……夏潦暴至，必冒城郭。立道求泉源所自出，役丁夫二千人治之，洩其水，得壤地萬餘頃，皆爲良田。」

⑮　（清）劉發祥校：《咸陽王撫滇功績》

⑯　（清）黃士杰；《六河圖說》總圖說部分，清刻本。

⑰⑱⑲　（清）黃士杰：《六河圖說》

⑳　見《六河圖說》沈蘭生跋。

㉑　（清）徐鑾：《晉寧水利論》

㉒　據一九七二年昆明市統計局資料，轉引於周繼新，王鷹：《雲南滇池
　　地區水利事業發展梗概》（載長江水利發展史，第六集，1976年9月）

㉓　見《元史張立道傳》，卷一百六十七，中華書局本。

㉔　（清）倪蛻：《滇雲歷年傳》卷四。

㉕㉖　梁繼光：《昆明洩水闢田問題》，《教育與科學》第2卷第一期，
　　民國35年8月

㉗　陳秉仁：《昆明水位之變遷》教育與科學，第二卷第一期民國35年8
　　月

㉘　陳秉仁：《昆明水位之變遷》教育與科學，第二卷第一期民國35年8
　　月

㉙　王茂修《讓「掌上明珠」重放光彩》光明日報1979年4月20日。此外
　　該報同年3月1日《圍「海」造田始末記》披露了這一愚不可及的蠢事
　　浪費至少四、五千萬元，危害滇池二十五平方公里，造了一個「農場」，
　　它每年抽水，用電八萬多瓩，1970年畝產三百九十四斤每年遞減，到
　　1977年，畝產量只有九十四斤了。給滇池周圍自然界的綜合平衡所帶
　　來的危害，在短時期是無法用人民幣來計算的。

㉚　王茂修：《讓「掌上明珠」重放光彩》光明日報，1979年4月20日。